महकती
बगिया

महकती बगिया

शुभांगी भडभडे

मराठी से भाषांतर

डॉ. उषा बंदे

प्रतिभा प्रतिष्ठान, नई दिल्ली

प्रकाशक : प्रतिभा प्रतिष्ठान,
१६६१ दखनीराय स्ट्रीट, नेताजी सुभाष मार्ग, नई दिल्ली-११०००२
 / संस्करण : २०१८ / मूल्य : चार सौ रुपए
मुद्रक : नरुला प्रिंटर्स, दिल्ली ISBN 978-93-86001-80-1

MAHAKATI BAGIYA

stories by Smt. Shubhangi Bhadbhade ₹ 400.00

Published by Pratibha Pratishthan, 1661 Dakhni Rai Street, Netaji Subhash Marg, New Delhi-110002

दो शब्द

'महकती बगिया' हिंदी भाषा में प्रकाशित होनेवाला मेरा पहला कहानी संग्रह है। वैसे मराठी भाषा में मेरे दस कहानी संग्रह प्रकाशित हैं और पाठकों को बहुत ही प्रिय लगे हैं।

संपूर्ण जीवन के कैनवास पर उपन्यास लिखना मुझे सबसे प्रिय है, विशेषत: चरित्र उपन्यास लिखना मुझे बहुत ही प्रिय है। आज तक तीस उपन्यास लिखने के उपरांत भी मेरा मन अपूर्ण-अधूरा तथा अस्वस्थ-सा है।

फिर भी, वास्तविक घटनाओं पर कहानी लिखना भी मुझे अच्छा लगता है। कहानी एक ऐसी साहित्यिक विधा है, जो जीवन की बगिया में हरदम महकती रहती है। कहानी जुही की तरह बरसात गंधित करती है तो बेला की महक लेकर ग्रीष्मकाल को गंधित करती है। मधुमालती की तरह हिमकालीन गंधित लहर लेकर आती है तो कभी मन में दीर्घ काल तक ब्रह्मकमल की तरह शूद्ररूप लेने की प्रतीक्षा में रहती है।

हर ऋतु की कहानी है; हर पल, हर घड़ी की कहानी है। हर उत्कट भावना तथा संवेदना की कहानी है। मनुष्य के आस-पास घटित होनेवाला प्रत्येक क्षण, प्रत्येक संवाद एक कहानी है। उसका जीवन ही घटित घटनाओं की कहानी है।

दादी की गोदी में सुनी हुई कहानियाँ उम्र और परिस्थिति के साथ-साथ रूप बदलती जाती हैं। लेकिन सांध्य पर्व में, ढलती धूप में भी कहानी प्रिय सखी की तरह कभी नहीं छोड़ती।

हर भाषा में कथा साहित्य सबसे समृद्ध साहित्यिक विधा है और कहानी पाठकों का आकर्षण रही है। कहानी के लिए कोई विषय वर्ज्य नहीं है। भावना की उत्कटता ही कहानी का प्राण है। मेरी कहानियाँ भी वास्तविकता पर आधारित हैं और मराठी पाठकों ने उसे हृदय से अपनाया है। अनेक भाषाओं में उनका अनुवाद हुआ है।

प्रस्तुत कहानी संग्रह 'महकती बगिया' का हिंदी अनुवाद शिमला (हिमाचल प्रदेश) में रहनेवाली मेरी पत्र सहेली (पेन फ्रेंड) प्राचार्य डॉ. उषा बंदे ने किया है। उनकी मैं ऋणी हूँ।

हिंदी भाषा में प्रथम बार प्रकाशित होनेवाले अपने इस कहानी-संग्रह 'महकती बगिया' के पाठकों से मैं अनुरोध करती हूँ कि आप मुझे अपनी प्रतिक्रिया जरूर भेजें, जिससे मैं आपकी रुचि जान सकूँ। मैं प्रतिक्रिया की प्रतीक्षा करूँगी।

—शुभांगी भडभडे

२७६, लोकमान्य नगर, हिंगना रोड,
नागपुर-४४००१६

कहानी-क्रम

महकती बगिया

"गाओ, सायली। शाबाश! करो शुरू!"

जयदेव ने कहा और सायली सधकर बैठ गई। अभी पहला अलाप ही लिया था कि हॉल तालियों से गूँज उठा। सायली ने अपना चेहरा हथेलियों में छिपा लिया। उसकी हँसती आँखें, हँसते होंठ…सारा गाना ही हँसता हुआ और प्रफुल्लित हो उठा। कसकर बँधी दो चोटियाँ, दो बड़ी-बड़ी आँखें, श्रोताओं की ओर आमुख होकर हँसते होंठ! दिल खोलकर तालियाँ बजाकर रसिकों ने 'वाह-वाह' की। जादू-सा बिखेर गया सायली का गाना।

परदा गिरा और रसिकों की भीड़ मंच की ओर बढ़ी। सायली घबरा गई, अस्वस्थ हुई। जयदेव ने देखा और लपककर उसे दोनों हाथों पर उठा लिया। फिर भी उसकी कमजोर व निर्जीव टाँगें रसिकों को दिखाई दीं। जयदेव मंच की सीढ़ियाँ उतरकर नीचे आए तो भीड़ ने उन्हें सहज ही रास्ता दिया, मानो उनका दर्द सब एकबारगी समझ गए हों। रूपा भी पीछे भागी।

टैक्सी तक आते-आते रूपा मन-की-मन बोली, 'आने की भी जल्दी और जाने की भी जल्दी।' फिर जयदेव की ओर देखकर उसने कहा, "सुनो! प्रोग्राम आयोजक देसाई आपको बुला रहे हैं।"

जयदेव ने सुनी-अनसुनी कर दी। सायली को टैक्सी में ठूँसा और स्वयं भी बैठ गए। बेबस-सी रूपा भी बैठ गई। टैक्सी चल पड़ी।

"देसाई से मिल तो लेते। आखिर आयोजक है!"

जयदेव चुप।

"माँ, मेरा गाना कैसा रहा?"

"पूछो अपने पिता से! आप भी कमाल करते हैं। न जाने कब, किस बात से मूड बिगड़ जाए आपका। बताओ तो उसे, कैसा रहा उसका गाना?"

"अच्छा रहा!" जयदेव बाहर देखकर बोले।

‘‘माँ, लोगों ने गाने पर तो तालियाँ बजाईं, पर मेरी टाँगें देखकर क्या लगा होगा उन्हें ?’’

‘‘लगना क्या है, बेटी! जो दिखा, जो देखा, वही लगा होगा। जो सच है वह झुठलाया जाएगा क्या ?’’ रूपा ने निःश्वास लेते हुए कहा।

‘‘हाँ माँ, उन्हें लगा होगा कि यह कैसी लड़की है, जो खड़ी तक नहीं हो सकती है न ?’’

‘‘चुप भी रहो, सायली, बोलती ही रहोगी!’’ जयदेव का स्वर कुछ कड़ा था।

सायली चुप हो गई।

घर आते ही बिना बोले हमेशा की भाँति खिड़की के पास जाकर बैठ गई।

‘‘सायली, रात बहुत हो चुकी है, चलो खाना खाओ और सो जाओ।’’

सायली अपनी निर्जीव टाँगों को हाथों से आगे-पीछे करती, घसीटती-घसीटती चौकी पर आकर बैठ गई।

‘‘आओ, खाना खाने।’’ रूपा ने पुकारा।

जयदेव अपने कमरे की खिड़की से आसमान का टुकड़ा एकटक देख रहे थे।

‘‘चलो,’’ रूपा ने फिर पुकारा, ‘‘सायली को चौकी पर बिठा दिया है।’’

जयदेव आकर बैठ गए।

‘‘पिताजी, मेरी निर्जीव टाँगों पर गुस्सा आया न आपको ? पर पिताजी, आप अच्छे हैं, माँ अच्छी हैं, फिर मैं क्यों…’’

रूपा की आँखें भर आईं। सायली के माथे पर हाथ फेरते हुए उसने कहा, ‘‘बेटी, तू नक्षत्र जैसी सुंदर है, तू कलाकार है। क्या बढ़िया गाना गाया आज! लोगों ने भी कितना सम्मान दिया, तालियाँ बजाईं! हमें गर्व है तुम पर, सायली, नाज है तुम पर!’’

हमेशा की तरह जयदेव ने खुलकर बात नहीं की।

सोते समय सायली बोली, ‘‘पिताजी, नाराज हैं न मेरी टाँगों पर, मुझ पर ? माँ, भगवान् अच्छी टाँगोंवाली लड़कियाँ क्यों नहीं बनाता ?’’

‘‘सभी को सबकुछ नहीं मिलता, बेटी!’’

‘‘फिर भगवान् अच्छा नहीं है। अच्छे लोगों को सबकुछ अच्छा नहीं देता। रघु को अंधा बनाया, मिनी बीमार रहती है। ऐसा क्यों, माँ ?’’

‘‘चल, सो जा अब सायली, कल बताऊँगी।’’

सायली अस्वस्थ-सी, बेचैनी-सी सो गई।

आधी रात हो चुकी थी। सिर के नीचे हाथ रखे हुए खिड़की से आकाश की ओर देखते हुए जयदेव शांत पड़े थे।

''सायली सो गई?'' उन्होंने पूछा।

''हाँ, पर अचानक आपको क्या हो गया था?''

''पता नहीं क्या हुआ। लोगों की आँखों में दया, सहानुभूति देख मेरा खून खौल गया। क्या गुनाह था मेरा रूपा, जो सायली ऐसी पैदा हुई? हमारे साथ ही यह सब होना था! क्यों, आखिर क्यों?'' जयदेव एक साँस में ही बोल गए।

कुछ देर चुप बैठे, फिर बोल पड़े, ''हम कहते हैं—कर्मों का फल है, हम कहते हैं—इस जन्म का हिसाब यहीं चुकता करना पड़ता है। तुम याद करो, जब से विवाह हुआ है, तुमने मुझे परखा है। क्या मैंने किसी का अहित किया है? किसी के पैसे खाए हैं? सीधे मार्ग पर चलनेवाला मैं...सारे स्वप्न चूर-चूर हो गए।''

जयदेव उद्विग्न थे, पर रूपा के पास उन्हें सांत्वना देने के लिए शब्द कहाँ थे!

रूपा ने जयदेव को हमेशा हँसता हुआ देखा था—

आठ घंटे की नौकरी के बाद सीधे घर आना, खूब हँसने-बोलनेवाले, बच्चा न होने की कमी को दोस्तों, गीत-संगीत की महफिलों में भूलनेवाले जयदेव—आनंदी जयदेव, दिल खोलकर खाने-खिलानेवाले जयदेव!

सायली आई रूपा-जयदेव के जीवन में, पर देर से आई। घर में आनंद छा गया। कोई भी सामने आ जाए, शिशु सायली खिलखिलाती। उसका चेहरा आकर्षक था, शरीर भी हृष्ट-पुष्ट था...पर, पर टाँगें? मानो दो लकड़ियाँ थीं, बेजान। कमर से नीचे सायली निर्जीव थी। सारे उपचार हुए, डॉक्टरों को दिखाया गया, वैद्य भी देख गए; मनौतियाँ, व्रत, टोटके सबकुछ किया, पर सायली पर कुछ भी असर नहीं हुआ।

रूपा की आँखें रो-रोकर सूख गईं। उसने वास्तविकता से सामना करने की ठान ली। जयदेव कभी चिढ़ जाते, कभी भावना में बह जाते और बेटी को देखकर मन मसोसकर रह जाते।

''इस नक्षत्र को किसने शाप दिया होगा? रूपा, यह शापित बाला हमारे भाग्य में ही क्यों आई?''

''जो है उसे स्वीकारना पड़ेगा, जयदेव! इस बात का अब शोक मत कीजिए। मन से स्वीकार करने से भार हलका हो जाता है!'' रूपा ने शांत स्वर में कहा।

''तुम अपना तत्त्वज्ञान और उपदेश अपने पास रखो, मुझे असह्य हो जाता है

यह सब! बच्चे बाहर खेलते हैं, नाचते-फुदकते हैं और यह खिड़की में बैठी तालियाँ बजाती है।''

''तो क्या हुआ? उसने स्वीकार लिया है यह सत्य। बच्ची है, पर समझदार है। मुझे लगता है, अब हमें इसे बाहर ले जाना चाहिए।''

''बाहर! ऐसे नमूने को?'' जयदेव तिरस्कार से बोले।

रूपा को गुस्सा आया—एक असहाय गुस्सा। निगल गई जहर, पर चेहरे पर भाव गहरा गया। जयदेव के प्रति मन में घृणा-सी छू गई। जयदेव ने रूपा की प्रतिक्रिया भाँप ली और झट से बोले, ''ले जाएँगे भई! बाहर भी ले जाएँगे, पर…''

''पर क्या?''

''बाहर की दुनिया कितनी क्रूर होती है रूपा! बच्चे चिढ़ाएँगे, हँसी करेंगे। फिर ऑफिस के लोग मिले या कोई परिचित मिले तो…''

''तो क्या? बोलो! लोग क्या कहेंगे, इस डर से उसे अंदर ही बंद रखें? उसका जीवन बस खिड़की तक ही सीमित रहे? जयदेव, आप इतने कमजोर होंगे, सोचा न था!'' रूपा एक साँस में बोल गई। क्या बोली, उसे स्वयं नहीं पता।

जयदेव भी चिढ़ गए।

''मैं यह सहन नहीं कर सकता। दूसरे बच्चे के इंतजार में पाँच वर्ष बीत गए। इसकी टाँगों की भाँति तुम स्वयं निर्जीव हो गई हो। शृंगार जैसे तुम्हें वर्ज्य हो गया है। तुम्हारा मन डूब गया है, भावनाएँ संकुचित हो गई हैं और गर्भ में अंकुर भी नहीं फूट रहा है। दे दो इसे किसी अनाथालय में! नहीं चाहिए मुझे यह लड़की।''

रूपा खून का घूँट पीकर रह गई। दूसरे दिन जयदेव के ऑफिस जाने के बाद वह सायली को लेकर चली गई। एक चिट्ठी छोड़ गई, जिसमें इतना भर लिखा था—

'सायली को मैंने जन्म दिया है। माँ हूँ मैं! मैं उसे अनाथ नहीं होने दूँगी। मैं बड़ा करूँगी। मुझे आपसे नाराजगी नहीं है और न ही आपकी सुंदर रसिक भावनाओं से। मेरी सायली कुतरी हुई बेल है—ऊपर से हरी, नीचे से सूखी। ठीक है, जैसी भी है। मैं उसे सँभालूँगी, सँवारूँगी।'

चार दिन बाद जयदेव रूपा के मायके पहुँच गए और पत्नी-बेटी को घर वापस ले आए।

जयदेव अब पहले जैसे जिंदादिल जयदेव नहीं थे, पर चिड़चिड़े और आत्मश्लाघावाले जयदेव भी नहीं थे। सँभल गए थे और सायली को स्वीकार करने की कोशिश में थे। उसे रोज शाम खेल के मैदान में ले जाते। हफ्ते में एक दिन रूपा

उसे स्कूल ले जाती, बाकी पढ़ाई घर पर ही करवाती।

रूपा के मन में एक ही धुन थी—सायली को पढ़ा-लिखाकर स्वावलंबी बनाए, ताकि लोग उसकी ओर दया से नहीं, आदर से देखें।

सायली ने चौथी कक्षा में प्रवेश किया और जयदेव के मन में आया कि क्यों न इसे संगीत की ओर प्रेरित करें!

"रूपा! अब से सायली रोज सुबह-शाम मेरे साथ संगीत सीखेगी!"

रियाज शुरू हुआ और देखते-देखते सायली ने सहजता से स्वर पकड़ने शुरू किए। जयदेव का मन प्रफुल्लित हो उठता जब सायली का मधुर स्वर वातावरण में गूँज उठता।

रूपा का तनाव अब कुछ कम हो गया। बेटी का भविष्य अब अंधकारमय नहीं होगा, उसमें संगीत का प्रकाश जो था।

एक दिन सहज ही अपनी खुशी व्यक्त कर गई रूपा—"बस जयदेव, यही तमन्ना है कि सायली संगीत को जीत ले। पैर नहीं हैं, न सही, संगीत का संबल तो है!"

"हाँ, सो तो है। पर रूपा, एक मजबूत पैरोंवाला बेटा हमें मिल जाए तो वह मेरे मन का आधार होगा।" जयदेव बोले।

रूपा सिहर गई। बात फिर वहीं आकर रुक गई—बेटे की चाह। डर था कि कहीं जयदेव भड़क न उठें।

"जो नहीं हो सकता, उसे छोड़िए। वर्तमान में जीना सीखिए, जयदेव!"

"सायली अब काफी स्वावलंबी हो गई है। अब तो तुम्हारी भावनाएँ जाग्रत् हो सकती हैं!" जयदेव कामुकता से कहते।

"सायली दसवीं में चली गई है। अब क्या अच्छा लगेगा नया मेहमान!" रूपा टाल जाती।

जयदेव ने सायली को जी-जान से संगीत सिखाया और उस शाम वह कार्यक्रम आयोजित किया, जिसमें सायली की कला को सराहा गया और जयदेव के घावों को कुरेद दिया—एक तरफ प्रेक्षकों की प्रशंसा, दूसरी ओर दया!

उस रात जयदेव एकाएक पलंग पर उठ बैठे।

"रूपा!"

"हूँ!"

"आज चाँद को साक्षी मानकर हम अपना सह-प्रवास नए सिरे से शुरू करें, चलो!"

"मतलब?"

"शब्द जहाँ मौन हो जाएँ, जीवन का अर्थ जहाँ सहज हो जाए, वहाँ उस सुंदर मार्ग पर चलेंगे।"

रूपा समझते हुए भी नासमझ बनी रही—"सायली का क्या होगा?"

"पगली, यह यात्रा हमारी, हम दोनों की है। सायली के बारे में मैंने सोच लिया है। अब हम गाने के और कार्यक्रम करेंगे। उसके लिए पैसा जुटाएँगे। आज के कार्यक्रम ने मुझे काफी आत्मविश्वास दिया है।"

"ठीक है। खूब पढ़ाएँगे उसे। अपने पाँव पर खड़ा करेंगे—चाहे भगवान् ने उसे पैर नहीं दिए हैं!" रूपा ने उत्साहित होकर कहा।

"रूपा, अब एक इच्छा पूरी करो। खिल जाओ, रूपा! मोगरे की तरह खिल जाओ! दिन तो सायली की फिक्र में बीतते हैं, रात तो सुखी होने दो। दिन का हिसाब रात को पूरा करो।"

दिन स्वप्नमय हो गए। रातें सुगंधित हो उठीं।

□

"अभी तक उठीं नहीं, रूपा?" एक सुबह जयदेव रूपा को जगाते हुए बोले।

"सारी रात उल्टियाँ होती रहीं।"

जयदेव रोमांचित हो उठे; पर चिंतित स्वर में बोले, "मुझे जगा देतीं।"

"आप कौन से खाली होते हैं। दिन भर दफ्तर, फिर सायली को पढ़ाना, उसका रियाज।"

"चलो, डॉक्टर के पास!"

"नहीं, ठीक हो जाऊँगी मैं, फालतू खर्च क्यों करना?"

"ऐसा मत सोचो, रूपा! फिर तो खाना-पीना सभी अनावश्यक हैं। फिर जीना ही क्यों?"

"सायली के लिए।"

रूपा सोचने लगी, कितना भी प्रसन्न रहने का विचार करें, सायली का खयाल आकर मन को कचोट जाता है। अपनी गलती न होने पर भी गलती का अहसास! अगर सच में बच्चा गर्भ में पल रहा है और वह पैदा हो जाए तो सायली का क्या होगा?

जयदेव दफ्तर चले गए। रूपा अस्वस्थ थी। खिड़की के पास बैठकर सायली पढ़ रही थी। अब तो वह घर में पढ़ती है। परीक्षा के समय जयदेव ले जाते हैं।

रूपा बाहर के कमरे में आई। आज सायली एकाग्रचित्त होकर बाहर देख रही थी। किताबें बैग में ही पड़ी थीं। रूपा बिलकुल निकट आकर खड़ी हो गई, फिर भी सायली का ध्यान टूटा नहीं। रूपा ने खिड़की से बाहर नजर दौड़ाई—आखिर सायली इतने ध्यान से क्या देख रही थी?

बाहर देखा तो रूपा दंग! गली के सरकारी नल पर एक नौजवान नहा रहा था। उसने सायली की ओर देखकर कुछ इशारा किया और सायली हँस पड़ी। चेहरा लाल हो गया।

नौजवान ने शायद रूपा को खिड़की के पास देख लिया था। झट से तौलिया लपेटकर भाग गया। रूपा अनजान बनती हुई पीछे हट गई, मानो उसने कुछ देखा ही नहीं हो। सहज भाव से बोली—

"सायली, पढ़ रही थीं न तुम?"

सायली चौंक गई।

"बाहर एकटक क्या देख रही थीं?"

"कुछ नहीं माँ! वही हमेशा के नजारे!"

"मतलब?"

"स्कूल जाते बच्चों की भीड़...शोर। माँ, टेस्ट अब शुरू होने वाले हैं। मुझे इस बार फर्स्ट आना है!" कहते हुए सायली सधकर बैठ गई और किताबें निकालने लगी। रूपा को लगा, यह लड़की इतनी समझदार है, अब इसे क्या कहा जाए।

"रूपा बेटी, स्कूल जा रहे इन बच्चों को देखकर अपने भाग्य पर क्षोभ तो नहीं करती हो न?"

"नहीं माँ! जो हमें कभी नहीं मिलेगा, उसकी चाहत कैसी?" बड़े दार्शनिक अंदाज में बोली सायली।

"मेरी सयानी बेटी!" कहते हुए रूपा ने उसके सिर पर हाथ फेरा।

"सायली बेटी, अब तू गैलरी में बैठा कर, खिड़की छोटी है।"

"मुझे यहीं अच्छा लगता है, माँ!"

रूपा समझ गई। बाहर के सरकारी नल पर बँगले के पिछवाड़े की झोंपड़पट्टी से कितने ही अर्धनग्न बच्चे, स्त्रियाँ, पुरुष नहाने आते थे और खिड़की में बैठी सायली न जाने क्या-क्या देखती थी।

दूसरे दिन जयदेव ने भी सायली को एकटक देखते पाया और बाहर का नजारा देखकर उनका पारा चढ़ गया।

"हटाओ इसे इस खिड़की से!" जयदेव लगभग चीखे।

जयदेव के दफ्तर चले जाने के बाद रूपा ने समझाया, "बच्चे, ऐसी गंदी हरकतें नहीं देखनी चाहिए। इससे पढ़ाई से मन उचट जाता है और भटकने लगता है।"

"ठीक है, माँ! पर...मैं क्या करूँ? मेरा जीवन तो यहीं बँधा है, क्या मैं कहीं जा सकूँगी?"

"अभी तू छोटी है। जब बड़ी हो जाएगी न, तब कोई राजकुमार अवश्य आएगा।" रूपा ने सहज ही समझाया। वह जान गई कि बेटी मन से बड़ी हो गई है।

"माँ, यहाँ रोज ही पाँच-छह कुत्ते पानी पीने आते हैं। उनमें से एक की पिछली दोनों टाँगें टूटी हैं। जब वह पानी पीने आता है तो बाकी के कुत्ते उसे भगा देते हैं। माँ, वह भी मेरी तरह अकेला बैठा रहता है।"

रूपा ने उसके मुँह पर हथेली रख दी—"ऐसा न सोच, सायली! जो विधि का लिखा है, हमें स्वीकारना है। कमजोर मत बनो, बेटी! संगीत एवं पढ़ाई—यही ध्येय रखो और ऊँचा उठो।"

रूपा रो पड़ी। सायली ने बैग घसीटा और खिड़की से परे हट गई।

दस-पंद्रह दिन चुप्पी में बीते। सायली बुझी-सी थी। उसे इस प्रकार चुप देख जयदेव बोले, "सायली, गाना कितना भी दर्द भरा हो, वह प्रसन्न मन से गाना चाहिए।" और सायली सँभल गई।

कार्यक्रमों के लिए आमंत्रण पर आमंत्रण आने लगे, पर जयदेव ने सोच-समझकर बहुत थोड़े कार्यक्रमों को स्वीकारा। सायली की दसवीं की परीक्षा जो निकट थी।

रियाज तो रोज चलता ही था। तबलची पाठक हमेशा की तरह रियाज के लिए आते थे। एक दिन उनका बेटा आया। इंजीनियरिंग की परीक्षा देकर आया था। सायली को देखकर पहले तो भौंचक्का रह गया, फिर पूछताछ करने लगा। रूपा कॉफी बनाने चली गई। जयदेव दफ्तर से अभी आए नहीं थे। तभी रूपा को लगा कि कोई जल्दी-जल्दी कमरे से निकलकर सीढ़ियाँ उतर रहा है। कमरे में झाँककर देखा, सायली अकेली थी—"अरे, पाठकजी का बेटा कहाँ गया?"

"चला गया! पता नहीं, उठा और लगभग भाग गया!" सायली बोली।

"कुछ बोला नहीं?"

"नहीं।"

"अजीब बात है!" रूपा ने कंधे उचका दिए। पर सायली कुछ बेफिक्र-सी, अनजान-सी लगी।

जयदेव ने बुलावा भेजा, फिर भी वह नहीं आया। रूपा सोच में पड़ गई। जयदेव ने सोचा, शायद सायली की ऐसी हालत देखकर पसीज गया था। फिर उन्होंने रघुनाथ को बुलाया। वह आ गया। रियाज शुरू हुआ। रघुनाथ तबले पर ताल देता और सायली का मधुर स्वर गूँज उठता। सबकुछ ठीक चल रहा था; पर आश्चर्य कि कार्यक्रम के ठीक पहले रघुनाथ गाँव चला गया तो लौटा ही नहीं। जयदेव क्रोधित हुए। रूपा बेचैन थी। पर सायली सहज थी।

शाम का समय था। सायली शीशे के सामने बैठी बाल सँवार रही थी। शीशे में सामने के पड़ोसियों के चंदू का प्रतिबिंब पड़ रहा था। चंदू एकाग्रचित्त पढ़ रहा था। वह बेखबर था, पर सायली बेखबर नहीं थी। सायली झुकी और चंदू के प्रतिबिंब को चूमने लगी। तभी रूपा ने देख लिया।

"सायली!" रूपा चिल्लाई।

सकपकाई-सी सायली पीछे हट गई।

रूपा ने उग्र रूप धारण कर लिया। कई बातें अब उसकी समझ में आ रही थीं।

"बता, रघुनाथ क्यों गाँव चला गया? बता, पाठकजी का बेटा उस दिन क्यों भाग गया? बता, बता...वरना..." और वह चिमटा गरम करके लाई—"बता, अब तक मैं तुझे समझदार कहती थी। तेरे लिए जीवन की हर खुशी, हर चाह हमने न्योछावर कर दी। बस, एक ही लक्ष्य था हमारे सामने—सायली का जीवन, और तू..."

सायली गिड़गिड़ाई, "माँ, माफ कर दो मुझे!"

पर रूपा का क्रोध कहाँ उतरनेवाला था! सायली दीवार से सटकर बैठी थी। रूपा ने उसका गाल कसकर पकड़ा। गोरे गालों पर उसके नाखूनों से खून छलछला आया।

"बोल! बोलती क्यों नहीं?"

सायली के होंठ मानो सिले थे।

रूपा का गुस्सा चरम सीमा तक पहुँच गया—"जा, निकल जा यहाँ से!" और रूपा ने उसे पकड़कर दरवाजे से बाहर निकाल दिया, दरवाजा बंद कर दिया।

उधर बाहर सायली रो रही थी, इधर अंदर रूपा फफक रही थी। सायली का थपथपाना और 'माँ-माँ' की पुकार रूपा के सीने को चीर गई। वह सँभल गई। सोचने लगी—यौवन क्या सायली की भूल है? अरे, वह तो आना ही था।

क्या-क्या पचा पाएगी यह लड़की? खिड़की से दुनिया देखना अब तक

ठीक था, सहज था; पर उसकी खिलती भावनाओं को कैसे दबाया जा सकता है? आखिर प्रकृति के नियम को कैसे बदला जा सकता है? यौवन के इस शिव-धनुष को उठा तो लेगी, पर प्रत्यंचा चढ़ाएगा कौन?

रूपा घबराकर उठ बैठी—'तो क्या ऑपरेशन!' वह काँप उठी। घर में गंद न फैले, इसलिए उन्होंने अपनी लूसी का भी तो ऑपरेशन कराया था। पर लूसी उनकी पालतू कुतिया और सायली उनकी बेटी—क्या साम्य है कोई?

फिर पड़ोस की मंदाकिनी का भी तो उसके माता-पिता ने ऑपरेशन करा दिया था। पर कहाँ पगली मंदा, कहाँ सायली! क्या वह सायली का खिलता बाग नष्ट कर देगी? अब तक स्वयं रूपा और जयदेव इच्छाओं से परे नहीं थे। उसके अपने गर्भ में हलचल है। तो जवान होती बेटी के सारे अरमानों को कैसे कुचले? विकट समस्या थी।

कुछ सोचकर रूपा उठी और दरवाजे की ओर बढ़ी। इधर जी मचल रहा था, उधर सायली दरवाजा थपथपा रही थी।

अपने को सँभालकर रूपा ने दरवाजा खोला और सायली से लिपट गई। सायली घबराई-सी जमीन पर देख रही थी। रूपा ने भी देखा, सायली की टाँगों पर से बहते खून की कुछ बूँदें जमीन पर गिरी थीं। वह समझ गई, बहुत कुछ!

सायली को बाँहों में भर लिया, "यह सब ऐसा ही होता है, बेटी!" वह बोली। तभी जयदेव सीढ़ियाँ चढ़ते नजर आए।

"यह बगिया नष्ट नहीं होने दूँगी!" रूपा बुदबुदाई। जयदेव आखिरी सीढ़ी पर थे और रूपा सायली को अंदर ले जा रही थी।

□

जीवन-सार

बँगले की दो-तीन सीढ़ियाँ उतरकर कीर्ति पोर्च में आ गई। पीछे-पीछे जयराम भी तेजी से आ गया। ड्राइवर ने अदब से सलाम किया और गाड़ी का दरवाजा खोलकर खड़ा हो गया। साड़ी का पल्लू सँभालकर अपने को सँवारती कीर्ति गाड़ी में बैठ गई।

हमेशा की तरह भाऊराव खिड़की में खड़े थे। पोर्च में खड़ी नई गाड़ी देख अचरज में पड़ गए। कल तक तो यह गाड़ी यहाँ नहीं थी। सुबह प्रातः भ्रमण के लिए गए, तब भी इस कार की ओर ध्यान नहीं गया था। न जाने कब खरीद लाए यह कार!

"आज एक मीटिंग है। लौटने में देर हो जाएगी। सुनो, जयराम! दादाजी से कहना, खाना खा लें। मेरी प्रतीक्षा न करें और हाँ, कहना—शाम को देर तक सैर न करें।" कीर्ति ने कार की खिड़की से सिर बाहर कर हिदायतें दीं।

"अच्छा, बाबा! कह दूँगा, बस!"

देखते-देखते नई कोरी 'कंटेसा' फाटक से बाहर निकल गई। जयराम मुड़ा, पोर्च की दो-तीन सीढ़ियाँ लगभग दौड़कर चढ़ गया और फुरती से ऊपर कमरे में आ गया। भाऊराव अभी भी चित्रवत् खिड़की में खड़े दूर तक देखते हुए विचारों में खोए थे। जयराम की आहट भी सुन न पाए।

"बाबा, बाबा!" कहता हुआ जयराम पास आकर खड़ा हो गया।

"बाबा! कीर्ति के लिए कल यह गाड़ी खरीद लाया। कल रात सारे पेपर्स पूरे करवाकर ही आया मैं। देर हो गई थी। आप सो गए थे, तभी बता न पाया। कैसी लगी नई कार आपको?" बच्चे की-सी सादगी से जयराम बोलता गया।

"कैसी? अरे बेटा, बेहद अच्छी लगी। आखिर 'कंटेसा' है। पर चैतन्य-चैताली को बताया या नहीं?" भाऊराव ने पूछा।

"अभी तो नहीं बताया। अगले महीने छुट्टियों में आएँगे ही, तब देख लेंगे। चलो, फोन पर बता दूँगा।"

भाऊराव हँस पड़े।

"क्यों हँसे, बाबा?"

"यूँ ही! याद आया, जब तुम छोटे थे। कोई नई चीज लेनी होती तो महीनों पहले से रट लग जाती थी। फिर हम सब मिलकर खरीदारी के लिए जाते थे—चाहे स्टील का कोई भगोना खरीदना हो या तुम्हारी माँ के लिए साड़ी अथवा तुम्हारे लिए खिलौना। फिर घर आने पर वह चीज पास-पड़ोस में प्रदर्शित होती। दो दिन तक चर्चा का विषय बनती और आज, तुम 'कंटेसा' इतनी आसानी से ले आए जैसे मंडी से सब्जी लाए हो। वे भी क्या दिन थे जब पैसा मायने रखता था। आज···" और भाऊराव एक निःश्वास लेकर चुप हो गए।

"बाबा, कीर्ति अब मैनेजिंग डायरेक्टर बन गई है। अपने स्टेटस के मुताबिक चलना पड़ता है।"

"सो तो है, बेटा! मैंने कब ना की। मैं तो बस यही सोच रहा था कि लक्ष्मी जब घर में विचरने लगती है तब चीजें खरीदने में वह उत्साह, वह आनंद नहीं रहता।"

"ऐसा क्यों कहते हो, बाबा?"

"लगता है। जब तुमने 'मारुति' ली थी तब तुम जितने प्रसन्न थे उतने 'कंटेसा' लेकर नहीं।"

"तब 'लोन' के लिए भाग-दौड़ करते-करते परेशान हो गया था मैं।"

बोलते-बोलते जयराम बाथरूम की ओर बढ़ा। रुकने का समय नहीं था उसके पास। हर मिनट का अपना महत्त्व था। घड़ी की सुई के साथ-साथ आदमी भी भाग रहा था। भाऊराव सोचने लगे—तब, जब वह ऑफिस जाते थे, जयराम स्कूल जाता था, अलका भी स्कूल जाती थी; पर ऐसी भाग-दौड़ नहीं थी। घर में बैठकर दो बातें हो जाती थीं, तसल्ली से बैठा जाता था। पर अब, आदमी की गति को मात करने के लिए घड़ी भी शायद दौड़ने लगी है, और घड़ी की दौड़ को हराने के लिए आदमी होड़ लगा रहा है।

समय नहीं बदला। दिन में आज भी चौबीस घंटे हैं। काल बदल गया है। रात देर गए ये दोनों घर आते हैं, सूरज हाथ भर ऊपर चढ़ आता है तब उठते हैं और फिर समय को रोकने के लिए मारा-मार! भाग-दौड़!

जयराम बाथरूम से निकला। सिर अभी गीला था, बालों से पानी टपक रहा था। भाऊराव को याद आया, बचपन में इसी तरह भीगे बालों को लिये जयराम आता था। तब तौलिया लेकर भाऊराव ही उसका सिर पोंछ देते थे। साथ-साथ कमेंट्री चलती थी, 'इतना बड़ा हो गया। सिर भी नहीं पोंछना आता। जुकाम लग जाएगा न,

तब पता चलेगा।'

'कहना तो माना कर जयू बेटा।' पद्मा बीच में टोक देती। बाप-बेटा हँस देते।

आज भी लगा, उसके टपकते बालों को तौलिए से रगड़-रगड़कर पोंछ दें। तभी भाऊराव की नजर बेटे के नौजवान शरीर पर पड़ी—सुदृढ़ बाजू, भरा चेहरा, काले घने बाल, चौड़ी छाती और होंठों पर मुसकान। ययाति को क्या बेटे की जवानी का मोह नहीं हुआ था? भाऊराव क्षण भर को ठिठक गए।

जयराम अपनी माँ जैसा है—सुंदर, पर है सुदृढ़—मेरी तरह। भाऊराव ने गर्व से बेटे की ओर नजर डाली।

समय के साथ-साथ सबकुछ कैसे बदल जाता है। बच्चे बड़े हो जाते हैं तो माँ-बाप से दूर हो जाते हैं। उनकी अपनी अलग दुनिया होती है। जयराम पिता से तो दूर हो गया था, परंतु जब तक माँ थी तब तक घंटों उसके पास बैठकर दिन भर का ब्योरा देता, 'आई, आज यह हुआ, वह हुआ...' और जाने क्या-क्या। शादी हुई तो यह संवादों का सिलसिला कुछ कम हुआ।

पद्मा भी कहाँ बची आनेवाला समय देखने। जयराम-कीर्ति के विवाह के डेढ़ साल भीतर ही चल बसी। अब तो पंद्रह वर्ष हो गए। पंद्रह वर्ष से अकेले जी रहे थे भाऊराव। दिन तो बीत जाते हैं। समय रुकता है भला! आप एकाकी हों, ऊब गए हों, घड़ी की सुई आगे न बढ़ रही हो तब भी, समय रुकता नहीं।

जयराम तैयार होकर आया। आसमानी नीली शर्ट, गहरी नीली पैंट, ऊपर लाल टाई। भाऊराव देखते रह गए। कहीं अपनी ही नजर न लगे बेटे को।

"बाबा, आज मेरे साथ ही ब्रेकफास्ट कीजिए न।"

"नहीं, बेटा! इतने वर्षों का अपना नियम चंद टुकड़ों के लिए तोड़ूँ? ऊँह! नहाऊँगा, पूजा करूँगा, तब कहीं मुँह में निवाला डालूँगा।"

"आपने भी बाबा, कई देवता जमा किए हैं।" जयराम सहज ही बोल गया।

"मैंने कहाँ जमा किए, बेटा। पुरखों के हैं। पिछले दो-ढाई सौ साल से हमारे परिवार के सदस्य हैं।"

"सोचता हूँ, थोड़ा समय निकालकर मैं भी पूजा कर लिया करूँ। पर कब करूँ? समय ही नहीं।"

"जब तक मैं हूँ, चलने दो। मेरे बाद किसी मंदिर में दे देना इन मूर्तियों को।"

"बाबा, ऐसा न कहो। आपके बिना इस घर की कल्पना नहीं कर सकता मैं, जैसे मूर्ति के बिना पूजाघर।" जयराम विह्वल होकर बोला। आँखें नम थीं।

"यह घर नहीं है जयराम, यह तुम्हारा अपना महल है। घर तो वह था, हमारा

छोटा सा घोंसला, जिसमें तुम बड़े हुए।''

''...''

''तुम, कीर्ति, चैताली—तुम लोग चाहो तो देवताओं की मूर्तियाँ मेरे बाद मंदिर में दे देना, चाहो तो कोई पंडित रोज की पूजा के लिए रख लेना। जब तक मैं हूँ...''

''कुछ मत कहिए, बाबा! ऐसी...ऐसी बातें सहन नहीं होतीं।''

''मनुष्य के सहन होने न होने पर क्या होनी टलती है! जब बुलावा आता है तो कुछ नहीं चलता उसके सामने। तुम तो डॉक्टर हो। बहुत कुछ समझते हो।''

जयराम की पलकें भीग गईं। माँ की मृत्यु का दृश्य उसकी आँखों के सामने तैर गया। पराँठा आधा छोड़कर ही उठ गया।

''पराँठा तो खा लो, जयू!''

''जी नहीं करता, बाबा।''

जयराम देख रहा था, पिताजी दिन-पर-दिन बुढ़ाते जा रहे थे। उनकी सुख-सुविधा के लिए वह प्रयत्नशील रहता, पर कोई-न-कोई घटना ऐसी घटती कि उनके मन पर प्रहार कर जाती। सारे भौतिक सुख थे, परंतु आनंदमय वातावरण नहीं दे पाता जयराम।

घर में ले-दे के तीन ही तो लोग थे। जयराम एक निपुण, ख्यातनाम सर्जन। कीर्ति मैनेजिंग डायरेक्टर और भाऊराव एकाकी, रिटायर्ड वृद्ध। जयराम और कीर्ति अपने-अपने कामों में। भाऊराव के लिए समय था किसके पास! कभी-कभार कीर्ति समय निकाल लेती तो हिदायतों की झड़ी लग जाती—

''ज्यादा खाओ मत, देर तक घूमने मत जाओ...यह न करो...वह न करो...''

आखिर एक दिन हद हो गई सहन-शक्ति की और भाऊराव बरस पड़े, ''तो हर जगह ताले लगा दो, बहू। मेरा खाना तौल के रखा करो।''

''देखिए, बाबा...'' कीर्ति कुछ कहने जा रही थी।

भाऊराव बीच में ही बोल पड़े, ''सारा-सारा दिन अकेला पड़ा रहता हूँ। पूछा है किसी ने? खा लिये दो निवाले ज्यादा तो क्या हुआ? घूमने जाता हूँ, बस बगीचे तक, उस पर भी रोक।''

''सुनो कीर्ति,'' जयराम बोला, ''उनको जीने दो उनकी अपनी इच्छा के मुताबिक।''

''हाँ, और बीमार पड़ें तो कौन करेगा सेवा? सारा दिन कभी मूँगफली चबाते हैं, कभी चने और कभी फ्रिज से निकालकर कुल्फी।''

''तो क्या हुआ? घर उनका भी है।''

"तभी तुम बाप-बेटे के बीच मैं कुछ कहती नहीं हूँ। पर अति हो जाए तब…"

"अति कैसे होगी, बेटी?" भाऊराव बोल पड़े, "सुनो, ये सब चीजें मैं बचपन से खा रहा हूँ। आज तक मुझे हजम हो रही हैं, सो खाता हूँ। हाँ, शायद महलों में रहनेवालों को यह चना-चबेना खाना शोभा नहीं देता। यही न!"

भाऊराव के मुँह से शब्द अभी निकले ही थे कि कीर्ति खाने की मेज पर से उठी और कमरे में चली गई।

"बाबा, आप क्यों बात बढ़ाते हैं? प्लीज बाबा, जो चाहे खा लिया करो। मैं मना नहीं करता, पर कीर्ति की बातों का बुरा मत मानिए। वह अमीरी में पली है। उसकी जीने की कल्पना हम सब जैसी नहीं है।"

"माना जयू, कि वह अमीरी में पली है, महलों से आई है; पर यह कहाँ की नसीहत कि बूढ़ा ससुर उससे पूछ-पूछकर ही कदम रखे? अब कल ही राह में हमारा पुराना केलेवाला मिल गया। कहने लगा, 'साब, आपकी दी दवाई से मेरी पत्नी ठीक हो गई।' अब वह बतियाने लगा। मैं खड़ा सुनने लगा तो क्या मैं उसे चुप रहने को कहता? इसी पर तेवर चढ़ गए तुम्हारी पत्नी के। जन-सामान्य से दो बातें करना, उनके दुःख-सुख में साथ देना हमारी संस्कृति है। इस उम्र में आकर मैं भला कैसे बदलूँ?"

जयराम को याद आए वे दिन जब सब्जीवाली बाई से माँ पैसे-पैसे के लिए भाव-ताव करती रहती। बाई गुस्सा भी मानती, पर हर बार माँ के लिए कुल्फा साग की एकाध छोटी सी गड्डी ले आती और मुफ्त में दे जाती। केलेवाला आता तो एक-एक केले के लिए मोल-भाव होता, फिर आखिर में हँसते हुए आठ के भाव में बारह केले दे जाता और ऊपर से कहता, 'लो बाईजी, आप भी क्या याद करोगे।' पेपरवाला पेपर फेंककर नहीं जाता, हाथ में पकड़ा जाता और भाऊराव के साथ दस-पंद्रह मिनट राजनीति पर चर्चा करता। सब जैसे अपने थे—एक बड़े परिवार के सदस्य।

और अब…पेपरवाला कभी दिखा ही नहीं। वह पेपर फेंककर चला जाता है। दूधवाला रसोई के पिछले दरवाजे से आकर दूध दे जाता है। सखाराम ही पूरे किचन का मालिक है।

एकाध बार जयराम ने कीर्ति से कहा कि घर की जिम्मेवारी बाबा पर सौंप देते हैं, ताकि वे व्यस्त रहें। कीर्ति ने हमेशा की भाँति जिरह की, "नहीं, जयराम! बाबा से कौन हिसाब-किताब करेगा? सखाराम से भूल-चूक हो जाए तो वह जवाब देगा। बाबा से पूछना तो तुम्हें गवारा नहीं।"

"वह व्यस्त रहेंगे तो उनका दिन मजे में बीतेगा।"

"अनि-विन छोड़ो। दिन तो गुजर जाता है। तुम्हीं कहते थे न, बाबा ने सारी उम्र कष्ट झेले हैं। अब करने दो उन्हें आराम।"

जयराम कुछ न बोला। कीर्ति के साथ वाद-विवाद में पड़ना उसके शांत स्वभाव के साथ मेल नहीं खाता। कीर्ति की बात जँचे या न जँचे, वह चुप्पी साध लेता।

"बाबा, आज आने में देर हो जाएगी।" चलते-चलते जयराम बोला, "एक-दो पेशंट के काफी कॉम्प्लीकेडेट केस हैं।"

"तुम्हारे ये रोज के काम हैं, जयराम! तुम निश्‍चिंत होकर करो। मेरी फिक्र छोड़ो। अब नहा-धोकर पूजा करूँगा, फिर थोड़ा घूम-फिर आऊँगा, खाना खाकर सो जाऊँगा। शाम तक तुम लौटोगे तो साथ चाय पीएँगे। फिर शाम की सैर, टी.वी., तब तक कीर्ति आ जाएगी।" भाऊराव ने ब्योरा दिया। सबकुछ जैसे सुंदर-सुचारु हो। कहीं कोई चुभन न हो, अकेलापन न हो।

जैसे ही जयराम की कार पोर्च के बाहर निकली वैसे ही पार्वती आ धमकी, "दादाजी, नहा-धो लेना। आप खाना खा लें तो मैं भी फिर जाऊँ।"

"तुम अपना काम निपटाकर चली जाओ, पार्वती। मैं खुद खाना ले लूँगा।"

"नहीं, नहीं! आपको खिलाए बगैर मैं गई न दादाजी, तो सोचो, डॉक्टर साब मेरी गरदन मरोड़ देंगे। मेरी नौकरी गई, समझो।" पार्वती तुनककर बोली।

भाऊराव की आँखें नम हो गईं। सच, जयराम कितना खयाल रखता है उनका। पद्‍मा को जो वचन दिया था आखिरी घड़ी उसने, 'तुम चिंता न करो, माँ। बाबा की देखभाल में कोई कसर नहीं रहेगी।'

पद्‍मा गई और साल भर के अंदर चैताली का जन्म हुआ। कभी लाड़ से जयराम कह जाता, 'मेरी माँ है यह।' तो कीर्ति झिड़क देती, 'छोड़ो भी! डॉक्टर हैं न आप?'

'डॉक्टरी मेरा पेशा है कीर्ति, पर श्रद्धा मेरी परंपरा का अंग है।'

चैताली के पीछे-पीछे चैतन्य आया। अपने भरे-पूरे परिवार को देख भाऊराव फूले नहीं समाते। जयराम भी खुश था, पर कीर्ति का चिड़चिड़ापन कम नहीं हुआ। एक दिन जयराम ने चैतन्य को अपनी थाली में खाना खिलाया तो कीर्ति लगभग चीख पड़ी, 'छिह! यह क्या?'

जयराम का हाथ रुक गया। चेहरे की मुसकान मिट गई।

'क्या हुआ?'

'डॉक्टर हैं न आप! बच्चे को जूठा खिलाएँगे!'

'कीर्ति, मैं इनसान पहले हूँ, डॉक्टर बाद में। मैं एक साधारण घर से आया साधारण परिवार का साधारण व्यक्ति हूँ। साधारण मानव-भावना ही मैं समझ पाता हूँ। समझी ? विज्ञान, पैसा, संपत्ति, स्टेटस—इन सबसे ऊपर है प्रेमभाव। सीख लो कीर्ति, इन भावनाओं को जीना सीखो।' जयराम ताव-ताव में बोल गया। उस दिन भी कीर्ति खाने की मेज से उठ गई थी।

सोचते-सोचते भाऊराव विह्वल हो गए। मन को बहलाने के लिए उठ खड़े हुए और इधर-उधर झाँकने लगे, ताकि पार्वती की नजर उनकी आँखों पर न पड़े। कमरे में वही पुराना नक्काशीदार ड्रेसिंग टेबल पड़ा था। भाऊराव को लगा, नई-नवेली इस हवेली में यह पुराना टेबल टाट के पैबंद जैसा लग रहा हो। शायद कीर्ति ने भी यही सोचा हो, जब वह इसे बेचने जा रही थी। पर जयराम ने रोक दिया था, 'यह माँ का टेबल है। इसे यहीं रहने दो।'

भाऊराव को लगा, मुद्दतों से उन्होंने अपने को आईने में नहीं देखा है। वह अपनी इस मुरझाई देह को देखना भी नहीं चाहते थे। सीधे बाथरूम में चले गए।

पार्वती ने दो बालटी गरम पानी निकालकर रखा था। भाऊराव को याद आया, जब अलका नहाने के लिए खूब गरम पानी माँगा करती थी और एक ही स्टोव पर पानी गरम करना, चाय-नाश्ता, खाना पकाना कैसे कठिन हो जाता। तब पद्मा जैसे-तैसे कुनकुना पानी ही बालटी में उँड़ेल देती और अलका नाराज हो जाती।

अब तो सबकुछ बदल गया है। यह नवीनतम टॉयलेट, यह गीजर, यह महल, दो कारें—सारा चित्र ही कुछ और रंग लिये है।

सबकुछ तभी बदलने लगा था जब जयराम मैट्रिक अव्वल दर्जे से पास हुआ। वजीफा मिला और आगे की सारी पढ़ाई, एम.बी.बी.एस. तक, वजीफा लेकर ही हुई। फिर कीर्ति के पिता ने उसे अपने खर्चे से अमेरिका भेजा और कीर्ति जैसी अपनी इकलौती बेटी को इस साधारण परिवार की बहू बना दिया। अलका का भी विवाह जल्दी ही हो गया। दोनों बच्चों ने भाऊराव और पद्मा को सुख ही दिया।

कीर्ति सुंदर है, बहुत बुद्धिमान है, ऊँचे ओहदे पर लगी है। कोई भी ऐसी बहू पाकर धन्य हो जाएगा। भाऊराव भी खुश थे, परंतु कभी-कभी बहुत कुछ अखर जाता था। वह अमीरी का गर्व, पुरानी चीजों की बेकद्री, स्टेटस कॉन्शसनेस—जिस कारण मानव-गुणों को भी न पहचान पाना। भाऊराव के फ्रेम में ऐसा चित्र बैठ न पाता। कुछ कचोट जाता।

भाऊराव पूजा करने बैठे तो भी मन किसी अजीब सी उलझन में था। एक

नितांत अकेलापन, एक खोखलापन।

अथर्वशीर्ष का पाठ मुख से चला था। तभी किसी की बातचीत की आवाज कानों में पड़ी। इन आलीशान बँगलों की चुप्पी में यह भला कैसा शोर था? फिर भी, अच्छा लगा। आस-पास की चुप्पी का आवरण छेद कहीं से वसंत आ गया है और अपने साथ चिड़ियाँ लाया है।

"पार्वती, यह कौन बोल रहा है पिछवाड़े?" भाऊराव ने मंत्रों के उच्चारण के साथ-साथ पूछ ही लिया।

"ये साथ का बँगला है न, इसके पिछवाड़े के जो कमरे हैं न, वहाँ कोई नए किराएदार आए लगते हैं।"

"अच्छा!" भाऊराव उत्साह से बोले।

"भरा-भरा सा लग रहा है न, दादाजी?" पार्वती भी उत्साहित थी।

भाऊराव से रहा न गया। पूजा के अधबीच ही उठे और खिड़की से झाँकने लगे।

बँगले के पिछवाड़े में सामान बिखरा पड़ा था। आस-पास दो छोटे बच्चे मँडरा रहे थे। युवा पति-पत्नी सामान लगा रहे थे। दादा-दादी अन्य कामों में लगे थे। कभी-कभी कुछ बात कर लेते, हँसी का फव्वारा छूट जाता और हँसते-हँसते फिर काम में जुट जाते। भाऊराव यंत्र-चालित-से देखते रहे। मन में कहीं खुशी की एक लहर उठ आई, मानो उनके घर में ही बहार आई हो।

"जाओ पार्वती, उन्हें पानी वगैरह पूछ आओ और हाँ, ये बिस्कुट के पैकेट भी देना बच्चों को, भूख लगी होगी।" भाऊराव उल्लसित हो बोले।

सारा दिन उस घर से हँसने-बोलने की आवाजें आती रहीं। कुछ जोर से ही बोलते थे वे लोग। भाऊराव को याद आया, जब जयराम को कीर्ति ने एक दिन टोका था—

'कितनी जोर से बोलते हैं आप!'

'तो क्या हुआ? भई, समाज में तो हम मैनर्स की खातिर अपनी भावनाएँ दबाते हैं। घर तो अपना होता है। यहाँ आदमी स्वतंत्रता से अपने को व्यक्त कर सकता है।'

'बच्चों के मैनर्स तुम्हारे और दादाजी के भोंडे संस्कारों के कारण बिगड़ गए हैं। मैं उन्हें और बिगड़ने नहीं दूँगी।'

और कीर्ति ने चैताली व चैतन्य को पंचगनी बोर्डिंग स्कूल में भेज दिया। घर वीरान-सा हो गया था।

भाऊराव को उस दिन के बाद दिन कटते नहीं कटता था। बच्चों की छुट्टियों

का बेसब्री से इंतजार करते। बच्चे आते, घर चहक जाता; पर उनमें अब वह बालपन नहीं रहा था। दादा के गले में बाँहें डालकर कहानियाँ नहीं सुनते थे अब। उनकी दुनिया धीरे-धीरे दादाजी की परिधि से बाहर निकल गई थी।

आज इस घर के आँगन में खेलते बच्चों को देख भाऊराव के जीवन में महक लौट आई। शाम को जयराम घर आया तो बच्चों की-सी खुशी से उन्होंने सारा किस्सा सुनाया।

''मैंने पानी और बिस्कुट भी भेजे।''

''अच्छा किया, बाबा। चाय भी भिजवा देते।'' जयराम सहज भाव से बोला।

कीर्ति की त्योरियाँ चढ़ गईं।

''इन आउट-हाउस के लोगों को ज्यादा सिर चढ़ाना ठीक नहीं।'' वह कड़वाहट से बोली।

''यह झूठा अहंकार छोड़ो, कीर्ति! आउट-हाउस में आए हैं तो क्या! हैं तो इनसान। इनसानियत का नाता होता है।'' जयराम शांति से बोला।

भाऊराव उठकर हाथ धोने चले गए। तब मौका देख जयराम बोला, ''क्यों उनकी छोटी-छोटी भावनाओं को आहत करती हो, कीर्ति? मेरे पिताजी साधारण मध्यम वर्ग के हैं। यही उनका जीवन रहा है। उन्हें समझने की कोशिश करो।''

''हमेशा उनका ही गुणगान करते रहो। कभी मेरा मन भी समझा करो।''

जयराम उठकर बाहर आ गया। डर था कि कहीं बाबा ने सुना तो नहीं था यह वार्तालाप; पर वह सुपारी चबाते ऊपर छज्जे पर चले गए थे। जयराम भी पीछे-पीछे ऊपर गया। पिता के साथ खड़ा होकर पिछवाड़े के नए परिवार के घर का दृश्य देख रहा था।

वहाँ रसोई का दरवाजा खुला था। अँगीठी पर दादी ज्वार की रोटी सेंक रही थीं और माँ खाना परोस रही थी। जयराम की आँखें डबडबा आईं, ''बाबा, कभी हमारे घर में भी ऐसा ही दृश्य होता था न! दादी खाना बनाती थीं और माँ परोसती थीं।''

भाऊराव कुछ नहीं बोले। आज सुबह से ही पुरानी यादें मन को भरमा रही हैं। कितनी यादें। माँ चल बसी, पद्मा चली गई। जानेवाले यादें छोड़कर चले जाते हैं और पीछे रह गए लोग विषण्ण हो जाते हैं।

''बाबा, नीचे चलो। आज ठंड बहुत है।'' जयराम बात बदलने हेतु बोला।

भाऊराव चुपचाप नीचे आ गए।

''बाबा, चैताली को आज फोन करेंगे। आप बताना उसे 'कंटेसा' की बात।''

"तुम ही बताओ।"

"नहीं, आपके मुँह से अपनी सफलता की बातें सुनना मुझे अच्छा लगता है।"

भाऊराव की आँखें नम हो गईं। वह चुपचाप बिस्तर पर लेट गए। जयराम साथ बैठ गया।

"सोचता हूँ, बाबा, कहाँ-से-कहाँ पहुँच गए हैं हम। माँ होती—यह सब सुख भोगती तो कितना अच्छा लगता उसे! पर कुछ लोग शायद जीवन के कष्ट सहने ही आते हैं। वैसे डॉक्टर हूँ। इस तरह हृदय को कुरेदकर अंदर झाँकना ठीक नहीं। फिर भी, आज यह पड़ोस का घर देखा तो अपना घर याद आया।" उसने बाबा के हाथ कसकर पकड़े, कुछ क्षण खड़ा रहा और झटके से बाहर निकल गया।

भाऊराव उद्विग्न थे। आज सुबह से ही उखड़े-उखड़े से। सोच रहे थे, अब जीना क्यों? किसके लिए? पद्मा कब की छोड़ गई थी। बच्चे बड़े हो गए हैं—अलका पति के साथ अमेरिका में है, जयराम अपने में मगन है। कीर्ति का दिमाग सातवें आसमान पर चढ़ा रहता है। चैताली-चैतन्य थे, सो अब वे बोर्डिंग से साल में दो बार मेहमानों की तरह आते हैं। घर कहाँ है? यह तो महल है और मेरा इस विशाल बँगले में दम घुटता है।

क्या यह उम्र का तकाजा है या अकेलापन हावी हो गया है मुझ पर? जीने की इच्छा जैसे खत्म होती जा रही है; पर मृत्यु को भी तो मैंने बुलाया नहीं!

पर आज ही यह सब विचार मन को क्यों कचोट रहे हैं? पड़ोस के उस सुखी परिवार को देखकर शायद लग रहा है कि अब वैसे दिन जीवन में लौटकर नहीं आएँगे। य़ा यह 'डिप्रेशन' आ रही मेरी मृत्यु का सूचक है?

इन्हीं विचारों में डूबे भाऊराव की आँखें कब लगीं, पता नहीं। सुबह उठे तो कुछ हलका-सा लगा। ऊपर छज्जे पर जा खड़े हुए। अनायास ही साथ के घर की ओर देखा, वहाँ दिनचर्या शुरू हो गई थी। बहू आँगन में झाड़ू लगा रही थी और सास पानी (गोबर मिला पानी) छिड़क रही थी। बेटी सहन में रंगोली सजा रही थी। दादाजी पोते को पढ़ा रहे थे और बेटा बिस्तरे उठाकर रख रहा था।

भाऊराव खड़े यह चिर-परिचित सा नजारा देख रहे थे, तभी पड़ोस के दादाजी की नजर उन पर पड़ी। वह मुसकराए, भाऊराव ने भी स्मित किया। दोस्ती की पहली सीढ़ी सामने आती देख भाऊराव में उत्साह भर गया। बच्चों की-सी फुरती से नीचे उतर आए। जयराम ने देखा, पिता का उत्साह भाँपा और सहज ही बोला, "हो आना दिन में उनके पास, बाबा।"

और इसके बाद दोस्ती का सिलसिला बढ़ गया। सुबह-शाम दोनों वृद्ध घूमने जाते, दिन में पेड़ के तले बैठ गप्पें होतीं। आएदिन भाऊराव बच्चों के लिए कुछ-न-कुछ ले जाते। वह अब खुश नजर आते थे। जीने की चाह लौट आई थी। बच्चों की हँसी-खुशी में आनंद मिलने लगा। पिता को खुश देख जयराम को राहत मिलने लगी। परंतु उनका आउट-हाउस में आना-जाना कीर्ति के लिए शूल बन गया।

उस दिन कीर्ति तैयार हो रही थी तो सुना, भाऊराव बेटे को बता रहे थे कि पड़ोस के दादाजी रेलवे में क्लर्क थे। उनका बेटा किसी दफ्तर में लगा है। परिवार में एकता है और बड़े खुश-मिजाज लोग हैं। पैसे से अमीर नहीं, पर दिल से अमीर हैं। कीर्ति का माथा ठनका, पर जल्दी में थी। दफ्तर जाना था, सो चली गई।

शाम जल्दी लौट आई। घर में कोई नहीं था। पार्वती किचन में खटर-पटर कर रही थी। मालकिन को समय से पहले आया देख सकपका गई।

''तबीयत तो ठीक है न, मेम साब?''

''हूँ, ठीक है। चाय बना देना पार्वती, और दादाजी से भी पूछ लो।'' कीर्ति रुखाई से बोली।

''दादाजी तो घर में नहीं हैं।''

''सैर के लिए गए हैं?''

''नहीं, पड़ोस में हैं।'' और मालकिन की प्रतिक्रिया देखे बिना ही पार्वती जोश-जोश में बोलती गई, ''आज न पड़ोस के दादाजी ने अपने दादाजी को खाने पर बुलाया है। प्रोग्राम है—बाजरे की रोटी, दही डला बेसन, मिर्च की चटनी और मक्खन। अपने दादाजी मक्खन का पैकेट ले गए हैं, बाकी वहीं दादीजी बनाएँगी।''

कीर्ति मन-ही-मन भड़क उठी। आखिर ये सब लोग उन आउट-हाउसवालों के इतने कायल क्यों बन गए हैं? बाजरे की रोटी खानी है तो पार्वती से बनवा लेते। पर नहीं, ये दादाजी, जयराम, ये पार्वती सब एक ही थाली के चट्टे-बट्टे हैं। न अपने स्टैंडर्ड का खयाल, न प्रतिष्ठा का। चल पड़ते हैं मुँह उठाए उन दो कौड़ी के लोगों के घर।

और दादाजी तो ऐसे रम गए हैं उनके बीच मानो वही उनके सगे हों। चैतन्य ने भी कहा था, 'मम्मा, आजकल दादाजी कितने फ्रेश और एक्टिव लग रहे हैं न!'

चैतन्य हफ्ते भर के लिए आया था। दादाजी के साथ गप्पें मारता रहता था। पर अब लगता जैसे वह पड़ोस के उन बच्चों के दादाजी बन गए थे। उन्हीं की बातें करते थे। चैतन्य जाने लगा तो बोला, ''मम्मा, अब की बार दीवाली पर मैं तो आ न पाऊँगा। पर दादाजी को कमी महसूस नहीं होगी।'' उस एक वाक्य की गंभीरता

आज कीर्ति समझी थी।

रात को भाऊराव कुछ देर गए आए। सोचा था, कीर्ति के लौटने से पहले घर पहुँच जाएँगे, पर कीर्ति को सामने देख हड़बड़ा गए। हाथ की छड़ी थरथरा गई। अपने कमरे की ओर बढ़े, पर कीर्ति की आवाज ने रोक दिया, "कहाँ गए थे, बाबा?"

"पड़ोस में।"

"उस आउट-हाउस में? बाजरे की रोटी खाने? क्या घर में कमी है किसी चीज की?"

कैसे बताएँ कि घर में किस चीज की कमी है? पैसे और कीमती फर्नीचर से ही क्या घर बनता है? चुप खड़े रहे। कीर्ति बड़बड़ाती रही। अपने बाप की अमीरी की दुहाई दी, उनके शहर के नामी एडवोकेट होने की याद दिलाई। पति का ख्यातनाम सर्जन होना और उसका स्वयं मैनेजिंग डायरेक्टर होना भी क्या कम मायने रखता था और भाऊराव थे कि निम्न स्तर से ऊँचे उठे नहीं जिंदगी भर।

"बस करो, बहू।" भाऊराव जरा आवाज चढ़ाकर बोले, "माना, तुम्हारे पिता नामी एडवोकेट हैं, पर उन्होंने इनसानियत नहीं छोड़ी। अपने गरीब क्लाइंट के साथ कितना अच्छा बरताव रखते हैं, सारा शहर जानता है। मेरा बेटा नामी सर्जन है, परंतु अभी उसमें भी मानवता बाकी है। रही मेरी बात, तो बहू, मेरा अकेलापन तुमने नहीं जाना। इन पड़ोसियों के घर में मैंने अपने चैताली-चैतन्य देखे, जिन्हें हम दूर कर चुके हैं। मेरे अंदर का खोखलापन भर गया उनके स्नेह से। रही खाने की बात, सो इस महल में उसकी कमी नहीं है; पर वह खाना मेरे गले से नीचे नहीं उतरता। उसमें प्रेम और अपनत्व की मिठास नहीं है, पैसे की कठोरता है।"

कीर्ति दिङ्मूढ़-सी खड़ी सुनती रही। अभी वह कुछ कटु बोले इससे पहले भाऊराव रोबीले स्वर में बोले, "तुम्हारा घर, स्टेटस, ओहदा, कमाई तुम दोनों को मुबारक हो, कीर्ति। कई दिनों से सोच रहा था कि ऋषिकेश जाकर आखिर का समय शांति से गुजारूँ; पर तुम सबके मोहपाश ने बाँध रखा था, खासकर बच्चों ने। मैं जा रहा हूँ। जयराम आए तो कहना, मुझे मेरी राह पर छोड़ दे।"

तभी जयराम दरवाजे पर आकर खड़ा हो गया। उसने पिता के तमतमाए चेहरे पर दृष्टि डाली—वहाँ लाचारी नहीं थी, दृढ़ निश्चय की चमक थी। उसे लगा, आज पिताजी को रोकने की क्षमता उसकी भुजाओं में नहीं है।

और कीर्ति हतप्रभ-सी खड़ी थी। उसने कब सोचा था कि बात यहाँ तक पहुँचेगी! □

जुआ

"समझ रही हो न, सुधा? यहाँ खड़ी हो रही है वह आठ मंजिला इमारत 'स्वप्न सितारा'!" शरद उसे समझा रहा था और वह अवाक् खड़ी देख रही थी। 'स्वप्न सितारा'—उसने तथाकथित 'स्वप्न सितारा' की ओर देखा और उसके चेहरे के भाव एकदम बदल गए। सामने एक ऊँचा टीला था, पथरीला, बंजर। आस-पास छोटी-छोटी कँटीली झाड़ियाँ थीं और चारों ओर का परिसर उजाड़ था। न कोई बस्ती थी और न ही कोई जीवित प्राणी। उस टीले के पीछे की ओर गैस कंपनी का विशाल प्लॉट था। घर से चली थी तो आँखों के समक्ष एक सुंदर कॉम्पलेक्स का चित्र था, जिसमें पूर्व दिशा की ओर झाँकता उनका अपना प्लॉट था। पर यहाँ तो बंजर जमीन फैली थी मीलों तक!

"मैडम, लगता है, आप अपसेट हो गई हैं।" कॉण्ट्रेक्टर दिनेश मेहता ने मृदु स्वर में कहा।

"नहीं-नहीं, ऐसा कुछ नहीं है।" वह झट से बोली, पर वह सरासर झूठ था।

"आपका चेहरा बता रहा है, मैडम! शायद साहब आपको ठीक से बता न पाए हों। देखिए, मैं अब चित्र खींचता हूँ। यह सामने का टीला है न, वह बुलडोजर से साफ किया जाएगा और जमीन लेवल हो जाएगी। इसमें कुछ भी मुश्किल नहीं होता। काम जल्दी हो जाता है, मानो जादू की छड़ी घूमी यूँ और जमीन समतल।" दिनेश मेहता ने जादू की झड़ी घुमाई और 'छू' कहा। सुधा को हँसी आ गई।

"फिर इस जमीन पर खड़ी हो जाएगी हमारी बिल्डिंग 'स्वप्न सितारा'। कल्पना कीजिए—अंग्रेजी के 'L' अक्षर के आकार की बिल्डिंग, आठ मंजिला। ठीक? अब एक-एक मंजिल पर चार-चार फ्लैट्स। तो देखिए, यह बेसमेंट, फिर फर्स्ट फ्लोर के चार फ्लैट, फिर दूसरी मंजिल और यह रही आपकी चौथी मंजिल।"

सुधा की आँखों के सामने धीरे-धीरे चित्र बनने लगा। चार मंजिलें बन गई थीं। और सुधा का चेहरा चमकने लगा।

"सच!" अनायास ही मुँह से निकल पड़ा।

"हाँ, मैडम, सच! यह सामने की बॉलकनी। यहाँ से उगते सूर्य के कदम पहले आपके घर में ही पड़ेंगे।"

वह गैलरी में खड़ी थी। सूर्योदय अभी हुआ नहीं था। पूर्व की ओर से मंद-मंद हवा के झोंके आए और उसके तन-मन को झंकृत कर गए। आस-पास की छोटी-छोटी झाड़ियाँ महक उठीं और सूर्योदय का आभास मिलते ही पक्षी चहचहा उठे। उधर पूर्व दिशा में केसरिया रंग बिखेरे उषा उभर आई और अरुणराज की सवारी पूर्व क्षितिज पर आकर रुकी। रविराज का आगमन हुआ तथा उनके सुवर्ण रंजित कदम आकाश पर चिह्न छोड़ते आगे बढ़े। सुधा अनजाने ही बोल पड़ी, "आइए रविराज, इधर से अंदर प्रवेश करें। आँगन न सही, यह बॉलकनी तो है न, यहीं से आपके चरण-कमल हमारे कमरे की पीली-काली टाइल्स पर पड़ने दें। स्वागत है।"

सुधा इतनी तन्मय हो गई थी कि वह भूल ही गई औरों का अस्तित्व। शरद ने उसके कंधे पर हलके से स्पर्श किया। वह मुसकराई, "कितना सुंदर है सब! बॉलकनी से फ्लैट को एकदम से शोभा आ जाती है।"

"मैडम, अब यहाँ से अंदर आइए। यह है सत्रह बाई पंद्रह का बड़ा हॉल। गौरी-गणपति पूजा हो या बच्चों का बर्थ डे, यहीं मनाना। अन्य कई फंक्शन होते हैं, जो इसी हॉल में किए जा सकते हैं।"

सुधा देख रही थी। हॉल भरा हुआ है। लोग आ रहे हैं। मीनू का बर्थ डे है न तो उसकी सहेलियाँ, क्लास मेट्स, बाबा के मित्र कई लोग हैं। शरद ने ही यह गेट-टु-गेदर आयोजित किया था। शरद का स्वभाव ही ऐसा है—मिलनसार। देखो न कितने लोगों को आमंत्रित किया है, बॉलकनी तक फैले हैं लोग। शरद अर्थात् उत्साह का निर्झर! यह हॉल न होता तो कैसे बिठाते इतने लोगों को? और हॉल में दो पंखे भी लगे हैं। सच, कॉण्ट्रेक्टर की जितनी प्रशंसा की जाए, कम है। सुधा मन-ही-मन खुश हुई।

"मैडम, अब बाईं और देखिए, यह है दो फीट का पैसेज, साढ़े तीन फीट लंबा। इसमें एक तरफ बाथरूम, टॉयलेट और वॉश बेसिन…। अब अंदर मुड़िए, यह मास्टर बेडरूम। साइड में अलमारियाँ, इस कोने में ड्रेसिंग टेबल और यहाँ दो पलंग। है न काफी बड़ा? फिर उत्तर दिशा में यहाँ काफी बड़ी खिड़की। उत्तर-दक्षिण चलनेवाली बयार आपको भा जाएगी।"

सुधा सुन रही थी। सचमुच, रात के आखिरी प्रहर में उत्तर की बयार उसे

गुदगुदा गई। परी कथाओं में सुंदर सफेद घोड़े पर आनेवाले राजकुमार की भाँति आया यह हवा का झोंका सुधा के गालों को सहला गया। उसके कपाल पर आई बालों की लट को हलके से हटाया और पल्लू को छेड़ गया।

"अरे!" सुधा ने गरदन को झटका दिया।

"मुझे चाहती हो न?"

"हाँ, बहुत!"

"फिर?"

"फिर क्या? अब मैं विवाहिता हूँ, दो बेटियाँ हैं मेरी। अब नहीं रहे वे हवा में उड़ने के दिन। कॉलेज के दिनों की वे यादें, जब तुम्हारा स्पर्श दिलो-दिमाग में हिलोरें भर देता था, जब तुम्हारे जैसे राजकुमार का साथ पाकर मैं निहाल हो जाती थी। अब केवल यादें बनकर स्मृति-पटल पर रह गई हैं। तुम इसी प्रकार आ-आकर मुझे लुभाओगे तो मैं कहीं की नहीं रहूँगी। मेरे अपने कर्तव्य हैं। तुम्हारे साथ सपनों में हिलोरें लेती रही न तो सुबह नींद नहीं खुलेगी। इनकी आठ पचपन की फास्ट लोकल छूट जाएगी। बच्चियाँ स्कूल के लिए लेट हो जाएँगी।"

"सुधा!" शरद की आवाज ने उसे चौंका दिया।

"कहाँ खो गई हो?"

वह झेंप गई और झट से बोली, "बस, जरा कल्पना कर रही थी।"

"मैडम, यह रहा स्टडी-रूम और इस ओर है बारह-बाई-आठ का किचन⋯। यह प्लेटफॉर्म। इस पर लगेगा सफेद संगमरमर। जरा पानी डालो तो साफ!"

सुधा हँस पड़ी।

"बस भी करो, सुधा! कितना रगड़ोगी इस मार्बल को?"

"अजी, सफेद मार्बल चमके न तो फिर लगाने का क्या फायदा!"

"पर चौबीस घंटों में से आठ घंटे यही करती रहोगी? तुम ऐसा करो, खाना बनाओ नीचे बैठकर, ताकि दाग न पड़ें तुम्हारे सफेद मार्बल पर। न कुछ गिरेगा, न तुम्हें इस तरह मेहनत करनी पड़ेगी। और सुधा, जब से इस घर में आए हैं न, तुम किचन में ही घुसी रहती हो। कितने-कितने प्रकार की डिशेज हैं?"

"सच बताऊँ? जब से यह रसोई मिली है न, खूब काम करने को जी करता है। इस खिड़की से ऐसी हवा आती है न कि थकान महसूस ही नहीं होती।"

"वह तो ठीक है, पर तुम सारा समय किचन में रहोगी तो मेरा क्या होगा?"

"लो जी, और सुन लो! तुम्हें तो केवल अपनी ही पड़ी रहती है।"

"तुम कब मेरा ध्यान रखती हो! वरना चिंताएँ बँट जातीं। अब मुझे अपना

ध्यान अपने आप ही रखना पड़ता है।''

''हट्ट!''

संवाद अधूरा छूट गया, जब कॉण्ट्रेक्टर का स्वर आया।

''इधर आइए, मैडम! ये रही बॉलकनी, पश्चिम की ओर। यहाँ से पूरी डोंबीवली के लाइट आपको दिखेंगे। गरमियों में यहाँ बिस्तर लगाइए और सितारों से बातें कीजिए। मुझे लगता है, मनुष्य को प्रकृति का साथ नहीं छोड़ना चाहिए। है न?''

''सच, मुझे तो निःसर्ग से खास लगाव है।''

''क्यों मैडम, कैसा लगा फ्लैट?'' मिस्टर मेहता मुसकरा रहे थे।

''बहुत अच्छा!''

''शरद साहब! अब मैडम को अच्छा लगा है न, तो आप भी डील करने की बात से पीछे मत हटिए। आपको क्या खटक रहा है, मैं जानता हूँ। यही न कि मैं उन्नीस हजार ब्लैक में लूँगा और केवल एक हजार की रसीद दूँगा? अब आप भी सुनिए मैडम, और निर्णय कीजिए। यह फ्लैट है सात सौ स्क्वेयर फीट का। कारपेट एरिया है, छह सौ पचास स्क्वेयर फीट। मुंबई जैसे शहर में इतना बड़ा फ्लैट बनाने का रिस्क कोई नहीं लेता। फिर दो लाख बीस हजार में कहाँ मिलता है कोई मकान? एडवांस केवल बीस हजार और इनमें से केवल उन्नीस हजार हमारे हैं; बल्कि आपकी तो पाँचों उँगलियाँ घी में। हमारी कमाई इतनी ही, बस! और जब हमारा पेशा ही यह है तो कुछ तो हमारे पल्ले भी पड़ना चाहिए न! लोग पगड़ी लेते हैं, आप समझ लो, उन्नीस हजार आपने हमें पगड़ी दी है।''

मिस्टर मेहता की आवाज में एक ऐसी मधुरता थी कि कोई भी सम्मोहित हो जाए। उनका व्यक्तित्व भी आकर्षक और रोबदार था। काले रंग के सूट में उनका गोरा रंग और भी निखर रहा था। वैसे मिस्टर मेहता कुछ भी पहनें, कोई भी रंग पहनें, उन पर वह फब जाएगा। उन्होंने बाएँ हाथ से अपने घुँघराले बालों को सहज ही सँवारा तो सुधा देखती रही। फिर सिगरेट केस निकालकर शरद की ओर बढ़ाई। शरद सिगरेट नहीं पीता था। सुधा को बड़ा अभिमान था इस बात का। परंतु इस क्षण लगा कि शरद सिगरेट ले ले और अपने होंठों पर रख ले। मिस्टर मेहता सिगरेट का कश भरते हुए बड़े प्रभावशाली लग रहे थे।

''चलो, मेहता साब! सोचकर बताता हूँ।''

''परसों तक बता दें। नहीं तो फिर और भी ग्राहक आ रहे हैं, उन्हें दे दूँगा।''

''नहीं, हफ्ता तो दीजिए, मेहताजी।'' सुधा बोल पड़ी।

"देखिए शरद साब, अब आनाकानी मत कीजिए। इस बिल्डिंग के सामने से ही एक सौ बीस फीट का रोड जाएगा। दूसरी ओर मार्केट लाइन! आज दो लाख का लिया फ्लैट कल को आँख बंद किए चार-पाँच लाख का हो जाएगा।"

"बात आपकी सही है, पर प्रश्न है रकम जुटाने का।"

"यह प्रश्न कोई खास मुश्किल नहीं है। पहले सब यही कहते हैं, परंतु एक बार दृढ़ निश्चय कर लो तो मार्ग अपने आप खुल जाता है। आपको लोन मिल जाएगा, फिर प्रॉविडेंट फंड है ही और हमारी कंपनी भी लोन देती है। आपके अपने सेविंग्ज होंगे। और जरूरत आ ही पड़े, खुदा न खास्ता, तो मैडम के गहने कोई निजी मकान से अधिक मूल्यवान् नहीं होते!"

"ठीक है, देखता हूँ।" शरद उस टीले से उतर आया।

"साहब, परसों तक! और मैडम, जरा सीरियसली इस पर विचार करें।"

"देखना मेहताजी, हम परसों अवश्य आएँगे।" सुधा बोली।

दोनों चले पड़े अपनी-अपनी धुन में। शरद के सामने कई प्रश्न थे, यद्यपि उसे भी फ्लैट की कल्पना अच्छी लगी थी। सुधा तो हवा में तैर रही थी। मकान पाने की खुशी उसके चेहरे पर प्रकट थी।

"तो, ले लेते हैं।"

"देखते हैं।"

दोनों घर पहुँचे तो मानो हवा में उड़ रहे थे। आते ही शरद ने पेन-पेपर लिया। सुधा ने दोनों बेटियों को कुछ खाने-पीने को दिया और बाहर खेलने भेज दिया।

"सुधा! देखो, मेरी तनख्वाह है साढ़े तीन हजार। हाथ में आते हैं तीन हजार। मकान का किराया गया आठ सौ। बाकी घर चलाती हो तुम। अब बताओ, कितना बचा सकती हो?"

"पाँच सौ क्यों कटते हैं आपके?"

"इन्कम टैक्स, मेडिकल आदि!"

सुधा ने अपना हिसाब लिखा, फिर सास-ससुर को हर माह भेजी जानेवाली रकम दो सौ पर उसने काटा मारा।

"आई-बाबा को भेजे जानेवाले पर क्रॉस?" शरद ने एकदम से आपत्ति की।

"नहीं, क्रॉस इसलिए कि यह रकम तो जाएगी-ही-जाएगी। इसमें कटौती नहीं।" सुधा ने चतुराई से बात सँभाली।

कई बार जमा-घटा करने के बाद वह केवल तीन सौ रुपए बचा पाई।

"और दो सौ बचने चाहिए।"

उसने फिर से हिसाब किया, कई कटौतियाँ कीं और बोली, ''ठीक है, पाँच सौ!''

शरद किसी अच्छी कंपनी में लगा था। पगार ठीक ही थी और बढ़ने की आशा थी। लोन आदि लेकर उसने दो लाख बीस हजार जमा करने की सोची। कुछ अपने भाई-बहनों से ले लेगा। पंद्रह वर्ष में कर्जा पूरा वापस करना कठिन नहीं था।

वह अपने भाई-बहनों के पास गया, पर उन सबने उसकी इस कल्पना पर ही आपत्ति उठाई। ''इस प्रकार हवा में घर नहीं बाँधे जाते।'' उन्होंने कहा, ''इतनी बड़ी रकम को वापस करना बहुत कठिन होगा।'' ऐसी बेवकूफी की उड़ान का उन्होंने विरोध किया।

उसे पहली बार अपनी बहन पर भी क्रोध आया। कितना स्नेह था दोनों में! अब गुस्से के मारे शरद ने वह बंधन ही काट दिया। माता-पिता कहते थे, 'बेटा, अपना मकान होना चाहिए।' अब लेने लगा तो कहते हैं, 'इतने बड़े फ्लैट के लोभ में मत पड़, बेटा! इतना बोझ मत करो अपने ऊपर। कल को लड़कियाँ चली जाएँगी तो क्या करोगे इतने बड़े घर का? छोटा सा ले लो, जो अपनी औकात के अनुरूप हो।''

शरद उबल पड़ा, ''इन सबने मिलकर मुझे बेवकूफ बना दिया। मैं इंजीनियर हूँ। अच्छा कमा रहा हूँ। आज दो पैसे क्या माँगे कि सब पराए हो गए। मेरी जैसे कोई हैसियत ही नहीं। ठीक है, आप लोगों के बिना भी मैं कर लूँगा। दिखा दूँगा इन्हें!'' और शरद ने गाँठ बाँध ली।

पिताजी बोले, ''आज दो लाख बीस हजार बोल रहा है न वह मेहता। मकान बनते-बनते कीमत बढ़ जाएगी, बेटा। यह जिद छोड़ दे।''

''बाबा! चलिए, मुझे यह चैलेंज ले लेने दीजिए। आज तक मेरे जीवन में थ्रिल था ही नहीं। मैं सीधा-सादा जीवन जीता रहा। अब चाहता हूँ कि संघर्ष करके देखूँ, कैसे लगता है?''

शरद की जिद के आगे कोई कुछ नहीं बोला; पर हरेक को लग रहा था कि पंद्रह वर्षों तक कर्ज देते रहना मतलब जीवन के सुनहरी वर्षों को खो देना। चिंताएँ मोल ले लेना और तनाव में जीना। दो बेटियाँ हैं, उनकी पढ़ाई है, शादियाँ हैं, कई खर्चे हैं। सबका कहना था कि कोई बना-बनाया फ्लैट ले लो और उसमें रहने चले जाओ। किराया भी बचेगा, वही किस्तें देने के काम आएगा।

सुधा भी उनसे बहुत नाराज थी, पर उसने कुछ भी नहीं जतलाया। शरद ने हमेशा सुधा की इच्छा-अनिच्छा का जतन किया था। उसे खुश रखा था। शरद का

मत था कि गृहलक्ष्मी खुश रहे तो घर में सुख-शांति रहती है। और बात भी सही थी। उनके परिवार में सुख था। वैसे इतने बड़े फ्लैट की चाहत सुधा की ही थी। शरद ने स्वयं कई बार इतने बड़े फ्लैट की बात टाली थी, मना किया था; पर जब सबने उसके खिलाफ बात की और प्रतिकूल मत दिया तो उसने भी जिद ठान ली कि 'हो न हो, मैं यह फ्लैट लेकर ही रहूँगा।'

"शरद, तुम्हें पैसे देने से हम नहीं कतराते, पर..."

शरद केवल हँसा। नाराजी छिपानेवाली हँसी! सबके लिए अब उसके मन में दुराव पैदा हो गया था। उसके 'ईगो' को चोट लगी थी।

उसने पहले बीस हजार की किस्त भरी। पंद्रह अपनी सेविंग्ज के, पाँच मित्र से लिये और रकम पूरी भरकर एक हजार की रसीद लेकर घर आया। मकान मिलने का मानो आनंद बिखर रहा था। सवा किलो पेड़े बाँटे।

"शरद साब," पड़ोस के कृष्णमूर्ति ने बात छेड़ी, "वो मेहता कॉण्ट्रेक्टर है न, वो अच्छा आदमी नहीं है। कई लोगों को साफ कर गया—चट कर गया लोगों का पैसा। खूब फँसाया, चीट किया, चीट! पहले बोलते तो हम बताता कि कैसा है। उसका कोई प्लान पूरा नहीं हुआ।"

शरद उनसे भी गुस्सा हो गया और कृष्णमूर्ति से बातचीत बंद! मेहता के व्यक्तित्व से प्रभावित शरद उसकी बातों में बँध गया था। और इस समय उसके जहन में केवल एक ही बात थी—'अपना मकान!'

शरद ने प्रॉविडेंट फंड से पचास हजार निकाले और दूसरी किस्त भर दी। सुधा को लेकर शरद उस टीले पर गया। अपने चौथे मंजिल के प्लॉट को वह हवा में ही देखते रहे। उस बंजर टीले पर सुधा बैठी थी।

"सुनिए! इधरवाली गैलरी में रखने के लिए हम लाल गुलाब लेकर आएँगे और गमले में मोतिया की बेल अच्छी बढ़ती है। मोतिया खिलेगा न तो पूरे घर में सुगंध-ही-सुगंध। ड्राइंग-रूम में टी.वी. कहाँ रखेंगे भला?"

वह चुप था।

सुधा ने ही बात आगे बढ़ाई, "मैं कहती हूँ, पूर्व की ओर टी.वी. की स्क्रीन नहीं होनी चाहिए। डायरेक्ट सूर्य-किरणें पड़ेंगी।"

अब अनजाने ही वह उसके हवाई किलों में शामिल हो गया।

"हमने टी.वी. और डेक के लिए शो-केस यूँ ही बनवाए। यहाँ मेहताजी छह फीट की अलमारी दीवार में ही देंगे और लॉकर भी हैं दो! हमने जल्दी की लॉकर लेने की।"

"हाँ, पर तब तो सपने में भी नहीं सोचा था कि फ्लैट की बात बन जाएगी। वैसे आप मानो न मानो, पर पुराना फर्नीचर यहाँ क्या ही जँचेगा! हमें सोफा-सेट भी नया ही लेना पड़ेगा।"

"वह तो बाद की बात है। अब पंद्रह दिन के भीतर और पचास हजार भरने हैं। कंपनी का लोन इतनी जल्दी मिलेगा नहीं। या तो फिर बाबा के पास जाना पड़ेगा या दीदी के पास।"

"उनसे क्यों माँगना? फिर चार बातें सुना जाएँगे। मुझे तो सबसे बड़ी निराशा हुई है।"

सुधा ने सोच लिया था कि वह अपने गहने बेच देगी और आवश्यकता पड़ी तो अपनी बहन से भी लेगी।

पचास हजार की एक और किस्त भरी गई। हाउसिंग सोसाइटी से ऋण मिलने में और छह महीने लग गए।

देखते-देखते तीन वर्ष बीत गए। आखिरी पचास हजार भरने थे, बस! सुधा ने कुछ महीने तो मितव्यय किया, परंतु आदत नहीं थी कटौतियाँ करने की। अब ऋण की किस्तों को लेकर दोनों में झड़प होने लगती। ऋण तो वापस देना ही था, वरना चक्रवृद्धि ब्याज! इन तीन वर्षों में तनख्वाह बढ़ी थी, पर महँगाई भी उसी अनुपात से बढ़ी थी।

ऋण की किस्तों के आँकड़े देख शरद को नानी याद आ गई; परंतु मन में जो ठाना था वह ठाना था। बाल सफेद होने लगे, आँखों के नीचे कालापन छा गया, चेहरे पर झाँइयाँ आ गईं और वह रात-दिन तनाव में रहने लगा। नींद गायब हो गई। माइग्रेन ने सिर पर कब्जा कर लिया।

भाई-बहन सोचते—शरद की मदद करें; पर इस दौरान शरद इतना चिड़चिड़ा हो गया था कि हर बात पर भड़क उठता। पैसे की बात करना मानो जले पर नमक छिड़कना था। उन्हें शरद की हालत देख दुःख होता, परंतु कर कुछ भी न सके। किसी बहाने भी अगर वह कुछ देने का प्रयत्न करते तो वह वापस कर देता। बात-बात पर चिढ़ जाता। उसे लगता कि सब मिलकर उसे नीचा दिखा रहे हैं। पहले बात और थी। जो कुछ भी चाहिए होता, हक से माँग लेता। अब सब पराए लगने लगे थे। वह सबसे कतराने लगा और एकाकी हो गया। सुधा के लिए भी भावनाएँ संकुचित हो गई थीं। बेटियों से दुराव हो गया।

मेहता कॉण्ट्रेक्टर पहले कभी-कभार चक्कर लगा लेता था, अब उसका आना लगभग बंद हो गया था। शरद ही मिलने चला जाता तो वह कई अड़चनें सामने

रख देता। उनकी फर्म में और चार पार्टनर थे। सभी ने लोगों से पैसा ले लिया था, परंतु उन्होंने कम-से-कम काम तो शुरू कर दिया था। मेहता ने तो नींव भी नहीं खुदवाई थी। सिर्फ एक बात सच थी कि उस टीले की जमीन उसके नाम पर थी।

"मेहता साहब, मानता हूँ कि आपकी अपनी कठिनाइयाँ होंगी, परंतु मैंने ऋण लिया है। उसकी किस्तें भरना मेरे लिए आसान नहीं है। फिर मकान का किराया देना ही पड़ रहा है।"

"अब आप बताइए, मैं क्या करूँ? मेरी अपनी कठिनाइयाँ इतनी हैं कि…"

"लोग आपके बारे में अच्छा मत नहीं रखते, फिर भी मैंने आप में कुछ अच्छाई देखी और आप पर विश्वास रखा।"

"उसके लिए आभारी हूँ। आपका फ्लैट मैं डुबोऊँगा नहीं।"

"आप मेरा फ्लैट कैंसिल करके मेरी रकम मुझे लौटा दीजिए। पाँव पड़ता हूँ आपके!" शरद व्याकुलता से बोला।

"मैं जानता हूँ, पाँच वर्ष हो गए हैं; पर मेरे हाथ बँधे हैं। शेयर बाजार इतनी बुरी तरह फिसला है कि मैं बरबाद हो गया हूँ। अभी हार्ट अटैक से ही उठा हूँ। सॉरी, कैश तो मैं लौटा नहीं सकता, पर हाँ, आपका फ्लैट आपको अवश्य मिलेगा।"

मित्रों और हितैषियों ने सलाह दी कि रसीदें लेकर जाओ और कोर्ट में दावा करो। किंतु शरद में अब इतनी हिम्मत नहीं थी कि कोर्ट का, वकीलों का खर्चा उठाए। फिर हर तारीख पर ऑफिस से छुट्टी लेना संभव नहीं था।

आखिर शरद भाग्य को कोसता हुआ चुपचाप बैठ गया। फ्लैट का यह जुआ उसने खेला था, पर उसके पासे उलटे पड़े और वह हार गया था।

सुधा के सारे सपनों पर पानी फिर गया। अब तो बच्चियाँ बड़ी हो गई थीं। उनकी अपनी जरूरतें बढ़ गई थीं। घर का खर्चा चलाते-चलाते वह तंग आ चुकी थी। बचत कहाँ से करती। देखते-देखते दस वर्ष बीत गए थे। बड़ी बेटी सत्रह पार कर गई थी। इसी बीच खबर मिली कि कॉण्ट्रेक्टर मेहता जीप दुर्घटना में चल बसे थे। फ्लैट की बची-खुची उम्मीद भी जाती रही। वह अध्याय अब पूरी तरह बंद हो चुका था।

ऋण चुकाते-चुकाते जीवन की पुस्तक के कई पृष्ठ उलट चुके थे। जीवन एकरस हो गया था। अब तो न वसंत की बहार दिखती, न सावन रोमांचित करता और न ही कार्तिक की गुलाबी सर्दी मन मोह पाती। शरद सोचता, कहाँ हुई भूल? किसकी भूल थी? सुंदर सपने सँजोना क्या भूल है? उन सपनों को साकार करने का प्रयास करना क्या गलत है? सफलता मिली नहीं, यह क्या मेरी गलती है?

ऐसे तर्क-वितर्क मन में चलते रहते, पर वास्तविकता इन तर्कों को भला कब मानती है। जीवन की सच्चाई अब यही थी कि किस्तें भरो, ऋण चुकाओ। बड़ी बेटी के लिए रिश्ता आया। लड़का अच्छा था। परिवार में यह पहला ही मंगल कार्य था। घर में खुशी लौट आई। वह भाई-बहनों से एकबारगी फिर जुड़ गया। उसने देखा, वे लोग तो जैसे थे वैसे ही थे। बदलाव तो उसमें आया था। वही विरक्त हुआ था। उसी की दृष्टि दूषित हो गई थी। शरद का मन आनंदित हो गया। चिंताएँ थीं, तनाव था, फिर भी रिश्तों की गरमाइश से सुखद अनुभव होने लगा। फिर ऋण लिया। विवाह मन के अनुसार हुआ। बेटी अच्छे परिवार में ब्याही गई थी।

"सुधा, एक बार यह ऋण खत्म हो जाए तो कन्याकुमारी चलेंगे। कई वर्षों से निकले ही नहीं हम।"

वह मौन रही। पति को देखती रही।

"अब चार-पाँच वर्ष का सवाल है। वैसे मुझे प्रमोशन मिलते रहे, अत: इतनी तंगी नहीं रही।"

"कैसी बातें करते हैं? क्या मैं जानती नहीं कि रात-रात भर आपको नींद नहीं आती थी। युवावस्था में ही बूढ़े हो गए हम। आप गुमसुम हो गए थे, चिड़चिड़े हो गए थे।"

"हाँ, बच्चों पर क्या असर हुआ होगा मेरे ऐसे बरताव का? कितना आत्म-केंद्रित हो गया था मैं! अपने भाई-बहनों को भी मैंने छिटककर दूर कर दिया था। वे मेरी ओर झुकते तो मैं भाग जाता। चलो, अब खत्म हुआ सब तनाव। और चार-पाँच वर्षों में सब ठीक हो जाएगा।"

"तब तक छोटी की शादी सामने आ जाएगी।"

"तब तक मेरा प्रमोशन हो जाएगा।"

"हम उस फ्लैट के फंदे में न पड़ते तो चैन से रहते।"

"फिर मुझे संघर्ष का मौका कैसे मिलता?"

"फ्लैट मिल जाता तो···"

"अब मिल भी जाए तो क्या? सारी उमंग ही खत्म हो गई है।"

"फ्लैट दे ही कौन रहा है हमें? डूब गया सारा पैसा, सारे सपने!"

कॉलबेल बजी। सुधा ने दरवाजा खोला। कोई अजनबी था। उसने शरद को बुलाया, "कोई आया है शायद आपसे मिलने।"

"मैं आप दोनों से मिलने आया हूँ। मैं महेश मेहता हूँ, कॉण्ट्रेक्टर मेहता का बेटा। पिताजी तो एक दुर्घटना में चल बसे पाँच वर्ष पूर्व।"

''हाँ, याद है।''

''साहब, स्वप्न सितारा नामक आठ-मंजिला बिल्डिंग खड़ी करने का उनका प्लॉन था। उन्होंने सबसे पैसे लिये थे। आपसे एक लाख सत्तर हजार लिये थे। सिर्फ पचास हजार बचे थे।''

''हाँ, ठीक है।''

''मैं बताने आया हूँ कि मैडम, जो पैसा आप सोच रहे होंगे कि डूब गया, वह डूबा नहीं। पिताजी ने वचन लिया था कि जिनके फ्लैट्स देने हैं, वह मैं बनवाकर दूँ। जैसे-तैसे पैसे इकट्ठे कर मैंने तीन मंजिलें खड़ी की हैं। अब चौथी मंजिल शुरू कर रहा हूँ, जिसमें आपका फ्लैट है।''

''सच?''

''मैडम, आप अभी जाकर देख सकते हैं कि काम चल रहा है। पर साब, अब मैटीरियल महँगा हो गया है। पचास हजार के स्थान पर अब एक लाख लगेंगे। परमिशन एक महीने के भीतर मिलेगा। बस, एक लाख जमा कीजिए और परमिशन ले लीजिए। आपके फ्लैट की कीमत इस समय चार लाख से कम नहीं है। साथ की मार्केट भी अब बड़ी हो गई है। इंडस्ट्रियल एरिया बाईं तरफ तेजी से बढ़ रहा है। एक ओर सरकारी फ्लैट्स बने हैं। पैसा तो आप ला सकते हैं, पर जमीन मिलनी अब कठिन होती जा रही है। आप सोचिए!''

महेश मेहता चला गया। एक झंझावात, जो वह साथ ले आया था, उसे पीछे छोड़ गया। सुधा खुश थी, पर शरद थक गया था इस सारी परिस्थिति से। फिर भी, जैसे जुआ खेलने की लत छूटती नहीं, उसी तरह उसका हाल था। पीछे मुड़ना नहीं चाहता था। उसकी आँखों के सामने नाते-रिश्तेदार, मित्र घूम गए, जो उसके जुए के दाँव के प्रेक्षक थे।

वह उठा, पेन और कागज लेकर बैठ गया। आँकड़ों की जमा-घटा फिर शुरू!

[**नोट** : कहानी पुरानी है, अत: तनख्वाह का उल्लेख तथा फ्लैट के दामों का उल्लेख तदनुसार है।]

□

नया मोड़

कोई दरवाजा खटखटा रहा था। अंदर पड़ी सुमति मौसी ने सुना, परंतु दरवाजा खोलने के लिए उठने की शक्ति उनमें नहीं थी। जो दरवाजा लगातार खटखटा रहा था, वह वापस जानेवाला नहीं था, यह स्पष्ट था। वह कमर पर हाथ रखकर चारपाई का सहारा लेते हुए उठीं। उठते-उठते कई बार संतुलन बिगड़ गया। पाँव पर सूजन थी। बीस कदम चलकर दरवाजा खोलने जाना भी दूभर हो गया था। जैसे-तैसे कुंडी खोली और बाहर झाँका। दो युवक निस्संकोच अंदर आ गए। उसने आँखों के ऊपर हथेली धरी, ताकि उजाले को बाँधकर मानो उनका चेहरा देखना चाह रही हो। पहचान नहीं पाई।

"पहचाना नहीं न, मौसी? मैं अजीत देशपांडे!"

"अजीत! देखा, पहचान नहीं पाई न मैं! उम्र है बेटा, ये आँखें अब…"

"ऐसा नहीं है, मौसी! छह वर्ष बाद आया हूँ और तुम्हारे हाथ का खाना खा-खाकर दुबला-पतला अजीत कब का मोटा-तगड़ा हो गया था। याद है न, जब मैं आया था तो कैसा था?"

सुमति को याद आया वह दिन, जब अजीत पहली बार आया था। अगस्त का महीना था। पुणे में धुआँधार वर्षा हो रही थी। उस शाम लेडीज छतरी लिये, भीगता हुआ वह घर आया था और दरवाजा खटखटा रहा था। सुमति ने दरवाजा खोला। देखा, एक युवक खड़ा था, शरीर काँप रहा था, थरथराते होंठों से पूछ रहा था, 'मौसी यहीं रहती हैं न?'

उस साँवले, अशक्त लड़के को सुमति ने अंदर बिठाया, तौलिया दिया और कड़क कॉफी बना लाई थीं। उसके थरथराते शरीर पर उन्होंने गुदड़ी ओढ़ा दी। काफी देर बाद वर्षा थमी तो वह जाने लगा। जाते समय बोला, 'मौसी, हम चार-पाँच लड़कों ने कर्वे रोड पर एक कमरा किराए पर लिया है। वैसे हम सब होटल में खाना खाते हैं, पर मुझे बाहर का खाना अच्छा नहीं लगता। किसी ने आपका पता व

नाम सुझाया। क्या आप टिफिन भेज सकती हैं?'

'मैं टिफिन घर नहीं भेजती।'

'आप पहुँचाने के चार्जेज ले लीजिए न।'

'नहीं। मेरा उसूल है बच्चों को तवे की गरम रोटी, गरम-गरम दाल-चावल, सब्जी परोसना—और वह डिब्बे में नहीं मिल सकता। यहीं आना पड़ेगा।'

अजीत को माँ याद आ गई। वह घर से चलने की तैयारी कर रहा था तब माँ ने कहा था, 'तुझे पूना में दाखिला मिल गया, एक अच्छे कॉलेज में पाँच साल पढ़ेगा, यह सोचकर अच्छा लगता है; पर बेटा, अब तेरी कमी अखरेगी। फिर वहाँ तवे की गरम रोटी, गरमागरम दाल-सब्जी कौन देगा तुझे? यहाँ खाना पकाते समय मैं यही सोचूँगी कि अजीत क्या खा रहा होगा भला!'

अजीत की आँखें भीग गई थीं, मौसी की पैनी नजर ने देख लिया था, 'क्या हुआ, बेटा?'

'कुछ नहीं, मौसी। ऐसे ही जरा…' और वह हँस दिया।

बारहवीं पास करके ये बच्चे इंजीनियरिंग करने हर वर्ष यहाँ पूना में आते हैं। दूर-दराज के शहरों, प्रांतों से आए सत्रह-अठारह वर्ष के कोमल युवा माँ-बाप के साए से निकल यहाँ आते हैं। इतने वर्ष निश्चिंत जीवन जीनेवाले ये बच्चे इस नए वातावरण में सहमे-सहमे से रहते हैं। घर की याद आती है। पिछले तीस-पैंतीस वर्ष से वह देख रही हैं यही नजारा। पाँच लड़कों के लिए खाने का प्रबंध करती चली आ रही हैं और उन्हें खूब भरपेट खिलाया भी है। पाँच के ऊपर कभी उन्होंने छठा लिया नहीं, 'यह मेरा उसूल है, पाँच से अधिक नहीं।' आनेवाला कितने भी अधिक पैसे देने की बात कहे, वह अपनी लकीर से हटती नहीं थीं।

अजीत की ओर देखते-देखते उन्हें याद आया था वह दिन, जब अजीत पहली बार आया था। बहुत कमजोर था। माँ-बाबा का स्नेह पीछे छोड़ भविष्य के सपने उज्ज्वल करने आया वह युवक बड़ा भावुक था। चुप रहता, पर उस चुप्पी में उदासी थी। साल भर बाद घुलने-मिलने लगा था। तब भी उसकी बातचीत का विषय होता उसका घर, माँ-बाबा और भाई। धीरे-धीरे सुमति को भी इस बच्चे से लगाव हो गया। उसके लिए कोई नई चीज बनाने में उसे मानसिक सुख अनुभव होता, संतोष मिलता। उसके घर से आनेवाले पत्रों में लिखा होता—'अजीत, तुझे वहाँ सुमति मौसी के रूप में माँ मिल गई हैं। अब मेरी चिंता दूर हो गई।…मैं आऊँगी उनसे मिलने।' पर चार वर्ष बीत गए, माँ न आ पाई पूना। घर-गृहस्थी छोड़कर आना इतना आसान नहीं होता। फिर हर छुट्टी में अजीत घर भागा होता।

माँ कब आती भला?

अजीत पढ़ाई पूरी करके चला गया और आज आया है अपने साथ किसी नवयुवक को लेकर।

"मौसी, यह है विजय...मेरा छोटा भाई।" अजीत के वाक्य ने मौसी की तंद्रा भंग की। उन्होंने देखा, अजीत की अपेक्षा सुदृढ़ और गोरा था। आँखों में अजीत की भाँति झेंप नहीं थी बल्कि आत्मविश्वास था। वह मानसिक तौर पर भी सशक्त लग रहा था।

"इंजीनियरिंग के लिए आया है?"

"हाँ, मौसी। कर्वे रोड पर जहाँ मैं रहता था न, वहीं रह रहा है। माँ ने कहा है, इसे भी मौसी के पास ही खाना खाने के लिए भेजना। और मौसी, माँ ने यह साड़ी भेजी है।"

"साड़ी! वह क्योंकर? मैं नहीं लूँगी, बेटा।"

"मौसी, यह तो तुम्हें लेनी ही पड़ेगी। मेरी शादी हुई है हाल ही में। माँ ने आपको निमंत्रण भी भेजा था। आप आ नहीं पाईं तो उन्होंने साड़ी मेरे साथ ही भेजी। कहने लगीं, 'वह मौसी नहीं, तेरी माँ है।' " अजीत ने सफाई दी।

सुमति को याद आया—अजीत जब भी घर जाता, लौटते समय कुछ-न-कुछ ले आता। सुमति कहती, 'अजीत, तुम्हारी माँ पैसों से ही नहीं, मन से भी अमीर है। पर सुन, यह सब मेरे लिए क्यों?'

'माँ कहती है, मेरे अजीत को सशक्तता और आत्मविश्वास देनेवाली, उसे प्यार से खाना खिलानेवाली वह माँ नहीं तो और क्या है! वह जितना करती हैं, उसके बदले मैं क्या दे सकती हूँ। इतना सा ही तो है।'

याद कर सुमति की आँखें भर आईं। अजीत बोला, "मौसी, याद है तुम्हें, इतने-इतने कारणों से आपकी आँखें भर आती थीं और वह देखकर मुझे माँ याद आती थीं और उनकी ममता आप में देखकर मेरी आँखें भी छलक पड़तीं। आप इतनी विह्वल क्यों हो जाती हैं?"

"सीधी-सी बात है, बेटा! मैं यहाँ पुणे में भोजनालय चलानेवाली एक गरीब औरत...नागपुर में रहनेवाली तुम्हारी माँ ने कभी देखा नहीं मुझे, अपरिचिता को फिर भी भर-भरकर प्रेम प्रकट करती है। आनंद और अपनेपन से आँखें भर आती हैं। ये आँसू खुशी के हैं, संतोष के हैं।"

विजय शायद ऊब रहा था यादों के इन दायरों में।

"भैया, मैं जरा घूम आऊँ?"

''एक मिनट रुक। मौसी, विजय आपके पास खाना खाने आएगा, ठीक है न?''

मौसी चुप थी। उसने अभी तक चाय का भी आग्रह नहीं किया था। अजीत को अटपटा-सा लगा। तभी उसका ध्यान उनके पैरों की ओर गया।

''मौसी, तबीयत ठीक नहीं है न तुम्हारी?'' अजीत प्यार से उनके पास जाकर बैठ गया।

''पुरानी यादों ने ऐसा आ घेरा कि उस धुन में मैं बोलता ही गया। आपकी ओर देखा तक नहीं।''

अजीत के वे प्यार भरे शब्द! मौसी को रुलाई आ गई, पर बड़ी मुश्किल से अपने को रोका। अजीत ने उन्हें चारपाई पर लिटा दिया।

''इतनी कमजोर हो गई हो, मौसी। किसी को साथ बुला लो न!''

''किसे बुलाऊँ?''

अजीत को याद आया। एक दिन मौसी यूँ ही बोली थीं, 'अजीत, अरे बेटा! इस दुनिया में अब अकेले ही जीना है और अकेले ही मरना है। मरने पर चार लोग तो जमा हो ही जाएँगे। अगर न हुए तो भी क्या? राह पड़े लावारिस कुत्ते को भी तो कोई-न-कोई उठाकर फेंक देता है।'

'कितनी भयानक बातें करती हो, मौसी! ऐसा मत कहो। दिल दहल जाता है।'

वह खिलखिलाकर हँस पड़ी थीं। वह हँसी थी या हँसी की आड़ में रुलाई?

'अपना-अपना भाग्य होता है' सुमति मौसी ने निःश्वास लिया था।

'क्यों? आपके कोई नहीं?' भोला प्रश्न था, परंतु वह घाव कर गया।

मौसी मौन हो गई थीं। इसके बाद कभी भी यह विषय निकलता तो वह बात टाल जातीं। आज भी 'किसे बुलाना?' कहकर चुप हो गई थीं।

''आपका भोजनालय...''

''बंद है। पिछले छह महीनों से हलका-हलका बुखार रहता है। पेट में दर्द है। पड़ोसी दवाई ला देते हैं, परंतु अभी तक कोई असर नहीं हुआ।''

''आपको किसी अच्छे डॉक्टर को दिखाना चाहिए।''

''क्यों? अच्छी मौत के लिए?'' सुमति मौसी हँसीं—थकी हुई बूढ़ी हँसी। इतने दुःख थे, इतनी यातना, फिर भी मौसी के नयन-नक्ष तेज थे, बाल अधपके थे, चेहरे पर मृदु भाव थे, आँखों में स्नेह। न राग, न द्वेष, न चिड़चिड़।

''मौसी, सच आपका कोई नहीं है?'' उसने एक बार फिर पूछा था।

"नहीं।" और उन्होंने होंठ सी लिये।

"कोई होता न तो आप इतनी दयालु न होतीं। तब शायद लड़तीं।" उसने मजाक में कहा। वह गंभीर हो गईं।

"मनुष्य अधिकार से तभी लड़ सकता है जब अधिकार हो। मेरी लड़ाई मुझसे ही है। मैं लड़ती हूँ, पर वह लड़ाई दिखाई नहीं देती।"

अभी भी मौसी लड़ रही थीं। समय से पहले बूढ़ी हो गई थीं।

अजीत बैठा रहा। शाम हो चली थी। साथ के बँगले में लाइट लग चुकी थी, लेकिन इस आउट हाउस में अँधेरा छाया था।

अजीत ने पूछा, "तो भोजनालय अब शुरू नहीं करोगी?"

"ऐसा तो नहीं सोचा, पर इन छह महीनों में कुछ भी नहीं हो पाया।"

"फिर अपने खाने-पीने का?"

मौसी हँस दीं।

"अरे, जिसने जन्म देकर इस पृथ्वी पर भेजा है न, वह इंतजाम भी करके रखता है। यह बँगला है न, इसमें नई बहू आई है। चार पामेलियन कुत्ते पाले हैं। उन्हें सुबह-शाम दूध-रोटी बारीक करके बड़े जतन से खिलाती है। बहू की नौकरानी भी उतने ही प्रेम से मुझे खाना दे जाती है। इन छह महीनों में मैंने भाड़ा नहीं दिया है। वह कहती है, 'आउट हाउस के एक कमरे का क्या भाड़ा लेना। आप आजन्म रहो।' देखा अजीत, मुँहफट, लड़ाकू दिखनेवाली, सास-ससुर को बाहर का रास्ता दिखानेवाली उस बहू ने चार पामेलियन कुत्तों को तथा मुझे भरपेट खाने को और मरने तक आश्रय दिया है। अंतर एक ही है—कुत्तों को भूख लगने पर वे भौंककर माँग लेते हैं—अधिकार से और मैं इंतजार करती रहती हूँ—चुपचाप!"

"मौसी, हमेशा ही आप इस तरह बात करती हैं कि सामनेवाला चुप बैठ जाता है। सुनो, मैं क्या कह रहा हूँ—आप उठो, काम करना शुरू करो। फिर से गरम-गरम रोटियाँ परसो। और देखते-देखते आपकी तबीयत ठीक हो जाएगी। आप पड़ी रहती हो न, इसीलिए नाना प्रकार के विचार मन में आते हैं। लड़के आएँगे तो यह कमरा फिर से खुशियों से भर जाएगा। आप विजय को रख लो।"

"नहीं, अजीत! अब नहीं हो पाएगा रे!"

"क्यों नहीं हो पाएगा? हिम्मत मत हारो। मौसी, यही आप हमसे कहती थीं न? अब आप स्वयं हिम्मत हार रही हैं।"

"अब तो मन ही मर गया है।"

"विजय को रख लो, वह आपकी मदद करेगा। याद है न, हम आपको

सब्जी-भाजी लाकर देते थे। कभी धनिया भूल जाते तो आप कहतीं, 'जा अजीत, धनिया की गड्डी तो ले आ।' हमारा मन नहीं होता था। लगता—धनिया के बिना भी तो सब्जी बन सकती है। पर आपको शौक था सबको स्वादिष्ट खाना खिलाने का, हर पदार्थ मन लगाकर बनाने का।"

"सब बीती बातें हैं। अब न शौक है, न उत्साह। जीवन के प्रति कोई आस्था ही नहीं रही।"

"ऐसा मत कहो, मौसी। अभी तो आपको उठना है। सब बच्चों को थालियाँ भर-भरकर खाना खिलाना है। आप माँ हो, माँ बीमार पड़े तो सब वीरान हो जाता है।"

सुमति मौसी ने मुँह दीवार की ओर फेर लिया। भर-भरकर रुलाई आ रही थी। अजीत भी बेचैन हो गया। खिड़की के पास खड़ा हो गया। बँगले की जवान मालकिन सफेद गाउन पहने झूले पर अपने चार प्यारे कुत्तों को लिये बैठी थी। उसने नौकरानी को आवाज लगाई। वह ब्रेड और दूध ले आई। झूले से उतरकर वे कुत्ते कुरसी पर बैठ गए। सामने टेबल पर रखा दूध-ब्रेड चट करने लगे।

"लक्ष्मी, सुमति बाई को भी दूध-ब्रेड दे आओ।"

कुछ ही देर में नौकरानी एक कप दूध और ब्रेड के तीन टुकड़े ले आई। अजीत सामने दिखा, उसे प्लेट पकड़ाकर चली गई। अजीत दिल मसोसकर रह गया। सब बच्चों को थाली भरकर खाना खिलानेवाली मौसी दूध-ब्रेड खा रही हैं, वह भी कुत्तों के साथ। क्या-क्या नहीं खिलाती थीं मौसी—दो सब्जियाँ, दाल, चटनी, रायता—पूरी थाली भरी होती।

"मेरी सुनो, मौसी। काम शुरू कर दो। खाना परोसने के बहाने आप भी स्वादिष्ट दो निवाले खाएँगी। बिस्तर पर पड़े-पड़े तो…"

"तो क्या? मौत आएगी? नहीं अजीत, वह भी रिझा-रिझाकर मारेगी मुझे। शापित हूँ मैं। कुछ लोग निरर्थक जन्म लेते हैं। इन छह महीनों में यहाँ पड़े-पड़े मैंने छिपकलियाँ, मच्छर, मक्खी, कॉक्रोच को ध्यान से देखा। लगा, वे भी एकाकी होते हैं। कदाचित् उनमें विचार-शक्ति नहीं, इसलिए जी लेते हैं सुख से।"

"ऐसे विचार क्यों करती हैं आप? आपका बेटा होता तो आप रख ही लेतीं न? वैसे विजय…"

"अजीत, जिस अधिकार से तुम बोल रहे हो न, वह बेटे के अधिकार-सा है। परंतु बेटा होना और बात है।"

वह चुप खड़ा रहा। कमरे की लाइट जलाई और बोला, "कल आता हूँ। दो

दिन आपके पास रहूँगा।''

अजीत को जाते वह देखती रहीं। उसके जाने के बाद बहुत एकाकी लगने लगा। आँखें झरने लगीं।

इन तीस वर्षों में न जाने कितने ही लड़कों को उन्होंने अपनेपन से खाना खिलाया था। परंतु मन से उसे स्वीकार करनेवाले दो ही निकले—कोल्हापुर का अनंत फड़के और यह अजीत देशपांडे। बाकी आए-गए और भूल गए। इन दो लड़कों ने न जाने कितने घाव कुरेदे, कितना प्यार दिया!

अब जीवन की घटनाएँ इतिहास बन गई हैं। मौसी उन्हें भूलना चाहती थीं, पर उन्हें जाग्रत् किया अनंत ने, 'मौसी, आज आपको बताना ही पड़ेगा।' वह पालथी मारकर बैठ गया।

'आपका मायका कहाँ का है? आपका विवाह⋯'

'अनंत, तू यहाँ पढ़ने आया है, एक भोजनालय वाली का इतिहास लिखने नहीं।' उस दिन मौसी ने बात टाल दी।

अनंत को देर हो रही थी। वह चला गया, पर दूसरे दिन सुबह ही आ धमका। सुमति की तबीयत ठीक नहीं थी। वह सो रही थीं। आते ही बोला, 'उठो, उठो, चिड़िया रानी! हो गया है उजाला।'

सुमति मौसी ने एकदम से आँखें खोलीं, 'अरे अनंत! तुम्हें भी यह कविता?'

'नहीं, आपने ही तो सुनाई थी अपने बचपन की कविता। हमें कोई सी भी सुनाओ—

टप-टप गिरे
प्राजक्त तन पर!
गीत गाता मन⋯ ।

छोड़ो मौसी, भूल गया।' अनंत एक पुड़िया बढ़ाता हुआ बोला, 'लो मौसी, प्राजक्त के फूल लाया हूँ भगवान की पूजा के लिए।'

वह उठीं। अनंत वहीं बैठा था, बोला, 'आज पूछूँगा नहीं। जब आपका मन हो, बता देना मौसी, कि ऐसी कौन सी बात है जो आपको अंदर-ही-अंदर साल रही है?'

अनंत इंजीनियरिंग के फाइनल पेपर के बाद जाने लगा और उनके दोनों हाथ पकड़कर बोला, 'मौसी, सच, आप मन-ही-मन इतना क्यों सहन करती हो? कोई नहीं क्या आपका? मेरी माँ की तरह ही आप मुझे प्रिय हैं। माँ ने मेरा बचपन सँभाला, परंतु एहसास और प्रेम के दिनों की मर्यादा आपने सँभाली। मौसी, यहाँ

हॉस्टल में, रूम्स में क्या-क्या चलता है, इसकी आपको कल्पना नहीं होगी। मुझे वह अच्छा नहीं लगता था, इसीलिए मैंने आपका सहारा ढूँढ़ा। आप सभी के लिए ऐसा ही सहारा बनोगी। मैं जब बेटे के अधिकार से आवाज लगाऊँगा, तब आप आओगी न? आना ही पड़ेगा मौसी, तब मैं आपकी एक भी नहीं सुनूँगा।'

वह उसकी पीठ पर हाथ फेरते हुए बोली थीं, 'अनंत, ऐसा समय आए, उसका मैं भी इंतजार करूँगी।'

उन्हें लगा था—अनंत जाते समय रोएगा, पर वह बोला, 'मुझे पूरा विश्वास है, मैं आऊँगा और आपको ले जाऊँगा। इसलिए जाते समय दुःख नहीं।'

उसके बाद कितने ही साल अनंत पत्र लिखता रहा, उसने ज्यादा उत्तर दिए नहीं। उसे भी पता नहीं चलता था कि वह अनंत पर गुस्सा क्यों करती है? क्यों उसे तोड़ने का प्रयत्न करती है? आखिर सुमति ने पत्र का उत्तर देना बंद कर दिया था।

और एक दिन वह आया था। सबकुछ छोड़कर उससे चलने का आग्रह कर रहा था। रात भर वह रुका था। 'मौसी, मैंने नया मकान लिया है। मैं और मेरी पत्नी दोनों ही नौकरी करते हैं। आप घर सँभालने के लिए आ जाओ। नौकरानी की हैसियत से नहीं। काम के लिए बाई है; पर घर में माँ नहीं है, वह पद आपका है। आप मेरी मौसी की हैसियत से चलो, हमेशा के लिए चलो।'

सुमति अपने विचारों से तिल भर भी हिलीं नहीं, पर उसे न दुखाते हुए वह बोली थीं, 'अनंत, इन लड़कों को साल भर खाना खिलाती हूँ। मेरे पास खाना खाने आनेवालों को एकदम बंद नहीं कर सकती। अच्छा नहीं लगेगा।'

अनंत समझ गया था। दुःखी होकर बोला था, 'मौसी, घर आपका है। जिस दिन आने की इच्छा हो, आ जाना।' अनंत चला गया और मौसी ने अपने को बार-बार धिक्कारा। अनंत मेरा कोई नहीं है, इसलिए मैंने 'न' कर दी। दुनियादारी के हिसाब से शायद यह ठीक भी हो, पर रिश्ता क्या केवल खून का होता है? इस प्रश्न का उत्तर नहीं था उनके पास। स्वभाव से सुमति कभी हठी नहीं थी, किंतु जीवन में एक ऐसा मोड़ आया कि उसे जिद्दी बना गया।

अब भी यही चिंता थी—कल अजीत आने को कह गया है। आएगा तो घर ले चलने का आग्रह करेगा। उसे क्या जवाब दूँ?

उन दिनों अजीत को टायफाइड हुआ था। लगातार बयालीस दिन बीमार रहा था। उसने घर खबर देने से मना किया था—'मौसी, विजय अभी छोटा है। माँ उसे छोड़कर नहीं आ पाएँगी। फिर उन्हें चिंता रहेगी—न यहाँ आ सकेंगी, न वहाँ चैन मिलेगा। यहाँ आप हैं ही।'

सुमति ने प्रेम से उसकी देखभाल की थी।

प्रेम और अपनापन तो सुमति में कूट-कूटकर भरा था। पराए बच्चों की उन्होंने जी-जान से देखभाल की थी। अपने ही जीवन को मैं सँभाल न पाई, क्यों? यही प्रश्न कई बार अपने आपसे पूछतीं। जीवन समझौते का दूसरा नाम है। क्या मुझे समझौता नहीं करना चाहिए था?

'नहीं, सुमति बाई, नहीं!' उनका अंतर्मन निश्चयात्मक स्वर में कहता।

जीवन की हर याद को उन्होंने कोने में रखकर, आगे देखकर चलने का निश्चय किया था। पर सच, क्या सिर्फ वर्तमान में जी सकता है इनसान? हर क्षण तो भूतकाल सामने आ खड़ा हो जाता है। किसी-न-किसी बहाने मन पीछे देखता ही है।

आज अजीत आकर चला गया था। वह फिर पिछली बातों को दोहराने लगीं। रात को बादल थे, सुबह तक वर्षा होकर आकाश साफ हो गया था।

उन्हें याद आया। उस दिन ऐसी ही वर्षा थी। प्रसाद भीगा हुआ आया था। दरवाजे पर खड़े होकर उसने आवाज लगाई थी। सुमति तौलिया लेकर आई, पर प्रसाद को न उसने कुछ पूछा, न अंदर आने को कहा। उसका भी शायद उस ओर ध्यान नहीं था। बोला, 'आज अचानक कितनी तेज बारिश हुई, देखो सुमति! और मैं भीग गया। ऑटो में आया हूँ, फिर भी···! बारिश का मौसम चाहे जैसा लगे, होता रोमांटिक है। तन-मन आतुर हो जाता है। तुम्हें नहीं लगता?'

कोई और दिन होता तो वह खिलखिला पड़ती, प्रसाद के गीले बालों को सहलाती, उसके गालों पर गाल रख देती, प्रसाद के सुदृढ़ शरीर के मोहपाश में बँध जाती। प्रसाद जैसा सुंदर, गोरा, घुँघराले बालोंवाला, रोबीले व्यक्तित्व का पति पाकर सुमति निहाल हो गई थी। जानती थी, उसकी सहेलियों के बीच प्रसाद हमेशा चर्चा का विषय होता है।

'सुमति, आज एक बड़ी ही मजेदार बात हुई।' प्रसाद कुछ बताना चाहता था, किंतु उसका चेहरा देखकर एकदम सहम गया, 'सुमति, क्या हुआ? अभिजीत का बुखार बढ़ तो नहीं गया? फोन ही कर देती, मैं एकदम आ जाता।'

'उसका बुखार सादा और सीजनल बुखार है, प्रसाद; वह उतर भी गया। वह खेल-कूदकर सो गया है। प्रश्न उसका नहीं, मेरा है।'

'आज के इस मधुर, रोमानी वातावरण में ऐसा प्रश्नों से भरा चेहरा मैं नहीं चाहता। प्रश्न रखो गठरी में बाँधकर। चलो, गरमागरम खाना खाते हैं और सोते हैं।'

'प्रसाद, मेरे प्रश्न का जवाब चाहिए पहले।'

प्रसाद ने पत्नी की ओर देखा। उसकी कनपटी लाल हो गई थी। माथे की नीली नस फूल गई थी। लंबे, सुंदर, घने बालों में शायद आज कंघी भी नहीं की थी। वह हँसा और उसकी कमर में हाथ डालते हुए बोला था, 'हम शीघ्र ही एक बँगला बनाएँगे, ताकि क्रोधित सुमति की अनेक सुंदर प्रतिमाएँ मुझे दिखाई दें और फिर मैं अपनी सुमति रानी पर प्रेम की वर्षा करूँ।'

'मजाक नहीं, प्रसाद। आज सचमुच मुझे मेरे सवाल का जवाब चाहिए।'

प्रसाद एकदम स्तब्ध रह गया।

'प्रसाद, आज मैं तुम्हारी माधुरी के पास गई थी।'

प्रसाद बौखला गया। वह क्या बोले, समझ नहीं आया।

'सुन लिया न!'

'तुम्हें पता चला, यह ठीक हुआ; परंतु तुम उसके पास क्यों गईं?'

'लोग बातें करते हैं। मेरे कानों तक बात आई, पर मुझे विश्वास नहीं था। मुझ पर अत्यंत प्रेम करनेवाला, अभिजीत से मस्ती करनेवाला, उसे-मुझे सँभालकर रखनेवाला प्रसाद किसी और से उतना ही प्रेम करता होगा, ऐसा विश्वास मुझे कभी भी न होता। इसलिए जानबूझकर माधुरी से मिलने गई। प्रसाद की भी कोई महिला मित्र होगी, उसके साथ वह चाय पीने के लिए भी कहीं जा सकता है, उसे कभी-कभार घर तक का साथ भी दे सकता है, यह मुझे स्वीकार था। नारी मित्र पुरुष की गरज हो सकती है, यह मैंने भी माना, प्रसाद।'

वह क्षण भर रुकी, पर बोलने का निश्चय किया था। बोले बिना चैन नहीं था। पूरे दिन क्षण-क्षण इतनी बेचैन रही थी कि प्रत्येक क्षण प्रसाद को फोन करके बुलाने के लिए मन अधीर हो गया था।

'प्रसाद, माधुरी ने क्या कहा, यह भी सुनो। उसने स्पष्ट शब्दों में बताया कि—यह कहना गलत है कि मेरा और प्रसाद का प्रेम केवल मानसिक है और मैं उसकी मानसिक गरज हूँ, सुमति। यह सरासर झूठ होगा। स्पर्श के बिना कोई प्रेम नहीं होता, कम-से-कम पुरुषों के लिए तो यह संभव नहीं। मेरे और प्रसाद के संबंध बहुत पुराने हैं—तुम्हारे विवाह के पहले से ही हैं।... प्रसाद, ये थे माधुरी के शब्द!'

'यह सच है, सुमति!' प्रसाद ने गरदन झुका ली।

'तुमने मुझे क्यों झाँसे में रखा?'

'वह मुंबई में थी। मैं टूर के बहाने जाता रहा। लगा, दोनों रिश्ते निभा लूँगा।'

'मुझसे भी तो तुम प्रेम का नाटक...'

'नहीं, यह नाटक नहीं है। तुम भी मुझे उतनी ही प्रिय हो जितनी वह। यह सत्य है।'

'जब उससे संबंध थे तो मुझसे शादी क्यों की? मुझे धोखा क्यों दिया? क्योंकर फँसाया मुझे? कम-से-कम जो स्त्री गृहिणी बन, आपकी पत्नी बन आप पर अवलंबित थी, उसे आपने फँसाया क्यों?'

'सच बताऊँ? माधुरी हमारे धर्म की नहीं है। इसी कारण उससे प्रेम विवाह न हो सका। सब विरुद्ध थे। आखिर माधुरी ने ही मुझे दुविधा से निकाला। कहने लगी, 'तुम शादी कर लो। मैं नहीं करूँगी विवाह। जन्म भर तुम्हारी रहूँगी।' और उसने वही किया। तुम्हें मैंने तुम्हारे हिस्से का पूरा प्रेम, आदर, विश्वास तो दिया ही है न! तुम जैसी पत्नी मुझे जन्म-जन्मांतर में नहीं मिल सकती। मैं संतुष्ट हूँ, खुश हूँ। माधुरी के कारण तुम्हारे-मेरे संबंध में कहीं अंतर न आया है, न आएगा।'

'तुम केवल अपनी बात कह रहे हो। यदि मैं कहूँ कि न मैं अब संतुष्ट हूँ, न ही खुश। इस संबंध से तुम्हें अंतर न पड़े, मुझे पड़ता है।'

'सुमति, तुम्हें गुस्सा आना स्वाभाविक है; पर सोचो, इन बारह वर्षों में क्या मैंने कोई अन्याय किया है तुम पर? मैं उसके साथ भी अन्याय नहीं कर सकता, सुमति।'

'मैं यह सब सहन नहीं कर सकती।'

'क्यों? यदि ठंडे दिमाग से सोचो तो पाओगी कि माधुरी का त्याग तुमसे कहीं अधिक है। बारह वर्ष से एकनिष्ठ है। मैं पूरी तरह तुम्हारा हूँ—समाज की दृष्टि से, कानून की दृष्टि से। उसे केवल घंटे-दो घंटे मिलते हैं, तब भी वह संतुष्ट है। तुम्हें मेरा पूरा सहवास मिला है, नाम मिला है।'

'क्या करना है मुझे उस नाम का? उस जूठी पत्तल पर मैं चटकारे लगाकर खाना खाती रही, इस बात पर मुझे अब लज्जा आ रही है।'

'सुमति, शांत हो जाओ। सोचो, शांत मन से। मैं तुम्हें बताने ही वाला था। माधुरी बोली—सुमति समझदार है, वह सहज ही समझ लेगी।'

'नहीं प्रसाद, माधुरी जैसा बड़प्पन मुझमें नहीं। मैं नहीं रह सकूँगी तुम्हारे पास।'

'पागलपन छोड़ दो, सुमति। सबकुछ हासिल करके भी…'

'नहीं, सबकुछ मैंने खो दिया है। राधा-श्रीकृष्ण का प्रेम रुक्मिणी ही जान सकी। मैं सीधी-सादी गृहिणी और पत्नी हूँ, जिसे पति अपना—केवल अपना ही हो, ऐसा लगता है।'

'तुम थोड़ा सा मन को समझाओ। सबकुछ ठीक हो जाएगा।'

'अब ठीक होने को रह ही क्या गया है?'

'सोचो, सुमति! मुझे और अभिजीत को तुम्हारी आवश्यकता है। दिल से कहता हूँ। फिर न तुम्हारा मायका है, न ससुराल। जाओगी कहाँ? आधी-अधूरी पढ़ाई हुई है, करोगी क्या?'

'तो आप मेरी असहाय परिस्थिति से लाभ उठाएँगे?'

'तुम सिर में राख मत डालो, सुमति। अभिजीत को लेकर घर से बाहर निकलने पर तुम्हें कोई भी आसरा नहीं देगा। तुम्हें बार-बार बता रहा हूँ। तुम मेरी सबकुछ हो। लौकिक अर्थ से मैं पिता और पति की हैसियत से तुम्हारे कारण प्रतिष्ठित हूँ। आठ दिन शांत होकर विचार करो।'

परंतु सुमति के दिल में हुआ जख्म उसे सालने लगा। वास्तव में उसके मायके में कोई नहीं था। पढ़ाई पूरी नहीं की थी। वह सोच-समझकर ही बाहर निकली—घर से आखिरी विदाई लेकर। दिशाहीन नहीं थी वह। पूना के महिलाश्रम में रहने के लिए वह पूना आई थी। फिर उसने पीछे मुड़कर नहीं देखा।

प्रसाद ने काफी मिन्नतें कीं, माफी माँगी; परंतु सुमति ने एक नहीं मानी। प्रसाद को जबरदस्ती भुला दिया, दिल से निकाल दिया। हाँ, अभिजीत की याद आती थी। एक दिन वह भी खत्म हो गई, जब माधुरी के साथ उसे देखा। बाद में पता चला कि उसकी माँ माधुरी है, यही वह जानता है। वर्ष बीतते गए, अभिजीत मेडिकल की ओर मुड़ा। डॉक्टर बन गया। सुमति ने इंजीनियरिंग कॉलेज के लड़कों के लिए भोजनालय चलाया और उसी के सहारे जीवन के सुनहरे वर्ष भीषण अकेलेपन में बिताए।

अनंत उसे लेने आया। उस दिन अभिजीत की बहुत याद आई। अगर वह आया होता तो? क्या वह मना करती? कितना बड़ा हो गया होगा अभिजीत! शायद तीस का है। वह स्वयं भी तो साठ की है। शादी हो गई होगी शायद, बाल-बच्चे भी होंगे। वह सोचती रही और रोती रही। वर्ष-दो वर्ष तक प्रसाद के पत्र आते रहे। अभिजीत भी मन को छूनेवाली एकाध पंक्ति अपने नन्हे हाथों से लिखता। सुमति ने एक भी पत्र का उत्तर नहीं दिया। उन्हें ट्रंक में साड़ियों की तह के नीचे रख देती।

अब छह महीने से लाचार पड़ी है। नितांत अकेलापन काटने को दौड़ता है। कई लोग भोजनालय के बारे में पूछताछ कर गए थे।

पूरी रात वह बेचैन रही। शरीर के अंदर तक मानो ठंड रिस गई थी। दाँत बजने लगे। उसने उठकर कंबल लिया। शरीर थरथराने लगा। किसे आवाज देती? आउट

हाउस से बँगला थोड़ी दूर था। उसकी शक्ति जैसे जाती रही। पहले सर्दी से शरीर थरथरा रहा था, अब एकदम तपने लगा। सिर से पाँव तक गरम प्रवाह बहने लगा।

सुबह-सवेरे बँगले में बजी फोन की घंटी न जाने उन्हें कैसे सुनाई दी। फिर एकदम से ब्लैक आउट हो गया। नौकरानी ने आकर उन्हें हिलाया, ''मौसी, आपके बेटे का फोन था। आपके साहब अब नहीं रहे।''

अर्ध-चेतन अवस्था में उन्होंने सुना और दिल तेजी से धड़कने लगा। जीवन भर जिसके साथ संघर्ष किया, वह स्वयं अब शांत हो गया था। चाहे वह सबकुछ छोड़ आई थी, फिर भी मेरे लिए एक आधार है, यह अहसास ही शक्ति देनेवाला था। अब वह भी समाप्त हो गया था।

उसने आँखें मूँद लीं।

सुबह की धूप कमरे में आई। वह बुखार में तप रही थीं, पर दूर से, बहुत दूर से किसी के पास आने का आभास हुआ।

''मौसी, अनंत हूँ मैं। यहीं ट्रांसफर करा लिया है। मौसी, देखो, आपकी बहू आई है।''

अनंत ने उन्हें हिलाया, पर वह लगभग बेजान थीं। अनंत घबरा गया। तभी अजीत आया और बँगले की ओर डॉक्टर को फोन करने के लिए भागा।

सुमति के चेहरे पर हँसी उभरने का आभास अनंत को और उसकी पत्नी को हुआ। दोनों घबराए-से, संभ्रमित-से देखते रहे।

ये बच्चे क्या जानें कि सुमति एक ऐसे मोड़ पर खड़ी थीं, जहाँ से चारों दिशाएँ स्पष्ट दिख रही थीं और उनके चेहरे पर आनंद छा गया था।

□

सारांश

शाम ढल गई थी। आस-पास के बँगलों से टी.वी. की आवाजें आने लगीं। रात के अँधेरे में कदम तेजी से बढ़ रहे थे, पर अभी तक विनायक राव लौटे नहीं थे। मालती बाई कभी अंदर, कभी बाहर चक्कर लगा-लगाकर थक गई थीं। घड़ी की सुई की भाँति नियमित समय पर लौटनेवाले विनायक राव अभी तक क्यों नहीं लौटे भला?

चिंता से मालती बाई का दिल बैठने लगा। नाना प्रकार के विचार-कुविचार मन को मथने लगे। 'आँखों में मोतियाबिंद है। कहीं ठोकर…'

विचारों का बवंडर खड़ा हो गया। मालती बाई फोन के पास जाकर खड़ी हो गईं। चार बँगले छोड़कर ही तो सुनीता का घर था। अब तो सुनीता के घर भी फोन लग गया था। क्यों न उसे फोन करूँ? मालती बाई ने हाथ बढ़ाया, पर रिसीवर उठाया नहीं।

'नहीं, सुनीता को क्यों हमेशा तंग करूँ? अपनी समस्या अपने आप ही हल करनी चाहिए। इतना भी क्या दूसरों पर निर्भर होना! आ जाएँगे विनायक राव। अभी कौन आधी रात हुई है!' उन्होंने खुद को समझाया।

कुछ देर पहले प्रकाश आकर पूछताछ कर गया था, 'मौसी, अकेली हो क्या? आए नहीं काका?'

'अरे, कहाँ आए? इन पेंशनरों की गप्पें खत्म हों तब ना!' मालती बाई सहज होने का प्रयास कर रही थीं।

तभी प्रकाश ने बात का रुख बदला, 'मौसी, कल किराना ले आऊँगा, ठीक है न? और दवाइयाँ भी लानी होंगी। वह भी लिस्ट दे दो। कल सुबह एक काम से जल्दी जाना है। कल आना न होगा इधर।'

मालती बाई ने लिस्ट और पैसे पकड़ा दिए। प्रकाश उनकी हर जरूरत का ध्यान रखता है और अविनाश रोज ही वर्कशॉप से फोन करता है, 'मौसी, क्या

बनाया है आज? वाह, करेले की सब्जी! गुड़ और इमलीवाली? मौसी, मेरे लिए रखना—थोड़ी नहीं, कटोरा भरकर! और मौसी, खीरे का थाली पीठ बनाओगी न? बस, मैं तृप्त हो जाऊँ तो समझो, स्वर्ग में स्थान बन गया तुम्हारा।'

शरारती कहीं का! मालती बाई उत्तर में फोन पर ही झाड़ देतीं, 'पेटू कहीं का! वर्कशॉप में ध्यान है या खाने में!'

पर फोन रखकर प्रसन्न मुद्रा में काम में लग जातीं। कभी-कभी आँखें भर आतीं और विनायक राव भी चोरी से आँखों के कोने पोंछते हुए कमरे से निकल जाते।

'दो बच्चों का बाप है तू, पर है अभी छोटा ही।' मालती बाई प्यार से फटकारतीं।

रात को सोने से पहले फिर एकबारगी फोन बजता और अविनाश का गंभीर स्वर फिर मन को मथ देता, 'मौसी, सारी बत्तियाँ बुझा दीं न? पिछले दरवाजे की कुंडी भी लगा ली न? और हाँ, दवाइयाँ खा लीं? काका के पलंग के पास ही पानी का लोटा रख देना और नींद न आए तो कंपोज खा लेना। और अगर कुछ जरूरत पड़े तो फोन कर देना।' इतनी सारी प्यार भरी ताकीदें करीब रोज रात को मिलतीं।

□

मालती बाई ने एक बार फिर घड़ी देखी और विचारों का ताँता टूट गया। नौ बज गए थे। विनायक राव अभी तक आए नहीं थे। घबराहट में मालती बाई उठीं और फोन की ओर लपकीं तो पैर का अँगूठा मुड़ गया। दर्द की कसक उठी और तेजी से दिमाग को झनझना गई। नीचे बैठकर अँगूठा कसकर पकड़ा। तिलमिला उठीं। गुस्सा भी आया विनायक राव पर, 'आखिर इतनी तो समझ होनी चाहिए इन्हें। मैं अकेली यहाँ चिंता कर रही हूँगी। न जाने क्या बतियाते रहते हैं ये पुरुष!'

पल में गुस्से का स्थान चिंता ने ले लिया, 'न जाने क्या हुआ है, सिरदर्द भी था सुबह। कहीं कुछ···' विचारों ने झकझोर दिया।

'कहीं चले तो नहीं गए होंगे घर छोड़ के? कुछ दिनों से मन अस्वस्थ था। कह रहे थे, चला जाऊँगा, कहीं भी···कभी भी···' और मालती बाई सिहर उठीं, 'कहीं चले गए होंगे तो? कहाँ ढूँढ़ेंगे इतनी रात गए?'

तभी गैस पर रखी खिचड़ी जलने की गंध आई और मालती बाई रसोई में गईं। दो मुट्ठी दाल-चावल की खिचड़ी जलकर काली हो गई थी। वह झुँझला गईं। न तो अब कुछ पकाने की इच्छा है, न हिम्मत। आवश्यकता भी नहीं। दो बूढ़ी जानें···खाएँगी भी कितना? जब बच्चे थे तब कितना रसोई का काम होता था! खत्म ही नहीं होता था।

इतने में विनायक राव आ गए। मालती बाई उनके पास सोफे पर बैठ गईं, "आज कितनी देर कर दी! कहाँ थे?"

"सोनाली बीमार थी, वहीं गया था।"

"सोनाली? कौन सोनाली?"

"वही देशपांडे की सोनाली।" विनायक राव बोल तो गए, पर याद आया कि उन्होंने पत्नी से कभी सोनाली का जिक्र नहीं किया था।

"आपका-उसका भला क्या संबंध है?"

"मानो तो बहुत गहरा संबंध है और कहो तो कुछ नहीं।"

"मतलब?"

"मालती, सोनाली में मुझे अपनी स्वीटी दिखती है—बस! एक दिन आनंद पार्क में बैठा था। बच्चे छुपन-छुपाई खेल रहे थे, तभी छह-सात वर्ष की एक बच्ची दौड़ती हुई आई और बोली, 'दादाजी, मैं आपके पीछे छुप रही हूँ, बताना नहीं। अपना कोट मेरे ऊपर डाल दो।' बस, यहीं लगा, हमारी स्वीटी मुझे मिल गई। मैं बच्ची में रम गया। सुबह अपनी सैर का समय मैंने उसके स्कूल के समय पर कर लिया। शाम को पार्क में दो-तीन घंटे कैसे बीतते हैं, पता नहीं लगता।"

"आपने मुझे नहीं बताया!" मालती बाई ने शिकायत के स्वर में कहा।

विनायक राव ने बात बदली, "बड़ी भूख लगी है। खिचड़ी तैयार है?"

"पहले बताओ, आप आज वहाँ क्यों गए?"

"सोनाली को बुखार था। पता लगा तो चला गया। वह भी जिद कर रही थी कि 'दादाजी को बुलाओ।' मुझसे रहा नहीं गया।"

"सो तो ठीक है, पर मुझे भनक तक नहीं पड़ने दी आपने। ऐसा क्यों?" मालती बाई का स्वर रुआँसा था।

विनायक राव ने जवाब नहीं दिया, न ही मालती बाई ने दोबारा जवाब माँगा।

□

रात को हमेशा की तरह अविनाश का फोन आया तो मालती बाई उदास स्वर में बोलीं, "अरे अविनाश, सबकुछ पास रख लिया है—टॉर्च, पानी, दवाइयाँ सब! पर जब नजदीक के लोग ही दूर हो जाएँ तब मन टूट जाता है। जीवन का सारांश निकल जाए तो हाथ में शून्य ही आता है, है न? तब लगता है, सारा गणित गलत हो गया है। गलती किसकी थी, पता नहीं—गरुड़-उड़ान सिखानेवाले की या स्वप्नों का जादू बिखेरनेवाले की?"

"मौसी!" अविनाश का गंभीर स्वर फोन पर गूँजा, "मौसी, तुम्हारी आँखों

में आँसू हैं न? पहले आँखें पोंछो, पोंछो पहले आँखें! देखो मौसी, न गरुड़-उड़ान बुरी है, न स्वप्न बुरे हैं। तुम्हें आजकल सबकुछ विह्वल करता है, क्योंकि तुम्हारी अपनी तबीयत ठीक नहीं रहती।''

''बेटा, जीवन में जमा-घटा तो चलता ही है, जानती हूँ; पर मन इसी में उलझ जाता है और यादें मन से चिपक जाती हैं, बस!''

''चलो, अब माला उठाओ और जप करो!'' अविनाश ने आदेश भरे स्वर में कहा।

''माला पकड़ने से यादें चली जाएँगी क्या? बेटा, इधर उँगलियाँ तो एक-एक मनका सरकाती हैं, मुख भी श्रीराम का नाम लेता है, पर मन भटकता रहता है। हम आम लोग शरीर से मन को अलग नहीं कर पाते।''

''आज क्या हो गया है तुम्हें, मौसी? कहो तो मैं आऊँ?'' अब अविनाश के स्वर में चिंता थी।

''नहीं रे, बच्चे! शांति से सो जा। हुआ कुछ नहीं, बस, तुम्हारे काका शाम को देर गए लौटे तो मूड ही खराब हो गया मेरा। अच्छा, आज उर्मिला दिखी नहीं?'' मालती बाई ने बात का रुख बदल दिया।

''मायके गई है। मौसी, तुम एक बार समझा तो दो उसे। कहो कि अविनाश का ध्यान रखा करे वह।'' अविनाश ने शिकायत के स्वर में कहा।

''अच्छा बाबा, कह दूँगी। तुम्हारी माँ डाँटती नहीं उसे?''

''माँ! अरे, दोनों बहुएँ माँ की जान हैं! हम दोनों भाइयों को डाँटती रहती हैं, पर बहुओं को··· ना बाबा, ना। अब मौसी, तुम्हारे बिना हम दो बेचारे भाइयों को तारनेवाला कौन है भला!''

अविनाश ने तो हँसी-मजाक के स्वर में वातावरण को हलका करने का प्रयत्न किया, पर मालती बाई का मन भारी हो गया। सुनीता की बहुओं को डाँटने का अधिकार अविनाश और प्रकाश सहज ही दे जाते हैं। पर अपना मिलिंद? अपनी मनीषा?

□

मालती बाई को याद आया, जब सुनीता की शादी तय हुई थी तब युवा मालती ने लपककर कहा था, 'इतनी जल्दी शादी? सुनीता, पढ़ाई तो पूरी कर ले। फिर शादी भी स्कूल मास्टर से? मना कर दे, सुनीता!'

'मालती, जो पिताजी ने तय किया है वह स्वीकार करना पड़ेगा। मैं मना नहीं कर सकती। हम दोनों बचपन की सहेलियाँ हैं, फिर भी मालती, तेरे सुख-स्वप्न, तेरी ऊँची उड़ान कभी मैं अपना न सकी!' सुनीता ने कहा था।

सुनीता घर-गृहस्थी में फँस गई। मालती ने एम.एस-सी. की और लेक्चरर लग गईं। वह हमेशा कहती, 'खाना बनाना, परोसना, बरतन-भाँड़े माँजना—यही तो औरत का जीवन नहीं है।'

'मुझे स्वप्न साकार करने हैं!' मालती कहती। स्वप्न होंगे, तभी साकार होंगे न! पर स्वप्नों की कीमत चुकानी पड़ती है, यह नहीं जाना मालती ने। मालती कैरियर के पीछे भागी, सुनीता उस दौड़ में पिछड़ गई। घर-गृहस्थी के चक्कर भी अजीब होते हैं। सुनीता ने भी एम.एस-सी. का फॉर्म भरा था, पर उतने में सासूजी बीमार पड़ गईं। दूसरे साल देवर की शादी और त्योहारों ने चैन न लेने दिया। तीसरे वर्ष स्वयं गर्भवती हो गई और तब सुनीता ने पढ़ाई का खयाल ही छोड़ दिया।

मालती की अपनी महत्त्वाकांक्षाएँ थीं। वह कहती, 'सुनीता, जीवन में अपना मार्ग खुद तय करना पड़ता है। नियति को बदलने का सामर्थ्य हमारे हाथ में होता है। प्रबल इच्छा और दृढ़ इच्छाशक्ति हो तो सब संभव है।'

सुनीता अपनी गृहस्थी में मग्न थी। तीन बच्चे थे, सादा जीवन था। तंगी भी थी। मालती देखती तो उसे तरस आता सुनीता पर। स्वयं मालती को इंजीनियर पति मिला और वह विवाह-सूत्र में बँध गई। सुनीता कहती, 'तू भाग्यवान् है, मालती! जो चाहा, मिला। तेरा अपने आप पर विश्वास देख मेरा सिर अभिमान से ऊँचा उठता है।'

'मेरे माता-पिता ने मेरी सुनी और मैं यहाँ पहुँची। अब पति सुनेंगे तो मैं और आगे बढ़ूँगी।' मालती ने कहा।

'पुरुष सबकुछ नहीं सुनते, मालती! वह भी पत्नी की? भूल जाओ। गृहस्थी में पति का हिस्सा बहुत बड़ा होता है। सुनना और मानना तो स्त्री को पड़ता है, पुरुष को नहीं!' सुनीता पते की बात कहती तो मालती मुँह बिचकाकर चली जाती।

जीवन अपने ढाँचे में बँधता चला गया। मिलिंद आया, फिर मनीषा। पर मालती की महत्त्वाकांक्षाएँ आसमान को छूना चाहती थीं।

□

आज मुड़कर देखा तो मालती बाई का मन भर आया—मेरी असीम महत्त्वाकांक्षाओं ने आज यह दिन दिखाया है। जन्म-घूँटी के साथ ही मैंने मिलिंद-मनीषा को गरुड़-उड़ान के स्वप्न दिए। जमीन पर पाँव ही रखने नहीं दिया। आज वे उड़ गए तो भूल-चूक किसकी है?

मालती बाई को याद आया—बँगले के आँगन में घास उगी थी। माली आया नहीं तो विनायक राव खुरपी लेकर आए और बच्चों को पुकारकर बोले, 'चलो मिलिंद-मनीषा, आज घास साफ करके फूल बोते हैं। माली नहीं आया तो क्या, हम

स्वयं अपना आँगन फूलों से भर देंगे, बिलकुल सुनीता मौसी जैसा।'

सुना तो मालती बिगड़ पड़ीं, 'जिंदगी में अपना अस्तित्व भूलकर जीनेवाले ध्येयशून्य व्यक्तियों में से एक आप हैं। सुनीता के बगीचे का उदाहरण मुझे मत दो। किसकी प्रशंसा करनी चाहिए, यह भी पता होना चाहिए। मिट्टी में चार पौधे उगाने के लिए अक्ल की जरूरत नहीं। मेरे बच्चे मिट्टी में ऐसा काम नहीं करेंगे। कभी नहीं!'

'मालती, जिस मिट्टी पर हम खड़े रहते हैं उसी मिट्टी को तुम नकार रही हो। इसी मिट्टी के लिए लोग जिए हैं और इसी की खातिर मरे हैं। इस मिट्टी पर साम्राज्य खड़े हुए और गिरे। मिट्टी मतलब...'

'मिट्टी मतलब मिट्टी ही, आकाश नहीं!' मालती ने विनायक राव की बात काटी।

'अरे, मिट्टी से ही सुगंध आती है, मालती, आकाश से नहीं!'

मालती सिर को झटका देकर चली गई। विनायक राव की फिजूल की फिलॉसफी में उसे रुचि नहीं थी। ऐसी खटपट लगभग रोज होती और जीत मालती की ही होती।

मिलिंद को स्कूल में दाखिल करवाना था। विनायक राव अपनी संस्कृति से जुड़े किसी स्कूल में डालना चाहते थे तो मालती अंग्रेजी स्कूल में।

'मुझे तो भाई, अच्छा लगता है कि बच्चे संस्कृत श्लोक बोलें, मराठी कविता-पाठ करें। आखिर अपनी संस्कृति को हमें ही सजाना है।' विनायक राव बोले।

मालती ने व्यंग्य कसा, 'आप भी न जाने किस युग में जी रहे हैं! आखिर जेट-एज है, मिस्टर।'

'मैं तो सिर्फ इतना कह रहा हूँ कि नर्सरी की बजाय बाल-मंदिर में डालते हैं मिलिंद को। अब मैं नहीं बना इंजीनियर? मैं कौन-सा अंग्रेजी स्कूल में पढ़ा हूँ!'

'इंजीनियर ही न! ऐसा क्या कर लिया आपने?'

विनायक राव चुप रहे। जानते थे, मालती की जिद के आगे जिरह करना व्यर्थ है। मालती को विनायक राव काई लगे, जंग लगे, पुराने-से लगते थे। कहीं कोई तालमेल नहीं था। सुर-बेसुर थे।

इधर मालती की पदवियाँ बढ़ती गईं। स्कूल की जूनियर लेक्चरर से कॉलेज लेक्चरर बनी, फिर प्राचार्या। गुण थे, वक्तृत्व था और व्यक्तित्व भी। गुणों के साथ-साथ तड़प थी ऊँची उड़ान की। आकांक्षा के गुब्बारे आसमान छू रहे थे।

उधर मिलिंद नर्सरी से कॉन्वेंट में गया। हॉस्टल में रहकर पढ़ा। डॉक्टर बना और विदेश जाने की तैयारी में लग गया। मालती का सिर अभिमान से ऊँचा हो

उठता था। मनीषा ने चित्रकारी में महारत हासिल की। जे.जे. स्कूल ऑफ आर्ट्स में पढ़ी। उम्दा पेंटर।

अभी पढ़ रही थी कि स्विट्जरलैंड के से.जे.जे. स्कूल में पढ़नेवाले अपने साथी के प्रेम में पड़ गई। विनायक राव बिफर पड़े, 'प्रेम विवाह के लिए मेरा विरोध नहीं है। पर वह किस मिट्टी में बोया जाए, इसकी पहचान मनीषा, तुम्हें होनी चाहिए थी!'

'पर बाबा, प्रेम कुछ देखकर थोड़े ही होता है!'

'ठीक है बेटी, पर डर है, इस उम्र का प्रेम कहीं तुम्हें फँसा न दे। दो अलग संस्कृतियाँ, क्या सँभाल पाओगी उन्हें? तुम स्विट्जरलैंड चली जाओगी तो...'

मालती सुन रही थी बाप-बेटी का संवाद। कड़वाहट से बोली, 'मनीषा, तुम्हारे बाबा प्रेम के विरुद्ध नहीं हैं, पर आदमी भारतीय होना चाहिए। जो भारतीय है वही मनुष्य है, तो और क्या जानवर हैं? सुनो, आपकी बेटी मनुष्य से प्यार करती है। स्विट्जरलैंड गई तो क्या बिगड़ेगा? हवाई जहाज का किराया खर्च करेगा तुम्हारा दामाद। और मनीषा में भी हिम्मत है। अपने कृतित्व से आकाश के रंग बदलेगी वह।'

'आकाश के रंग बदलनेवाली वह चित्रकार है, मैं जानता हूँ मालती! पर आकाश तो केवल सत्य का आभास है, सत्य नहीं है।'

उस दिन बात यहीं समाप्त हुई, पर हुआ वही जो मालती और मनीषा ने चाहा।

जिस दिन मनीषा पति के साथ स्विट्जरलैंड के लिए रवाना हुई, उस दिन मालती को लगा जैसे उसने आसमान छू लिया हो। विनायक राव मगर रो पड़े थे।

कभी-कभी विनायक राव को खुद पर रंज होता। दफ्तर में तेज-तर्रार, कड़े अनुशासक घर में हथियार डाल देते थे। कई बार सोचते, 'क्यों झुका मैं मालती की जिद के आगे? क्यों भरने दी बच्चों को गगन-उड़ान? वैसे उड़ान भरना तो बुरा नहीं है, पर यह भूलना भी तो सरासर गलत है कि उड़ान भरने पर पाँव तले की धरती छूट जाती है।'

जब मिलिंद को पंचगनी हॉस्टल में भेजना था, तब भी उन्होंने विरोध किया था। 'इतने छोटे बच्चे को माँ-बाप से दूर भेजना ठीक नहीं।' उन्होंने कहा था।

मालती ने तब भी कटाक्ष किया था, 'आप अपनी नौकरी की चक्की में ऐसे बँधे हैं कि विस्तृत दुनिया के कर्तृत्व के पंख लगाकर उड़नेवाले पक्षियों की उमंग आपकी पकड़ से बाहर हो गई है।'

और मिलिंद को पंचगनी भेजा गया।

विनायक राव कई बार सुनीता के घर की रौनक देखकर अपने घर की चुप्पी से घबरा जाते। वहाँ बच्चों का झगड़ना, माँ के गले आकर लिपटना, इकट्ठे बैठकर खाना खाना, गणेश-पूजा, नवरात्र आदि की धूमधाम रहती। विनायक राव के मन को सब बड़ा लुभानेवाला था।

परंतु मालती को यह सब 'ढकोसला' बुरा लगता। अपनी बचपन की सखी मूर्ख लगती, उसके पति व बच्चे गँवार लगते। चार मकान छोड़कर ही था सुनीता का घर उनके घर से, पर मालती को भला वहाँ जाना कहाँ भाता था!

सुनीता और उसका परिवार मालती के प्रशंसक थे। सीधे-सादे वे लोग मालती की ऊँची उड़ान देखकर विभोर हो जाते। मालती भी कभी-कभार उनके घर चली जाती, खासकर जब बच्चों को कोई पुरस्कार मिलता या उसे कोई सम्मान मिलता।

मालती की महत्त्वाकांक्षाएँ देखकर विनायक राव कहते, 'सच, मैं तो एक साधारण आदमी हूँ। छोटी-छोटी कामनाएँ हैं मेरी। तुम्हारा, तुम्हारे बच्चों का राजमार्ग ही सही, पर छोटी सी पगडंडी पर पुरानी यादें लिये चलना ही जीवन है।'

मिलिंद अमेरिका जाने लगा तब भी विनायक राव ने विरोध किया।

'पाँच वर्ष का था मिलिंद, तब से उसे बाहर भेजा है। अब उसे घर आने दो। मालती, घर को घर लगने दो। देखो मालती, एम.एस. यहाँ रहकर भी हो सकती है। अपने बँगले की बाईं ओर बड़ा क्लिनिक खोल देंगे। बहू आएगी। पोता-पोती होंगे। हमारे इस बड़े बँगले में रौनक हो जाएगी।'

पर मालती ने सुनी-अनसुनी कर दी।

□

उसी दिन संध्या समय अविनाश और प्रकाश आए। उनका छोटा भाई इंजीनियर बन गया था। मिठाई लेकर आए थे।

'क्या करने की सोची है सतीश ने?' विनायक राव ने पूछा।

'बाबा कहते हैं कि तीनों भाई मिलकर वर्कशॉप खोलो। पहले ग्रिल वेल्डिंग की मशीन लेंगे, फिर लेथ और कटिंग आदि मशीनें लेकर धंधा बढ़ाएँगे।'

मालती खिलखिलाकर हँस पड़ी। दीवान पर गाव-तकिए से टिककर बैठी मालती किसी सम्राज्ञी की भाँति तेजपुंज लग रही थी। चेहरे पर बुद्धि और कर्तृत्व की चमक थी।

'अरे, तुम इंजीनियर हो। टर्नर, फिटर, वेल्डर ग्रिल का काम करते हैं। तुम लोग अपनी डिग्रियाँ व्यर्थ गँवाओगे!'

'क्यों, मौसी?'

'क्योंकि बिजनेस करना इतना आसान नहीं है। मार्केट कैप्चर कैसे करोगे इतनी जल्दी?'

'हम तीन हैं, मौसी! मिलकर कर लेंगे।' अविनाश बोला।

'पर परिवार का पेट भरे, इतना पैसा तो मिलना चाहिए।''

'फैक्टरी डालने के लिए पैसे चाहिए! मौसी, मैं पहले किसी बड़ी कंपनी का एनसीलरी यूनिट माँगूँगा।'

'तो लोन ले लो। फैक्टरी डालो।'

'लोन के लिए भी अपने पास निजी पूँजी होनी चाहिए न।'

'तुम्हारे पास उतना भी नहीं है तो तुहारा बिजनेस क्या चलेगा?' मालती व्यंग्य करती बोली।

'मौसी, मन में श्रद्धा हो, बड़ों का आशीर्वाद हो और परिश्रम करने की ठानी हो तो सब सरल हो जाता है।'

'ठीक है, बेटा!' विनायक राव बोले, 'नौकरी करो या बिजनेस, पर माँ-बाप को छोड़कर मत जाना।'

मालती को यह बात अच्छी नहीं लगी। कई बार विनायक राव और मालती सुनीता के घर जाते। पुरुषों की इधर-उधर की बातें चलती तो मालती और सुनीता बच्चों को लेकर बतियातीं। बहुधा मालती ही बतिया रही होती थी, क्योंकि मिलिंद और मनीषा के उत्कर्ष की हर खबर सुनीता को देकर अपना गर्व-मिश्रित आनंद व्यक्त करना मालती का स्वभाव बन चुका था। सुनीता भी उसकी खुशी में सहर्ष शामिल होती थी।

उस दिन भी दोनों सुनीता के घर बैठे थे कि अविनाश जल्दी-जल्दी आया। उसने इन दोनों को शायद देखा ही नहीं। आते ही बोला, 'माँ-बाबा! जल्दी तैयार हो जाओ। नाटक की चार टिकटें बड़ी मुश्किल से मिली हैं। बस पाँच मिनट में चलो।''

सुनीता तैयार होने को उठी, पर मालती की मनीष-मिलिंद की कहानी खत्म होने को न थी। इधर अविनाश अधीर हो गया था।

लौटते समय मालती चुप थी। विनायक राव बोले, 'अविनाश की चुलबुलाहट देखकर मिलिंद का ध्यान आ गया। वह होता...तो। पिछले दो सालों से मिलिंद से मुलाकात फोटो में ही होती है। पंचगनी से मुंबई गया, फिर अमेरिका। गिनकर दस-पाँच मुलाकातें।'

अब की बार मालती ने पति की बात काटी नहीं।

रात को मिलिंद का फोन आया, 'माँ, मैं सेटल हो गया हूँ। आपकी इच्छा के

मुताबिक हर महीने तीन हजार भेजूँगा। और हाँ, आप दोनों तबीयत का ध्यान रखना। बिलकुल लापरवाही नहीं करना। और हाँ, एक बात और—हर महीने की तीन तारीख को मैं आप दोनों को फोन किया करूँगा।'

'सो तो ठीक है, बेटा! पर सुनो, इतने पैसों का हम क्या करेंगे?' मालती बाई आनंदित होकर बोली।

'रहने दो न, माँ! ना मत करो।' और फोन कट गया।

दूसरे ही दिन मालती ने सुनीता को फोन पर खुशखबरी दी।

'तीन हजार भेजेगा!' वह गर्व से बोली।

अविनाश और प्रकाश की शादियाँ तय हुईं। सुनीता का घर मेहमानों से भर गया। मालती के मन में भी मिलिंद की शादी को लेकर बातें उठने लगीं। विनायक राव से बोलीं, 'देखना, मिलिंद की शादी कैसे ठाट-बाट से होगी।'

□

रात देर गए शादी से लौटे तो फोन की घंटी बज रही थी। मालती बाई ने लपककर रिसीवर उठाया और मिलिंद को अविनाश व प्रकाश की शादियाँ होने की खबर दी। फिर बोली, "उनकी शादी तय होने में बड़ी देर लगी। पैसा नहीं है, बिजनेस अभी सँभला नहीं है। लड़कियाँ भी कौन देगा? पर मिलिंद, तुम्हारे लिए तो अभी से रिश्ते आ रहे हैं। तुम आ जाओ तो बात पक्की करें। सोचती हूँ, परदेश में साथ हो जाएगा पत्नी का।"

उधर से मिलिंद के हँसने का स्वर आया और वह बोला, "मेरे पत्र का इंतजार करो, माँ!"

पत्र आने में आठ-दस दिन लग गए। मालती बाई के पाँव जमीन पर टिक नहीं रहे थे। कैसी साड़ियाँ लूँ? गहने कौन से लें? लड़की कैसी हो, कितनी पढ़ी-लिखी हो? डॉक्टर हो या इंजीनियर? आखिर मिलिंद सर्जन था, अमेरिका में पढ़ा था, पत्नी तो अति सुंदर होनी चाहिए। मालती लगभग रोज ही इस विषय पर चर्चा करती और विनायक राव भी खुशी से चर्चा में भाग लेते थे।

सुनीता की बहुएँ देखने में साधारण थीं, पढ़ी-लिखी भी अधिक नहीं थीं। पर थीं सुशील। मालती और विनायक राव के चरण छूने आईं तो दोनों विह्वल हो गए।

उस रात अचानक मनीषा का फोन आया। वह अपने चित्रकार पति को तलाक देकर मुक्त हो गई है। विनायक राव ने कहा, "घर लौट आ, बेटी!" तो बोली, "बाबा, यहाँ मेरे चित्रों की प्रदर्शनी लगी है और समाचार-पत्रों ने भी खूब प्रशंसा की है मेरी कला की। मेरा नाम दूर-दूर तक फैला है। मैं अभी लौटना नहीं

चाहती। और मुझे अकेले रहने में भी कोई समस्या नहीं है। फिर शादी के झमेले में मैं अभी पड़ना नहीं चाहती। स्वतंत्र गरुड़-उड़ान की आदत हो गई है न!''

विनायक राव विष का घूँट पीकर रह गए। अब रिटायरमेंट के बाद अकेलापन और अखरने लगा था।

□

एक दिन अविनाश आया और चरण छूकर बोला, ''काका, एक विनती लेकर आया हूँ।''

''कहो।''

''मेरी फैक्टरी में यदि एक घंटा मेरा मार्गदर्शन आप करें तो मेरी मेहनत सफल हो जाएगी।''

विनायक राव एकदम मान गए।

''पिछले आठ-दस महीनों से खाली घर मुझे काट रहा था। मैं अवश्य आऊँगा।''

उनका समय फैक्टरी में कटने लगा और मालती बाई का चिट्ठी की प्रतीक्षा में। मिलिंद की चिट्ठी आई और मालती बाई टूट गईं। उन्होंने अपने को सँभाला तो सही, पर विनायक राव ने उनकी टूटन को महसूस किया। फिर भी मालती बाई रोजी-मिलिंद की फोटो लेकर सुनीता के पास गईं। उसे फोटो दिखाई। उसने प्रशंसा की तो मालती बाई को राहत मिली। विनायक राव ने फोटो देखकर कहा, ''भई, हमें तो अच्छी लगी आपकी बहू। आखिर मेरे बेटे ने प्रेम किया है। दूसरे देश की ही सही, वह भी तो मनुष्य है।''

और मालती बाई सुनती रहीं। उन्हीं के शब्द थे।

उस रात उन्होंने फोन किया। मिलिंद-रोजी को भारत बुलाया तो मिलिंद बोला, ''संभव नहीं है, बाबा! रोजी की डिलीवरी हुई है।''

''तो बताया नहीं तुमने?''

''ऐसी छोटी-छोटी बातें! वैसे स्वीटी की फोटो भेज दी है।''

''तुम्हारी माँ की इच्छा थी गोद-भराई की रस्म करने की।''

''ये रस्में वगैरह क्या करनी हैं, बाबा? यहाँ दिन इतना बिजी होता है कि आपको फोन करने की भी याद रखनी पड़ती है।'' कहा तो सहज ही मिलिंद ने, पर विनायक राव का चेहरा उतर गया। फोन एकदम से रख दिया।

उनके चेहरे के भाव पढ़कर मालती बाई ने पूछा, ''क्या हुआ?''

''कुछ नहीं, टेंशन हो गया।''

"रोजी प्रेग्नेंट है ना! फिर तो जाना चाहिए!" मालती बाई ने जान-बूझकर उत्साह दिखाया।

"अरे, रोजी ने फूल-सी स्वीटी को जन्म दिया है।"

मालती बाई अवाक् रह गईं। लगा, पैरों तले की धरती खिसक गई है, उड़ते पक्षी के पंख हवा में ही कट गए हैं।

विनायक राव कई बार सोचते हैं कि बता दूँ मालती को, 'मालती, तुमने ही उसे आकाश के स्वप्न दिए, गरुड़-उड़ान सिखाई। पर तुम उन्हें प्रेम न सिखा पाईं। प्रेम, स्नेह, केवल खून के रिश्ते से ही संबंधित हो, ऐसा नहीं है। उसके लिए साथ रहने की आवश्यकता है। प्रेम लेन-देन है। तुमने मनीषा और मिलिंद को अपने से दूर रखा; उन्हें निर्बंध, स्वतंत्र आकाश में उड़ना सिखाया, पर उन्हें लगाव नहीं सिखाया। अब कहाँ ढूँढ़ोगी अपने पोते-पोतियों को? मनीषा निर्बंध स्वतंत्रता लेकर अपना जीवन जी रही है। बेटा अपने में मगन है। पार्क में मैं जाता हूँ, सोनाली में स्वीटी को ढूँढ़ता हूँ। क्या पाया हमने, मालती?'

पर बीमार, टूटी हुई, हतप्रभ मालती का मन दुखाने का साहस नहीं हुआ।

□

पंद्रह-बीस दिन पहले मालती को हार्ट अटैक आया था। अस्पताल ले गए तो सुनीता के घर के सभी भागे हुए आए। डॉक्टर ने कहा था—माइल्ड है, घबरानेवाली बात नहीं है। पर सुनीता, उसके पति, बेटे-बहुएँ सभी चिंतित थे।

एक रात मिलिंद को फोन किया तो बोला, "माँ, बढ़िया-से-बढ़िया इलाज करवाना, पैसे की चिंता मत करना। मैं आ तो जाता, पर रोजी प्रेग्नेंट है। स्वीटी को तो 'आया' देखती है—बेबी सिटर, पर रोजी के लिए मेरे सिवा कौन है? और हाँ, मनीषा ने दूसरा विवाह कर लिया है। फोन आया था उसका।"

मालती बाई ने फोन पटक दिया। मन में विचारों का बवंडर उठा—'आकाश में उड़ान भरने का स्वप्न मैंने हिम्मत से बच्चों को सिखाया, क्या यह गलत था? मनीषा के अस्तित्व को मान्यता दी, विचारों की स्वतंत्रता दी, क्या यह मेरी भूल थी? बच्चे समय से आगे दौड़ने लगे तो क्या मैं इसे अपनी गलती मानूँ?' मालती बाई न बच्चों को दोष दे सकती हैं, न अपनी भूल स्वीकार करने का उनमें साहस है। इधर विनायक राव देख रहे हैं एक प्रखर व्यक्तित्व का ढलना।

मालती बाई आँखें मूँद लेटी हैं। सोच रही हैं—'क्या है आखिर जीवन का सारांश? ये गलतियाँ, ये भूलें, यह अकेलापन, यह आत्मग्लानि? परास्त हैं वह, परकटे पंछी-सी। □

संघर्ष

अनघा के कदम कभी तेज हो जाते और कभी धीमे। दोनों हाथों में थैलियाँ उठाए चलना आसान नहीं था, ऊपर से थैलियाँ सामान से भरी थीं, भारी भी थीं। अब सूरज चढ़ आया था और धूप बढ़ गई थी। रास्ता काटे कट नहीं रहा था। घर के निकट पहुँची तो दूर से ही डॉक्टर की कार दिखाई पड़ी। पेट में घबराहट से गोला उठा, धड़कन तेज हो गई और लगा, यहीं रुक जाए। आगे बढ़ने की हिम्मत मानो थी ही नहीं।

थैलियाँ बरामदे में ही रखीं, कोने में चप्पलें उतारीं और अंदर कदम रखा। उसे देखते ही डॉक्टर की त्योरियाँ चढ़ीं, "मिसेज राजे, रेणु को इस तरह अकेली छोड़कर आपको बाहर नहीं जाना चाहिए था।"

"पर डॉक्टर साहब, मैं तो राजू को उसके पास छोड़कर गई थी।" अनघा राजे अपराधी स्वर में बोली। "दुकान में भीड़ थी और रास्ते में एक सहेली मिल गई।" उसने किसी स्कूली छात्रा की भाँति सफाई पेश की।

"मुझे आपकी ओर से सफाई नहीं मिसेज राजे, सावधानी चाहिए, सावधानी! आपकी बेटी का केस मैंने एक डॉक्टर के नाते तो लिया ही है, पर आपके पति का मित्र होने के नाते भी स्वीकारा है और इसीलिए कहता हूँ, पहले भी आपने इसी तरह...चलो! बाय द वे मिसेज राजे, मैं फिर कहूँगा कि रेणु के लिए आपको अधिक कॉन्शस होने की आवश्यकता है, अधिक सचेत होने की, अधिक सतर्कता की।"

"डॉक्टर साहब, आपके अपने घर ऐसा मरीज होता तो..." अनघा ने कह तो दिया, पर झट सँभल गई, "आइ एम सॉरी डॉक्टर, वेरी सॉरी।"

डॉक्टर पलभर स्तब्ध रहे फिर शांत स्वर में बोले, "मैं आपकी समस्या समझता हूँ, परंतु आखिर माँ होने के नाते आपको ही रेणु को सँभालना है।"

अनघा ने जवाब नहीं दिया, पर आँखों से दो बूँदें टपक पड़ीं। डॉक्टर ने दवाई

लिखी, योग्य सूचनाएँ दीं और चले गए। उनको दरवाजे तक पहुँचाकर अनघा आई और सोफे में धँस गई। अजीब थकान महसूस हुई उसे।

दोपहर का समय हो आया था। अभी खाना भी नहीं खाया था और खाने की इच्छा भी नहीं थी। राजू खेलने चला गया था। अनघा अंदर-ही-अंदर गुस्से से फनक उठी।

इतने में राजू दौड़ता हुआ पानी पीने के लिए आया। आँखें मूँदे पड़ी अनघा ने मानो बंद आँखों से ही उसे देख लिया। उठी और पानी पी रहे राजू की पीठ पर एक चपत मारी।

"कहाँ गया था रेणु को छोड़कर?" वह गरजी।

"यहीं तो था।"

"यहीं कहाँ था? अब झूठ भी बोलने लगा? डॉक्टर कह रहे थे कि जब वह आए, तब रेणु अकेली थी। कितनी बार समझाया तुझे कि मैं घर में न हूँ तो उसे छोड़कर मत जाया कर।" कहते हुए अनघा ने राजू को और दो-तीन थप्पड़ मारे। बाएँ हाथ से उसे अपनी ओर खींचा और उसकी फिर नए सिरे से धुनाई की। राजू रोने लगा, छूटने के लिए छटपटाने लगा, पर अनघा थी कि रुक ही नहीं रही थी। जब हाथ दुखने लगा तब कहीं वह शांत हुई। राजू की पिटाई करने के बाद एक ओर अंदर से सिसकियाँ उभरने लगीं तो दूसरी ओर गुस्सा ठंडा हो गया।

राजू खेल छेड़कर पानी पीने आया था। अब उसे अपनी बारी पूरी करनी थी। जैसे-तैसे चुप हो गया, आँखें पोंछीं और बाहर जाने को मुड़ा।

"अब कहाँ चल पड़ा?"

"अप्पू के घर। मेरी बैटिंग है अब।"

"खाना नहीं खाना?"

"नहीं, मैं नहीं खाऊँगा खाना। रोज-रोज मारती रहती हो। मैं नहीं खाऊँगा खाना।"

"फिर तू रेणु को छोड़कर गया क्यों? पता है, डॉक्टर साहब मुझ पर गुस्सा करने लगे। डाँटा मुझे।"

"माँ, कितने दिन उसे सँभालना होगा? वह तो मरी जैसी पड़ी है।"

राजू के मुँह से ऐसे घिनौने शब्द सुनकर अनघा अंदर तक हिल गई। फिर से उसका हाथ उठा, पर दूसरे ही पल वह रुकी और राजू को अपनी ओर खींचा। मन विह्वल हो गया। व्याकुल स्वर में बोली, "ऐसा मत कह, बेटा! रेणु दीदी चाहिए न तुझे?"

वह एकदम से रुक गया। पीछे मुड़कर माँ को देखता रहा।

''राजू, देख, अपने मित्रों से कह दे कि थोड़ी देर में आता हूँ, और खाना खाकर चला जा। दो-ढाई बज गए हैं। चल।''

राजू को भी अब भूख लगने का अहसास हो रहा था। वह मान गया।

''माँ, दीदी कब ठीक होंगी?'' उसने पूछा।

''भगवान् जाने, बेटा!'' अनघा का स्वर करुण था।

''बताओ ना।''

''मैं क्या बताऊँ! चल, खाना खा लें।'' उसने बात का रुख बदलना चाहा, पर राजू जीवन के कटु सत्य से बेखबर बचपन के भोलेपन से बोलता रहा, ''सच माँ, अब तंग आ गए हैं न हम। सारे दोस्त पूछते हैं। स्कूल में सर भी पूछ रहे थे। सच, मुझे अच्छा नहीं लगता यह सब। माँ, तुम घर में होती हो ना, तब कुछ नहीं लगता; पर जब तुम मुझे अकेला छोड़कर जाती हो न, तब मुझे दीदी से डर लगता है।''

अनघा ने कोई प्रतिक्रिया नहीं दिखाई। मन-ही-मन वह भी डरी-सी थी—पर डर किसका? दरवाजे खड़ी मौत का या उस अनिश्चितता का जो जिंदगी और मौत के बीच खड़ी थी?

राजू ने माँ की ओर देखा। उसकी चुप्पी से डरा-सा बोल पड़ा, ''माँ, रेणु दीदी को हम अस्पताल में क्यों नहीं रखते?''

अनघा के अंतर्मन में टीस उठी। उसकी ओर गौर से देखती हुई बोली, ''कौन पूछता है यह?''

''सभी।''

''फिर तुमने क्या जवाब दिया?''

''यही कि बाबा तो कहते हैं, पर माँ नहीं मानतीं।''

राजू का भोलापन छू गया अनघा को, ''पगला कहीं का! घर की सारी बातें नहीं बताते।''

''फिर क्या कहूँ? सच तो यही है, माँ!''

''हाँ, बेटा! सच यही है।'' अनघा ने निःश्वास लिया और कहती भी क्या? फिर अब रह क्या गया था कहने के लिए?

शाम ढलने को थी। राजू ट्यूशन के लिए गया था। अनघा अनमनी सी गैलरी में आकर खड़ी हो गई। कॉलोनी के महिला मंडल की महिलाएँ श्रीमती मल्होत्रा के घर 'किटी पार्टी' के लिए जा रही थीं। एक की नजर ऊपर पड़ी। अनघा को देखकर

पूछ ही लिया, ''आ रही हैं न, मिसेज राजे?''

''नहीं''बन नहीं पड़ेगा आना।''

''क्यों?''

प्रश्न सीधा था, पर था निरर्थक। अनघा को चिड़चिड़ाहट हुई। गुस्सा भी आया। आखिर कॉलोनी में सबको पता तो था, फिर यह अर्थहीन 'क्यों' किसलिए?

''राजू ट्यूशन के लिए गया है। घर में कोई नहीं है।''

''आज आए नहीं, राजे साहब?''

''दोपहर को आना था। पहुँचे नहीं अभी तक।''

''रेणु कैसी है?'' वही बेतुका, अनावश्यक प्रश्न।

''वैसी ही।''

मानो इस प्रश्न और उत्तर की कोई अहमियत न हो, हँसती-बातें करती वह टोली आगे बढ़ गई। अनघा खीज गई इस सारी परिस्थिति से। उसकी आँखों के समक्ष किटी पार्टी का चित्र उभरा—गप्पें, हँसी-मजाक और जो अनुपस्थित हो उसको उधेड़-बुनकर रखना। आज चर्चा का विषय होगा उसका परिवार—रेणु के लिए सहानुभूति, मिस्टर राजे के प्रति जिज्ञासा और अनघा के लिए अरुचि।

अजीब सी उदासी ने घेर लिया अनघा को। सर्दियों की वह चुप्पी भरी शाम। सूर्यास्त से पूर्व की लंबी, काली छायाएँ कमरे में फैली थीं और उसी अँधेरे में अनघा निगली गई।

उसने बल्ब जलाया। पलंग पर निश्चल पड़ी रेणु की ओर ध्यान गया। 'फीडिंग' का समय हो गया था। उसने हलके हाथों से फीडिंग ट्यूब में दूध उँड़ेला, फिर गीला तौलिया लेकर उसका चेहरा पोंछा, उस पर हलका सा पाउडर लगाया, एक नन्ही सी बिंदी उसके माथे पर चिपकाई और उसे निहारा—माँ की ममता से। लगा, रेणु का चेहरा खिल गया है। कुछ देर पूर्व की मरघट-छाया उसके चेहरे से उड़ गई थी। उसे राहत-सी लगी। आज अविनाश आ रहे थे—पूरे एक महीने के बाद! अनघा को अब खुद को सँभालना होगा, सँवारना होगा।

वह शीशे के सामने खड़ी हो गई। अपने प्रतिबिंब के साथ ही पलंग पर पड़ी रेणु दिखी। रेणु, अनघा की मानो प्रतिलिपि ही थी—वही गोरा रंग, लंबे-घने-काले केश, बड़ी-बड़ी भावपूर्ण आँखें। जो उसे देखता, कहता, 'माँ का रूप लेकर ही आई है बेटी।' और अनघा खिल-खिल उठती, अविनाश का सीना गर्व से फूल जाता। बेटी थी कि घर में खुशियों का भंडार लेकर आई थी। आज वही रेणु मृतप्राय पड़ी थी और वही लावण्या अनघा बूढ़ी लग रही थी। कानों के पास बाल सफेद हो

गए थे। आँखों के इर्द-गिर्द काले दाग पड़े थे। माथे पर दो-तीन गहरी रेखाएँ झुर्रियों का आभास दे रही थीं। उसे याद आया जब मिस्टर मल्होत्रा उसे 'वसंतसेना' कहते थे और श्रीमती मल्होत्रा का चेहरा देखनेवाला होता। मिस्टर मल्होत्रा कहते, 'हमारी कॉलोनी में एक वसंतसेना रहती है, भई!' संस्कृत काव्य के उपासक मल्होत्रा इतना कहकर ही नहीं रुकते बल्कि अन्य कई उपमाओं से उसके सौंदर्य को मढ़ देते और फिर शरारत भरी आवाज में पूछते, 'मिस्टर राजे, कहाँ से उठा लाए भई ऐसी रूप-सुंदर पद्मिनी को?'

मिस्टर राजे भी नहले पर दहला मारते, 'इसे त्रिलोक से ढूँढ़कर लाया हूँ, श्रीमान!'

'आप बुरा तो नहीं मानते?' मिस्टर मल्होत्रा एक दिन अचानक पूछ बैठे।

'किस बात का?'

'यही, कि मैं हमेशा इनकी तारीफ करता रहता हूँ।'

'नहीं तो। भगवान् का दिया रूप है। भगवान् जो चीज खूबसूरत बनाता है, वह काबिले-तारीफ ही होती है, मल्होत्राजी! और आप ठहरे संस्कृत के श्रृंगार-रस से भरपूर काव्य के प्राध्यापक! फिर आप बुजुर्ग भी हैं। आपको अधिकार है।'

'हाँ भई, मैं बुजुर्ग हूँ, इस बात की खुशी होती होगी आपको।'

'सच पूछो तो, हाँ। वह आपको पिता समान मानती है और आप उसे पुत्री समान। इसी में हम सबकी सुरक्षा है न। अन्यान्य विचार मन में आने नहीं देता यह रिश्ता।' मिस्टर राजे बोले।

'ठीक कह रहे हैं आप। मैं सच में उसे बेटी मानता हूँ।'

मल्होत्रा तो क्या, कॉलोनी के अन्य लोग भी उसे देख पल भर को रुक ही जाते। फिर अनघा भी क्या कम चुलबुली थी। नाटकों में अभिनय करती, बैटमिंटन की अच्छी खिलाड़ी थी, संगीत की महफिल में सितार पर साथ देती और भगिनी मंडल में बढ़-चढ़कर काम करती थी। अनघा थी ही ऐसी—उमंगों से भरी, सदा हँसनेवाली, उत्साह से ओत-प्रोत। माँ कहती, 'अनघा बेटी, जरा सँभल के। लड़की की जात, इतना उत्साह मत दिखाओ। लोगों की नजरें आकर्षित हो जाती हैं।' अनघा को इस तरह पँखुड़ी-दर-पँखुड़ी खिलता देख माँ कहती, 'कहीं मेरी ही नजर न लग जाए इसे!' और एक दिन माँ ने सोच ही लिया, 'इस उफनती नदिया को किनारे के संबल की आवश्यकता है। एक सशक्त, समर्थ किनारा!' और तब अविनाश से जीवन-डोर बँध गई।

अनघा इस प्रकार खो गई थी कि वर्तमान काल की कठोर चपेटों का ध्यान ही

नहीं रहा। अचानक ध्यान टूटा तो रेणु की पुकार से! वह झट से गोल घूम गई, पर आभास था। रेणु की ओर देखा। वह क्या बोलेगी या पुकारेगी, जो स्वयं मृतप्राय पड़ी थी? अनघा ने एक गहरा नि:श्वास लिया और बाल सँवारने लगी। अविनाश आते ही होंगे। उन्हें कदापि पसंद नहीं था कि अनघा सजी-सँवरी न रहे। वह आज आएँगे महीने भर बाद, और अपनी मन:स्थिति चाहे जैसी हो, उसे अविनाश के लिए सँवरना ही होगा। वह बाथरूम में गई ही थी कि कॉलबेल बजी और बजती गई। कॉलबेल की अधीरता से समझ गई अनघा कि अविनाश ही होंगे।

अनघा ने दरवाजा खोला। अंदर आते ही अविनाश ने उत्साह की एक लहर बिखेर दी—"अरे! अभी तैयार भी नहीं हुई। मैं तो दोपहर को ही आने वाला था।"

फिर उन्होंने शुरू कर दिया बखान कि आज देर क्यों हो गई। एक वाक्य अभी पूरा हुआ ही नहीं कि दूसरा शुरू हो जाता, "जानती हो, महीने भर बाद आ रहा हूँ। बहुत भूख लगी है। लगता था, कब घर पहुँचूँ। घर का भोजन तो घर का ही है न, उसके बिना भूख नहीं मिटती।" उनके इन वाक्यों के पीछे का अर्थ अनघा ने समझा न हो, ऐसा भला कैसे हो? मन-ही-मन खिल उठी अनघा।

"भूख तो डबल है मुझे। अब मैं हफ्ते भर की छुट्टी पर आया हूँ। ट्रांसफर के लिए अर्जी दी थी, मंजूर भी हो गई; पर मेरा रिलीवर ही नहीं आया। चलो, अब हफ्ता तो हमारा अपना है।"

घर में पैर रखते ही अविनाश ने जो बोलना शुरू किया था कि बोले ही जा रहे थे। अनघा ने पति की ओर देखा—सुंदर, सुडौल शरीर, लंबा कद और चेहरे पर मित स्मित। बोलते हैं तो लगता है, हँस के बोल रहे हों। अब महीने भर की बातचीत करनी थी, इतना सबकुछ बताने को था कि लंबी-से-लंबी चिट्ठी में लिखना भी संभव नहीं था।

"प्याज की सब्जी बनाओगी न?"

"हाँ, जरूर। पर आप तब तक रेणु के पास बैठेंगे?"

यह वाक्य सुनते ही अविनाश के बाथरूम की ओर बढ़े कदम मानो जड़ हो गए। इतनी देर से बातें कर रहे अविनाश ने, रेणु के पिता ने, रेणु के बारे में एक शब्द भी नहीं कहा था। हाल तक नहीं पूछा था, यह बात अनघा को चुभ गई। आजकल जब भी अकेली होती, उसको एक चुभन-सी महसूस होती, जब लगता कि अविनाश स्वार्थी हुए जा रहे हैं। अविनाश का बदलता रुख देख अनघा फिर से मुरझा गई।

"वैसी ही है ना? क्या कहते हैं डॉक्टर?"

"क्या कहेंगे!" अनघा ने उसाँस भरा।

"पर ऐसा कब तक… ?"

"शायद मृत्यु आने तक!"

"कितने अशुभ शब्द और वह भी शाम के समय, अनघा।" अविनाश ने झिड़का।

कुछ कहे बिना ही अनघा रसोई की ओर मुड़ी। अविनाश भी उसके पीछे-पीछे आया, "अनघा, मैं समझता हूँ तुम्हारी मानसिकता। मैं यहाँ नहीं हूँ, रेणु का यह हाल, तुम्हें अंदर-बाहर सबकुछ देखना पड़ता है। ऊपर से तनाव। सब जानता हूँ; पर हाँ, घर आने की खुशी में, अपनी भूख के विचारों में, रेणु का ध्यान ही नहीं रहा शायद! मैं तो उसका पिता हूँ, जन्मदाता! बेटी का हाल जानता हूँ। अब मैं चाहे हफ्ते भर के लिए आया हूँ कि फिर भी इस एक हफ्ते भर तुम आराम करो, थकान-रहित हो जाओ। घर-बाहर सबकुछ मैं देख लूँगा।"

अश्रु-पूरित नेत्रों से उसने पति की ओर देखा।

"चलो, हँस दो अब!"

और आँसुओं के बीच से ही एक हलकी रेखा उसके चेहरे को चमका गई।

□

रात अपनी पूरी जवानी पर थी। दोनों खुश थे। कई दिनों बाद साथ थे। तभी अनघा बोली, "रेणु को देख आती हूँ।"

"अभी? अभी क्यों?"

"अभी क्यों, मतलब? देखना पड़ता है।"

"रोज तो उसी के साथ होती हो ना!"

"ठीक है, पर एक बार जाकर देखना चाहिए।"

"नहीं, अभी नहीं।"

अनघा बेचैन हो गई। रेणु को एक बार देखने के लिए मानो व्याकुल! काफी देर से उसकी चादर बदली नहीं थी, भीग गई होगी। वह वैसी ही पड़ी होगी। उसे जाकर देखना जरूरी है। अनघा का मन छटपटाया।

"जरा रेणु की चादर बदलकर आती हूँ।"

"जाओ, फिर वहीं जाकर सो जाओ।"

"ऐसा क्यों कह रहे हो? रेणु को कुछ भी तो समझ नहीं है।"

"यही तो मैं कह रहा हूँ। चादर गीली हो चाहे न, अब बदलो या चार घंटे बाद। उसके लिए एक ही जैसा होगा।"

"यह क्या कह रहे हैं आप! उसे न सही, हमें तो समझ है न, संवेदना है न!"

"कहा न, जाओ और वहीं सो जाओ।" अविनाश ने उसे झिड़का। उसका सारा उत्साह जाता रहा। वह क्षण भर के लिए झिझकी और फिर रेणु के कमरे की ओर मुड़ी। चादर भीग गई थी। रेणु को जरा सा खिसकाकर चादर बदलनी थी, पर अनघा यह भी करने में कतराई। रेणु क्योंकर विधि की विडंबना बनकर आई है, यह विचार उसके उदास मन को छू गया। हलके नीले प्रकाश में रेणु का चेहरा दमक रहा था। बालों की एक लट माथे पर आ गिरी थी। होंठ मानो बात करने को खुलना ही चाहते हों। अनघा ने एक बार बेटी को करुणा से निहारा, धीरे से बालों की लट पीछे की, चादर ऊपर तक ओढ़ाई और अपने कमरे की ओर गई। अविनाश दीवार की तरफ मुँह फेरकर सोए थे। न तो उनसे बात करने का मन हुआ अनघा का, न ही यह जानने का कि वह सचमुच सो गए हैं या बहाना बना रहे हैं। वह चुपचाप जाकर लेट गई।

अनघा के मन में उसी क्षण अनेक प्रश्न उभरे और प्रश्न-चिह्न बनकर रह गए—'रेणु क्या केवल मेरी बेटी है? केवल मेरी ही जिम्मेदारी? जब से अविनाश आए हैं, रेणु के पास क्षण भर को भी तो नहीं बैठे। चिट्ठी में तो इतनी चिंता जताते हैं, पर प्रत्यक्ष में जब आ पड़े तब?···तब इतना सरल तो नहीं जिम्मेदारी लेना।' अविनाश के प्रति अनघा के मन में वितृष्णा भर आई।

वह सारी रात बेचैन रही। वैसे भी रेणु के लिए इतनी बार उठना पड़ता था कि अब नींद हमेशा उचटी-उचटी ही रहती। अविनाश के लिए भी उसे बुरा लग रहा था। वह आए हैं इतने दिनों बाद उत्साह, उमंग, प्यार की ऊष्मा लेकर और उसने स्वयं उनके उत्साह पर पानी फेरा है, इसका भी रंज हुआ। अविनाश की उस ऊष्मा की चाह उसमें भी तो है। वह भी उसके साथ एकरूप हुआ चाहती है। पर···

वह समझ नहीं सकी कि क्योंकर उसमें इतना बदलाव आया—न कोई चाह रही है, न ही स्वस्थता। मन उचाट-सा हो गया है, कहीं भी स्थिर नहीं रहता। न जाने कब तक इस भँवर में फँसे रहना है। अस्तित्व होते हुए भी अस्तित्व-शून्य रेणु···और उसके इर्द-गिर्द घूमता हमारा अस्तित्व, उसका मोहपाश हमें और भी जकड़ रहा है।

आजकल अनघा को स्वप्न भी पड़ते हैं तो अजीब से और भयानक। एक दृश्य था, जिसमें उसने स्वयं रेणु का गला घोंट दिया था। इतना कसकर कि रेणु के मुँह से कोई शब्द नहीं निकला, केवल उसकी गरदन एक ओर लुढ़क गई। 'रेणु छूट गई इस जंजाल से और मैं भी' कहती हुई अनघा ठहाका मारकर हँस पड़ी, फिर नाचने लगी। उसके नृत्य के साथ बेशुमार नूपुरों की झंकार वातावरण में गूँज गई।

रेणु वैसी ही पड़ी थी और अनघा नाच रही थी। पाँव थक गए थे, पर वह नाच रही थी। मुक्त होने का आनंद लूट रही थी।

दृश्य बदलता है। अब अनघा के हाथ में एक बड़ी तलवार है, जिससे वह रेणु को नोचती है। रेणु लहूलुहान होकर निढाल-सी पड़ी है। वह तलवार हाथ में लिये अनघा घर से निकलती है और किटी पार्टी के लिए एकत्रित हुई कॉलोनी की स्त्रियों की ओर लपकती है। उन्हें डराकर अनघा हँसने लगती है एक भयानक हँसी, जिसमें तांडव की ताल व काल की भयावहता है और उस हँसी के साथ ही दृश्य फिर बदलता है।

अब अविनाश रेणु को घसीटता हुआ जाता है। अनघा रेणु के पीछे भागती हुई चीखती-चिल्लाती है। अविनाश रेणु को बाँहों में उठाकर कुएँ में फेंक देता है। मुक्तता का आनंद उसके चेहरे पर झलकता है। फिर रोती-बिलखती अनघा की ओर मुड़कर, 'तुम्हें भी···फेंक दूँ, तुम्हें भी कुएँ में···!'

इन शब्दों के साथ ही अनघा उठ बैठी। पूरा शरीर पसीने से तर-बतर हो गया था, गला सूख गया था। घड़ी देखी, पाँच बजे थे। तभी याद आया, कल रात अविनाश आए थे। उसने मुड़कर अविनाश को टटोलना चाहा, पर वह पलंग पर थे ही नहीं। अनघा आशंका से काँप उठी। कहते हैं, सुबह के सपने सच होते हैं। कहीं सच में अविनाश···वह पसीना-पसीना हो गई। निढाल शरीर को जैसे-तैसे घसीटते हुए वह रेणु के कमरे की ओर भागी। और देखा—

रेणु को दोनों बाँहों में उठाए अविनाश खड़े हैं, ठीक वैसे ही—

वह चीखी, "नहीं···नहीं, रेणु को इस तरह मत ले जाओ!" और उसने लपककर अविनाश की टाँगों को जकड़ लिया। "नहीं, मत फेंको इसे।" उसका आक्रोश सुबह की शांतता को चीर गया।

राजू भी घबराकर उठ आया। माँ की ओर मुँह बाए देखने लगा।

"यह क्या कर रही हो, अनघा? मैं रेणु को दूसरी पलंग पर सुलाने जा रहा हूँ। चादर बदलनी है न। उठो! यह क्या पागलपन है। मेरी टाँगें क्यों पकड़ रखी हैं और यह सुबह-सवेरे रोना? क्या है यह सब?"

अनघा ने स्वयं को सँभाला। जैसे-तैसे उठकर राजू के पलंग पर बैठ गई। राजू ने कंबल ओढ़ा और फिर सो गया। अविनाश ने रेणु की चादर बदली और उसे सावधानी से लिटाकर उस पर कंबल ओढ़ा दिया। फिर अनघा की ओर देखकर मुसकराया, "पगली कहीं की!"

अनघा ने उसाँस भरा—कुछ तसल्ली का, कुछ अपने पर शर्मिंदगी का,

"क्या करूँ, आजकल बड़े अजीब-अजीब सपने आते हैं।" वह झेंपती हुई बोली।

"तुम बहुत चिंता करती हो, अनघा। तुम्हारी मनःस्थिति मैं समझता हूँ। तुम्हारी जान उसमें अटकी है; परंतु इस तरह नियंत्रण छोड़ देना भी ठीक नहीं। तुम माँ हो, तुम्हारा मन क्या सहता होगा, इसकी मैं कल्पना कर सकता हूँ। फिर भी, इतनी बेचैन भी मत होओ कि ये सपने तुम्हारी मानसिकता को छिन्न-भिन्न कर दें।"

"क्या करूँ, तुम ही बताओ? पोथी-पुराण, देव-धर्म, व्रत-उपवास, मन्नतें और विभूतियाँ सबकुछ कर चुके हैं। डॉक्टर और दवा-दारू भी शुरू है। यश नहीं मिला किसी से।"

"हमारा दुर्भाग्य है, और क्या!"

"अधर में लटके इस जीवन ने बड़ा सदमा पहुँचाया है। आज कैसे-कैसे भयानक सपने देखे मैंने।" और उसका गला भर आया।

"मुझे यही तो डर है, अनघा, कि रेणु को सँभालते-सँभालते कहीं तुम ही मत बिखर जाना।"

"सच, बहुत बिखर गई हूँ मैं।" और अनघा के गले में रुलाई फँस गई।

"सच कहूँ, अनघा!" अविनाश गंभीर स्वर में बोले, "तुम मानती नहीं हो, पर रेणु को अस्पताल में भरती करना ही बेहतर होगा। वहाँ अच्छी देखभाल होगी। ऐसे में इसे कितने दिन घर में रख सकते हैं! मेरी बात कठोर लगेगी, किंतु है वास्तविकता। देखो, हमारा अपना जीवन है। मेरी नौकरी तबादलेवाली है। तुम्हें अपनी ओर तथा राजू की ओर ध्यान देना है। इस तरह बँधकर भी तो जीवन नहीं जिया जा सकता।"

अविनाश ने और डॉक्टर ने कई बार अनघा को समझाया था कि रेणु को अस्पताल में दाखिल करना ही बेहतर होगा। पर वह नहीं मानी। कई कारण थे—एक तो रेणु के लिए अपार ममता, जो उसे अकेले अस्पताल में छोड़ने नहीं देती थी। फिर खर्चे का भी प्रश्न था।

उधर अविनाश के तर्क को भी वह मानती थी, उसकी अहमियत समझती थी। पिछले आठ महीनों से वह कहीं आई-गई नहीं। बस काम से ही बाहर जाना होता था। अविनाश छुट्टी आते थे तब भी रेणु को छोड़कर उनके साथ कॉलोनी में भी नहीं जाती थी। राजू के स्कूल में वार्षिक उत्सव में भी वह नहीं गई। राजू को कई पुरस्कार मिले थे। माँ के न आने से वह बहुत निराश हुआ था, पर वह करे भी क्या? जीवन पूरा रेणुमय हो चुका था। कभी-कभी रेणु पर भी क्रोध आता, मनुष्य की

निःसहाय परिस्थिति से रंज होता। वह रो पड़ती थी। आँसू बहाकर चुप हो जाती।

"अनघा, मैं क्या कह रहा हूँ, समझ रही हो न?"

अविनाश के शब्दों से वह चौंककर सुध में आ गई।

"अनघा, यह निर्णय शीघ्र ही लेना पड़ेगा। सोच लो।"

"पर फिर···" अनघा के शब्द रुक गए। अविनाश ने उसे थपथपाया।

सुबह हो गई थी। आज अविनाश की उपस्थिति के कारण उसे काफी राहत महसूस हो रही थी।

"चाय बनाकर लाऊँ!" उठते हुए अनघा बोली।

अविनाश ने रोका, "नहीं। बैठो दो घड़ी। हमारे पास एक हफ्ता है। इसी दौरान रेणु को अस्पताल भेजने का निर्णय लेना ही होगा।" अविनाश ने उसे रोकते हुए कहा।

अनघा की आँखें नम हो गईं। दिल पर मानो पत्थर रखकर बोली, "कोई और चारा नहीं है क्या?"

"अब तुम ही बताओ, क्या उपाय है?"

"खर्चे का क्या होगा? अब दो जगह का खर्चा है—यहाँ हमारा और वहाँ आपका। फिर साथ में अस्पताल का।"

"ट्यूशन लेना शुरू कर दो।" अविनाश ने सुझाव दिया।

"अब इस समय कहाँ मिलेंगे विद्यार्थी?"

"पहले अपने मन से पूछो। तुम्हारा मन तैयार हो तो सैकड़ों रास्ते खुलेंगे।"

अनघा का मन दुविधा के दोराहे पर खड़ा था—न तो रेणु को अस्पताल में छोड़ने को राजी था, न ही अविनाश के तर्क को टालने को तैयार था। उसने एक बार अविनाश की ओर कातर नजरों से देखा और बड़ी मुश्किल से रुलाई रोककर बाथरूम की ओर लपकती हुई बोली, "डॉक्टर की सलाह ले लो।" और अंदर से दरवाजा बंद करके रोती रही।

दस बजे के करीब डॉक्टर आए। आज अनघा को लग रहा था, डॉक्टर न ही आएँ तो अच्छा। उनके आते ही अविनाश ने आतुरता से पूछा, "डॉक्टर, एनी इंप्रूवमेंट?"

"ओनली गॉड नोज़।"

"आपका क्या कहना है? कोई आशा?"

"मैं क्या कहूँ और आशा··तो जब तक मरीज में जान बाकी है तब तक आशा भी होती है और प्रयत्न भी।"

"हाँ, सच है! पर डॉक्टर, मुझे अनघा की भी चिंता है। वह घुल रही है और लगातार टेंशन में है। आप कहते हैं, वह कोमा से उठ सकती है और नहीं भी। हो सकता है, यह आखिरी स्टेज हो। इतनी अनिश्चितता...बड़ा कठिन है।"

"ऐसी परिस्थिति का कोई इलाज भी तो नहीं, मिस्टर राजे। हाँ, अस्पताल में रखो तो घर की टेंशन कुछ हद तक दूर हो सकती है। वहाँ देखभाल भी सही होगी। अब आठ महीने हो गए हैं। अब तक कोमा से उठना संभव नहीं लगता।"

अनघा के आँसू लगातार बह रहे थे।

"मिसेज राजे, सत्य को स्वीकारने के लिए मन को तैयार रखना होगा अब।" डॉक्टर ने बड़ी सहजता से कहा।

अनघा चुप रही। अविनाश ने बात आगे बढ़ाई, "अच्छा डॉक्टर, यह बताइए कि क्या अस्पताल में दाखिला मिलेगा?"

"मिलेगा, अवश्य मिलेगा। और मिसेज राजे, आप निश्चिंत रहें, वहाँ अच्छी देखभाल होगी।"

डॉक्टर चले गए। कल रेणु को लेने एंबुलेंस आएगी और अनघा का मन जार-जार रो उठा। अविनाश ने कहा, "चलो, रेणु अब अस्पताल में होगी, तुम्हारी भाग-दौड़ कुछ कम हो जाएगी। फिर हफ्ता भर मैं भी यहाँ हूँ।"

शाम को अनघा ने रेणु का चेहरा पोंछा, उसे क्रीम-पाउडर लगाया। एक नन्ही सी बिंदी उसके माथे पर लगा दी और रेणु का चेहरा प्रसन्न-सा दिखने लगा। अविनाश दूर बैठे देख रहे थे। उनकी आँखें भर आईं। इतनी प्यारी बच्ची और यह सब क्या हो गया? अविनाश को याद आया, जब नन्ही रेणु इस घर में आई थी। कितनी सुंदर थी बच्ची। अविनाश की माँ तो बार-बार कुर्बानियाँ लेती थी और अविनाश ने कई बार अनघा से कहा होगा, 'अनघा, बेटी को तुमने अपने रूप का वारिस बनाया है। सच!'

रेणु दस महीने की थी। सहारे से खड़ी होकर नन्हे-नन्हे कदम उठाना चाहती थी। कभी गिरती, कभी उठती, कभी रोती और एक दिन इसी तरह खड़ी हुई और गिर गई। अविनाश ने देखा और बोले, 'देखो अनघा, भगवान् की माया, बच्चे कितनी बार गिरते-उठते हैं। चोट भी लगती होगी, पर फिर खेलने लगते हैं।'

किंतु उस दिन अजीब सी बात हुई। रेणु गिरी, पर न रोई, न उठी, न हिली। शरीर अकड़ गया। घबराकर डॉक्टर को बुलाया और उन्होंने मानो बम फेंका, 'मिस्टर राजे, बिटिया को दौरा पड़ा है।'

दोनों को काटो तो खून नहीं। डॉक्टर ने आश्वासन दिया, पर लगा जैसे वह

उनका मन रखने को कह रहे हैं कि 'चिंता की कोई बात नहीं।'

इसके बाद फिट्स आते रहे। रेणु का चेहरा लाल हो जाता, आँखें पथरा जातीं और मुँह से झाग निकलता। कई उपचार किए, पर व्यर्थ। जैसे-जैसे समय बीतता गया, दौरों का सिलसिला भी बढ़ता गया।

रेणु स्कूल जाने लायक हुई तो प्रश्न उठा, उसे स्कूल छोड़ने और वापस लाने के लिए क्या किया जाए? अनिवाश का तबादला दूसरे शहर में था। अनघा बोली, 'स्कूल तो भेजना ही है न। मैं सारा सँभाल लूँगी—उसे पहुँचाना, लाना, उसका होम वर्क, सब!'

'तुम कोई मशीन हो क्या, अनघा?' अविनाश ने सहानुभूति जतलाई।

'तो क्या हुआ, बेटी के लिए इतना करना कोई बड़ी बात नहीं।'

अविनाश मुसकरा दिए।

'तुम्हारी सितार, नाटक, भगिनी मंडल—यह सब कैसे सँभालोगी?'

'यह सब शौक हैं, कर्तव्य नहीं। रेणु के आगे सब तुच्छ! सब छोड़ सकती हूँ मैं।' अनघा जिद से बोली।

'कहना आसान होता है, अनघा।'

'मैं करके भी दिखाऊँगी।'

'सोच लो। हो सके तो देखभाल के लिए कोई आया रख लेते हैं। तुम अपनी ट्यूशन्स आदि उसी तरह जारी रखो।'

'छी! पैसे के लिए मैं बेटी की अव्यवस्था नहीं होने दूँगी और मैं रेणु को किसी के भी हाथों नहीं सौंप सकती। जब तक माँ जी थीं तब तक ठीक था। अब मैं स्वयं करूँगी।'

'देखो, तुम जिद कर रही हो। थोड़ा व्यावहारिक होकर सोचो, अभी हमारे भी आनंद करने के दिन हैं। दोनों की कमाई होगी तो अच्छा खा-पी और रह सकते हैं, अपने निजी शौक पूरे कर सकते हैं।'

'आपको कमाई और पैसे के सामने, अपनी मौज-मस्ती के आगे…'

अभी अनघा जरा आवाज चढ़ाकर बोली ही थी कि अविनाश बड़े शांत स्वर में बोले, 'मैं तुम्हें बस यही कर रहा हूँ कि भावुक होकर आज़ गलत निर्णय लोगी तो कल कहोगी, मेरी जिंदगी जाया गई।'

'नहीं कहती। स्टांप पेपर पर लिखकर दूँ?' और दोनों का विवाद कड़वाहट के साथ बंद हुआ।

अनघा ने रेणु की पूरी जिम्मेदारी अपने ऊपर ले ली और वह उसमें समा गई।

अच्छी देखभाल, प्यार और दवाइयों से रेणु में काफी अंतर हुआ। दौरे पड़ने न के बराबर हो गए। देखते-देखते वह पाँचवीं कक्षा में पहुँच गई। पढ़ाई में हमेशा आगे। सबने अनघा को सराहा। अविनाश की खुशी का तो ठिकाना नहीं था।

तब रेणु छठी कक्षा में थी। वार्षिक परीक्षा का नतीजा आया और रेणु घर आकर नाचते हुए माता-पिता को बता रही थी कि छठे वर्ग के छहों सेक्शन्स में वह प्रथम रही थी और वह आनंद इतना था कि शायद रेणु उसे सँभाल न पाई। एकदम जो गिरी तो सिर दीवार से जा टकराया। रेणु की आरती उतारने के लिए अनघा थाली लेकर आई थी। वह डगमगाने लगी। नन्हा राजू घबराकर उसकी टाँगों से चिपट गया।

उस दिन रेणु का बदन अकड़ा नहीं, मुँह से झाग भी नहीं निकला, पर वह होश में नहीं आई। अविनाश-अनघा पर मानो वज्रपात हुआ।

'मिस्टर राजे, रेणु के केस ने अब बहुत भयानक मोड़ ले लिया है। वह कोमा में चली गई है।' डॉक्टर ने देखते ही कहा।

'अब वह उठेगी कब?'

'इसी क्षण, अगले क्षण या शायद...।'

'शायद क्या, डॉक्टर?' अनघा ने अधीरता से पूछा।

'शायद—शायद कभी नहीं।'

'नहीं!' अनघा चीख पड़ी। सारा वातावरण थरथरा गया और अनघा के जीवन का अंधकारपूर्ण अध्याय शुरू हो गया। अविनाश दो महीने छुट्टी पर रहे, पर रेणु की हालत में कोई बदलाव नहीं आया। अनघा उसे अस्पताल में भेजने को कदापि नहीं मानी और मृतप्राय पड़ी बेटी को देखती अनघा खुद जिंदा लाश की भाँति हो गई।

अब आठ महीने हो चुके थे। रेणु अधर में लटकी थी और उसके साथ ही उसका परिवार भय, आशंका और अनिश्चितता के दौर से गुजर रहा था।

आज भी अनघा बेचैन थी। उसे अस्पताल भेजने का निर्णय योग्य होते हुए भी अनघा का माँ का मन मान नहीं रहा था। रात भर वह सो न सकी। सुबह की वह कठोर निर्णय की घड़ी आए ही न तो! तो क्या? क्या चाहती थी अनघा?

तभी अविनाश बेचैनी से उठ बैठे, "अनघा, मैं भी उसे अपने से दूर, अस्पताल में भेजना कहाँ चाहता हूँ! अस्पताल की भीड़ में किसी कोने में पड़ी रेणु का चित्र सहन नहीं होता, अनघा।"

और दोनों की अश्रुधाराएँ मिलकर एक हो गईं—माता-पिता का साझा दुःख।

कुछ सँभलकर अविनाश बोले, "क्या कहें तकदीर के खेल को! कितनी सुंदर एवं होशियार बच्ची और क्या भाग्य लेकर आई। अब न जीवन है, न मृत्यु! सच, मर्सी डेथ कानूनन हो तो…"

"मत कहो ऐसा!" अनघा चीखी, "पिता हैं आप उसके!"

"उसके कष्ट देखे नहीं जाते।"

"या अपनी असुविधा?" अनघा ने कटुता से कहा, "कितने स्वार्थी हैं आप!"

"तुम समझने की कोशिश नहीं कर रही हो, अनघा।"

"सब समझती हूँ।"

आधी रात की निस्तब्धता और गहरा गई। दोनों अपने-अपने दुःखों को समेटकर पड़े रहे।

सुबह आ गई—वही सुबह, जिसका भय अनघा के मन में समाया था। उसने पानी गरम किया और रेणु को स्पंज किया। कपड़े बदले। लाल फूलों के गाउन में उसका सजा-सँवरा रूप खिल उठा।

'अब, इसी क्षण यह जाग जाए तो!' अविनाश के मन में एक विचार कौंध गया। फिर निराश होकर मन कहा उठा, 'चमत्कार हमारे लिए नहीं होते।'

उधर अनघा अविरत पुकार रही थी अपने भगवान् को, कभी अजामिल की याद दिलाती तो कभी गजेंद्र मोक्ष की! लगता जैसे भगवान् भी कठोर हो गया हो, कान बंद करके बैठा हो।

दस बजे। एंबुलेंस आ गई। देखते-देखते कॉलोनी में बात फैल गई कि आखिर रेणु को अस्पताल में भरती किया जा रहा है। लोगों ने खिड़कियों से चोरी-छिपे झाँकना शुरू किया। अनघा की आँखों से आँसुओं की धार बह चली। अविनाश ने रेणु को उठा लिया—ठीक वैसे ही जैसे सपने में अनघा ने देखा था।

"नहीं!" वह आक्रोश कर उठी और निढाल-सी बैठ गई।

तभी अविनाश को लगा, रेणु के होंठ हिले हों, उसने आँखें खोली हों।

"डॉक्टर!" वह चिल्लाया।

रेणु ने आँखें खोलीं, इतनी सहजता से कि लगा, अभी नींद से जागी हो। अनघा की आँखों से अश्रुधारा बहने लगी। रेणु को चूमने लगी, दिल से लगा लिया। अविनाश ने रेणु के सिर पर हाथ फेरा और अनघा की ओर मुड़कर रुँधे कंठ से बोले, "अनघा, तुम्हारे व्रत, पूजा-पाठ सफल हुए। लोग पुत्र-कामेष्टि यज्ञ करते हैं, तुमने भी आठ महीने यज्ञ किया है रेणु के पुनर्जन्म के लिए। आज हम दोनों को

सबकुछ मिल गया।''

एंबुलेंस वापस भेज दी गई। आए हुए पड़ोसी खुश होकर चले गए। अनघा ने रेणु की ओर देखा, ''बेटी, जानती हो, कितने महीने तुम सोई रहीं?''

रेणु की आँखों में प्रश्न उभरा। उसने आश्चर्य से देखा।

''याद है तुम्हें, जब तुम्हारा रिजल्ट आया था और तुम नाचती-फुदकती घर आई थीं। फिर क्या-क्या हुआ, याद है?''

रेणु के चेहरे पर प्रश्नचिह्न कायम थे।

अविनाश आगे बढ़े, 'इसे सुनाई नहीं दे रहा है या स्मरण-शक्ति खत्म हो गई है?' अविनाश के मन में कोहराम मच गया।

''रेणु, कुछ याद है?''

रेणु ने गरदन हिलाकर 'नहीं' कहा।

''रेणु क्या याद है तुम्हें? तुम्हारा नाम याद है? ये घर? माँ-बाबा? राजू?''

रेणु ने गरदन हिलाकर 'हाँ' कहा।

''गरदन मत हिलाओ। बोलो, बोलो, रेणु!'' अविनाश के स्वर में आक्रोश था।

रेणु गरदन झुकाकर बैठी थी।

''क्यों नाराज होते हो?'' अनघा ने अविनाश को पीछे हटाया, ''बच्ची इतने महीनों बाद जागी है, घबरा गई है। आ जाएगा याद धीरे-धीरे। आप शांति से काम लो।''

''शांति से! नियति ने कितना बड़ा उपहास किया है हमारे साथ, जानती हो?'' उनकी आवाज में क्रोध, निस्सहायता, दुःख का एक विचित्र मिश्रण था।

''रेणु, बेटी! मैं जो कुछ कह रहा हूँ, समझ रही हो न?''

रेणु ने गरदन हिलाई।

''तो बोलो। मुँह से जवाब दो, गरदन से नहीं। बोलो, रेणु! बोलो—माँ, बाबा! बोलो राजू!''

अनघा के प्राण कानों में आ गए थे उसके शब्द सुनने के लिए। पर रेणु होंठ हिलाकर रह गई। मुँह से शब्द फूटे ही नहीं।

वह समझ गए कि बेटी के जीवन के पिछले बारह वर्ष बिलकुल मिट गए थे। स्मरण-शक्ति पूरी तरह चली गई थी। अनघा के आँसू भरे नेत्रों को पोंछते हुए अविनाश ने उसे समझाया, ''पगली, रोते नहीं। रेणु जाग उठी है, यह आनंद का दिन है। हम उसका पुनर्जन्म दिन मनाएँगे। चलो, उठो!''

''पर वह बोलती नहीं है, समझती नहीं है।''

''विज्ञान ने इतनी प्रगति की है। उसमें अवश्य कोई उपाय मिल जाएगा। हम रेणु के लिए बढ़िया-से-बढ़िया उपचार करेंगे। हम दोनों परिश्रम करेंगे और इस कली को पूरी तरह खिलने में मदद करेंगे।''

रेणु हँस पड़ी। दोनों ने चौंककर देखा। किसी चमकती चाँदनी-सी लग रही थी रेणु!

रेणु हँसी और हँसते-हँसते फिट् आकर फिर लुढ़क गई।

पर यह मूर्च्छा थी, कोमा नहीं। आज लग रहा था, यह तो छोटी बीमारी है। अनघा रेणु को सँभाल रही थी।

''अब नए सिरे से हिसाब करना पड़ेगा कि क्या-क्या किया जाए रेणु के लिए! परंतु सबसे पहले आज ही हम इसका जन्मोत्सव मनाएँगे।''

अनघा अपने पति का एक अनोखा रूप देख रही थी। जीवन-संघर्ष नए सिरे से शुरू हो गया था—अनघा और अविनाश के लिए।

□

वे दोनों

फाटक पर ही रिक्शा रुकवाकर संपदा उतरी। लंबा-चौड़ा लकड़ी का गेट खोलकर दरवाजे तक गई। बूआजी नहीं होंगी तो बस उलटे पाँव नागपुर लौट जाऊँगी, वह सोच रही थी; पर आँगन में ही बूआजी दिख गईं। क्षण भर आँखें मूँदकर संपदा ने भगवान् को धन्यवाद दिया और फिर आगे बढ़कर बोली, ''बूआजी, मैं संपदा···!''

बूआजी खिलखिलाकर हँसीं, ''संपदा! आ बेटी, आ।''

संपदा को उनका हँसना कुछ अटपटा-सा लगा।

''सामान लेकर आती हूँ।'' कहती हुई वह गेट की ओर बढ़ी। लौटी तो बूआजी आँगन में नहीं थीं। कॉलबेल बजाई तो दरवाजे के पीछे खड़ी बूआजी हँसती हुई बाहर आईं।

''मुझे बहुत अच्छा लगता है, जब कोई बेल बजाता है तो। किसी के आने का संकेत। वैसे कौन आता है यहाँ! फिर कभी-कभी मैं ही बेल बजाती हूँ।'' बूआजी बोलीं और फिर बोलती ही रहीं।

उनका बोलना खत्म नहीं होगा, यह जानकर संपदा बीच में ही बोली, ''यहाँ भिलाई नगर आई थी तो सोचा, रायपुर निकट ही है, आपसे क्यों न मिलती चलूँ!''

''अच्छा किया।''

''पर गरमी बहुत लगी।''

''अरे बेटी, अब हमें कहाँ गरमी लगती है! बूढ़ी हड्डियाँ ठंड नहीं बरदाश्त कर सकतीं। मैं और इंदु दरवाजा बंद ही रखते हैं।''

''इंदु ताई?''

''हाँ, हम दोनों ही हैं।''

संपदा इंदु ताई को लगभग भूल ही चुकी थी।

बूआजी एक पैर घसीटते हुए अंदर गईं और बच्चे के-से उल्लास से बोलीं,

"इंदु, संपदा आई है।"

अंदर से कोई खास प्रतिक्रिया नहीं आई। केवल रामरक्षा-स्तोत्र की अस्पष्ट-सी बड़बड़ाहट आ रही थी।

"कम दिखता है उसे और सुनाई भी कम देता है।" बूआजी बाहर आकर बोलीं। "उम्र का तकाजा है, बेटी! तू पंद्रह साल पहले मिली थी न, तब रिटायर होकर आई थी। याद है?"

संपदा को बूआजी की स्मरण-शक्ति पर आश्चर्य हुआ। उस समय कितनी जवान दिखती थीं बूआजी और अब, मानो किसी ने निचोड़ लिया हो।

इंदु ताई चींटी की चाल से आईं। बहुत बूढ़ी हो गई थीं।

"हम अब बूढ़ी हो गई हैं, संपदा! इंदु दस साल बड़ी है मुझसे।" मानो बूआजी ने संपदा के विचारों को पढ़ लिया था, "अब मुझे ही देखो, कलाई की हड्डी टूट गई। कितना समय अस्पताल में रही। मेरी हड्डियों ने मानो मेरे खिलाफ युद्ध छेड़ दिया है!"

बूआजी का केतकी वर्ण झुर्रियों से काला पड़ गया था। आँखों के नीचे काले गोलार्ध थे। किसी समय लाखों में एक दिखनेवाली बूआ अब निस्तेज हो गई थीं।

इंदु ताई लेट गई थीं दीवान पर।

"क्या इंदु ताई ठीक नहीं हैं?"

"ठीक है, पर अब हमसे ज्यादा देर बैठा नहीं जाता। इंदु तो खाना भी खाती है चिड़िया जैसा। पर बोलती बहुत है।"

संपदा को हँसी आ गई। कौन ज्यादा बोलता है, यह अनुमान लगाना कठिन नहीं था।

खाने का नाम सुनते ही संपदा को भूख का एहसास हुआ। भिलाई नगर से सुबह की चली थी। रायपुर पहुँची तो बूआ के घर का पता याद ही नहीं आया। कई घंटे घुमाया रिक्शावाले को। एक आदमी से पूछताछ की तो उसने लेक्चर पिलाया, 'जिस गाँव का रास्ता मालूम न हो वहाँ औरत जात के लिए घूमते रहना समझदारी नहीं है।'

कितने सालों बाद आई थी! तब आनंद नगर शहर से दूर लगता था और अब शहर के बीच में है। कितना फैल गया है रायपुर! कैसे समझाए इन लोगों को कि बूआ से मिलने की कैसी ललक थी!

बाहर शाम ढल रही थी। कमरों में अँधेरा छाने लगा था। संपदा ने गौर किया। कभी इस कमरे की दीवारों पर गहरा गुलाबी रंग था। उसकी पपड़ियाँ निकल गई थीं। जहाँ रंग बाकी था, वह मैला हो गया था।

"तुम चाय पीती हो न, संपदा?"

"पीती तो हूँ; पर मैं बना लूँगी।"

"वाह भई, यह कैसे हो सकता है? तुम मुद्दत के बाद आई हो। बस बैठो और हमसे बातें करो।" कहती हुई बूआजी उठीं। फिर इंदु ताई के पास जाकर कान में जोर से बोलीं, "संपदा आई है, इंदु।"

अब इंदु ताई ने कुछ हलचल की। "कब आई?" आवाज में जोर था।

"भिलाई नगर आई थी। काम था। सोचा, आप लोगों से मिल लूँ।"

इंदु ताई की समझ में कुछ आया या नहीं, जानना कठिन था। आँखों में कुछ भी भाव नहीं थे। इतने में एक हाथ में ट्रे और दूसरे में पानी का गिलास पकड़े बूआजी लड़खड़ाती-सी आईं। संपदा ने उठकर उनके हाथ से ट्रे थामी।

"चाय में चीनी ठीक है न, संपदा? चिवड़ा खा, मैंने स्वयं बनाया है।" आदि ताकीदें बूआजी दे रही थीं।

तभी इंदु ताई की जोरदार आवाज आई, "नंदिनी, जब हम दोनों अस्पताल में थीं तो तू कितनी चाय पीती थी, है न! और मैं डाँटती थी, याद है?"

"हाँ, याद क्यों नहीं होगा! एक दिन सोलह कप चाय पी मैंने। तुम्हें बताया तो कॉरिडोर में ही तुमने मेरा कान पकड़ा और उसी समय डॉ. मेहता सामने से आए। क्या कहा था उन्होंने? आया याद?"

" 'कान पकड़ने का मौका आपको मिला, इंदु प्रधान। मुझे मिला होता तो…' सच नंदिनी, कितने हैंडसम और दिलदार थे डॉ. मेहता! उन्होंने तीन बार पूछा…।"

तभी नंदिनी बूआ ने इंदु ताई को रोका, "मत बता, मत बता यह सब। जो होना नहीं था, नहीं हुआ। कुछ लोग जीवन में बहुत देर में आते हैं। तब लगता है, यह व्यक्ति जीवन में पहले ही मिलते तो…तो जीवन का कुछ अर्थ होता! देर से आए ये व्यक्ति उथल-पुथल मचा देते हैं, वर्तमान अस्वस्थ कर देते हैं।"

"नहीं नंदिनी, ऐसा नहीं है। जो व्यक्ति ठीक समय पर ही जिंदगी में आए होते हैं, वे वर्तमान को सार्थक करते हैं, सुनहरे भविष्य का मार्ग दिखाते हैं; परंतु हमारा ही मन परंपरा और नीति के धागे पकड़कर बैठता है।"

"सच है, इंदु।" बूआजी ने एक दीर्घ निःश्वास लिया और दोनों बाहर के अँधेरे को देखने लगीं। तभी घड़ी ने ठोके दिए और बूआजी लगभग चिल्ला पड़ीं, "चल इंदु, समाचार का समय हो गया। तुम रोज ही देर कर देती हो। मुझे समाचार से पहले का म्यूजिक अच्छा लगता है और तुम हो कि बोलती रहती हो।"

दोनों उठीं। बूआजी ने टी.वी. लगाया। फिर उनका ध्यान संपदा की ओर

गया, ''लो, भूल ही गई थी तुम्हें संपदा। रोज हम दोनों ही होती हैं न!''

संपदा क्या कहती? टी.वी. पर चित्र ऊपर-नीचे नाच रहा था, धुँधला भी था। केवल आवाज थी। फिर भी दोनों सबकुछ भूलकर टी.वी. पर नजर गड़ाए बैठी रहीं। देखकर संपदा का मन अस्वस्थ हुआ।

''इंदु, तेहरान में आए भूकंप में जो लोग मारे गए न, वही न्यूज आज देंगे शायद!''

''रोज क्या वही समाचार आएगा? अरे नंदिनी, रोज ही दुनिया में सैकड़ों लोग किसी-न-किसी बहाने मरते हैं—आंध्र में तूफान आता है, ब्रह्मपुत्र में बाढ़ आती है, कहीं ऊँची-ऊँची इमारतें ढहती हैं तो कभी पंद्रहवीं मंजिल में आग लग जाती है। रोज मृत्यु घंटी बजाती है, पर हम दोनों हैं कि अमरत्व लिखवाकर लाई हैं।''

फिर दोनों जोर से हँसने लगीं। इधर उन दोनों की आवाज टी.वी. को मात कर रही थी। पल भर संपदा चकरा-सी गई। उसे लगा, टी.वी. का बटन दबा दे और इन दोनों की आवाज का भी।

समाचार समाप्त हुए, तब बूआजी को याद आया, ''खाना खाएगी न, इंदु?''

''आज संपदा भी है। खा लेंगे।''

''सुबह की सब्जी है, दो रोटियाँ भी हैं। थोड़ी खिचड़ी चढ़ा देती हूँ।''

'दो रोटियाँ!' सुनकर संपदा के पेट में बल पड़ने लगे। इस समय तो आठ-दस रोटियों की भूख थी।

''मैं बेल देती हूँ चार-पाँच रोटियाँ।''

''नहीं बाबा, पंद्रह साल बाद आई बेटी, तुझे क्या मैं काम करने दूँगी! तू टी.वी. देख। हमारा तो यूँ ही चलता है। एक बार बनाओ तो दो बार खाते हैं। इंदु तो बस आधी रोटी खाती है।''

बूआजी खिचड़ी चढ़ाने चली गईं। संपदा ने उठकर टी.वी. के बटन इधर-उधर घुमाए और चित्र साफ आने लगे। बच्चों की तरह उल्लसित हुई, ''देखो बूआजी, टी.वी. कितना क्लीयर आ रहा है!''

''अरे हाँ, दो साल हो गए। इंदु का भतीजा आया था तो एडजस्ट कर गया। तब से चल रहा है। अच्छा किया जो तूने ठीक कर दिया। अब बता, क्या इनाम दूँ तुझे?''

''वादा है न आपका? फिर माँग लूँगी कैकेयी की तरह।''

बूआजी हँस पड़ीं इस विनोद पर। फिर सीरियल शुरू हुआ और दोनों उसमें खो गईं। बीच-बीच में दोनों की कमेंट्री चल रही थी।

सीरियल खत्म हुआ तो बूआजी टेबल लगाने लगीं।

“मैं लगाती हूँ, बूआजी।”

“मैं तो जान-बूझकर आना-जाना करती हूँ। जरा कसरत हो जाती है इसी बहाने।”

फिर खाना खाया। खाना क्या आधी रोटी, एक चम्मच सब्जी, एक चम्मच दही, थोड़ी खिचड़ी। दोनों ने खाना चुगा। खाना खाते समय दोनों समाचार की चर्चा में लग गईं। वी.पी. सिंह, राजीव गांधी और न जाने कौन-कौन? उनके शासन की उलझनें सुलझाती रहीं और संपदा को फिर भूल गईं।

सीरियल खत्म हुआ, पौने दस के समाचार समाप्त हुए तब कहीं दोनों का बोलना खत्म हुआ। इंदु ताई जाकर सोफे पर लेट गईं। कुछ देर बाद बूआजी आईं और इंदु ताई के पास कमर पर हाथ रखकर खड़ी हो गईं।

“देख इंदु! ये ठीक नहीं। मैं चादर झाड़कर डालूँ तब तुम उठती हो। सबकुछ मैं ही…”

“तो जब मैं तुमसे पहले रिटायर हो गई थी और तुम नौकरी करती थीं तब मैं ही तो तुम्हारे कपड़े स्टार्च करती थी, सॉक्स-ड्रेस सब तैयार रखती थी।”

“अब तुम बदला ले रही हो क्या?”

“न बाबा, इतनी दुष्ट मैं नहीं हूँ।” इंदु ताई रुकीं, फिर बोलीं, “पर नंदिनी, डॉ. मेहता तो मुझे दुष्ट ही समझते होंगे, है न? डॉ. मेहता तुम पर जान देते थे, पर तुम जिद पर अड़ी थीं। तुमने उनके प्रस्ताव को ठुकराया मुझे सामने रखकर। तुमने कहा था, ‘इंदु मेरी बाल-सखी है, बाल-विधवा है। मैं उसका साथ नहीं छोड़ूँगी। मेरे आड़े समय में उसने मुझे सहारा दिया था। मैं अपना वचन नहीं तोड़ूँगी।’ तब डॉ. मेहता ने मुझसे बात की तो तुम्हारी खातिर तुम्हारी बात रखने के लिए मुझे साफ इनकार करना पड़ा।”

“जानती हूँ। नारी ही नारी की भावनाएँ समझ सकती है।”

संपदा को यह सब सुनकर बड़ा आश्चर्य हो रहा था। जब से आई है तब से देख रही है कि इन दोनों के लिए उसका अस्तित्व था ही नहीं। उसे भूलकर दोनों अपने भूतकाल में जी रही थीं। बचपन में सुना था, नंदिनी बूआ पागल हो गई हैं। उसका अपना विवाह हुआ तो पता लगा, बूआ को पति ने तलाक दे दिया है। किसी भी रिश्तेदार ने तब नंदिनी को सहारा नहीं दिया। उसके अपने पिता ने भी नहीं। संपदा के पिताजी की दूर के रिश्ते की बहन थी नंदिनी, फिर भी नहीं। नंदिनी सुंदर थी और थी पागल—यह उसका सबसे बड़ा दोष था। ससुरालवालों ने तो पागल ठहराया, पर मायकेवाले भी मुँह मोड़ लेंगे, सोचा नहीं था नंदिनी ने।

तब इंदु के पिता ने सहारा दिया था। अपनी बाल-विधवा बेटी इंदु के साथ उन्होंने नंदिनी को भी नर्सिंग की ट्रेनिंग के लिए भेजा, उसे आत्मनिर्भर बनाया। नंदिनी उनके स्नेह के तले पलने लगी। मन एहसास से भर गया। सिर उनके चरणों में झुक गया। इंदु ने भी आड़े समय में उसका पूरा-पूरा साथ दिया।

इसी बीच संपदा का विवाह हुआ। विवाह में नंदिनी आई थीं। उन्हें देखकर नाते-रिश्तेदारों के चेहरे की रंगत ही उड़ गई थी।

तब संपदा अपने पिता से लड़ी भी थी, 'बाबा, आपने भी बूआ से किनारा कर लिया? आपकी तो रिश्ते की बहन है। गैरों ने अपनाया, आप ही अपना लेते। उसके माता-पिता ने डर के मारे उसे त्याग दिया कि तलाकशुदा, पागल घोषित बेटी घर में हो तो छोटी बहनों की शादियाँ नहीं हो पाएँगी। पर आप?'

'बेटी, उसका पागलपन और उसका अद्वितीय सौंदर्य बहुत बड़ा जोखिम है। इसे कौन उठाएगा?'

'पर बाबा, बूआ पागल नहीं हैं?'

'हमारे कहने से क्या होता है, संपदा? उसके ससुरालवाले अमीर हैं, सुंदर हैं, सुशिक्षित हैं। उनकी अपनी प्रतिष्ठा है। फिर भी, उन्होंने तलाक देने का कदम उठाया तो कुछ तो कारण…'

संपदा गुस्से के मारे पिताजी की बात सुने बगैर ही उठ गई।

एक बार बूआजी संपदा की ससुराल भी आई थीं। दिल खोलकर उपहार दे गईं। संपदा की सास को कीमती कांजीवरम् की साड़ी दी। उसके जाने के बाद सासूजी ने पूछा, 'संपदा, कौन थी यह सुंदर स्त्री?'

'मेरी दूर के रिश्ते की बूआ हैं। ससुरालवालों ने पागल कहकर तलाक दे दिया। अब इंदौर में अस्पताल में नर्स हैं।'

इसपर सासूजी मौन रहीं। संपदा को अखरा उनका मौन। उसने पति से भी जिक्र किया, 'आपको लगता है, वह पागल हैं?'

'मुझे तो लगा नहीं, पर वास्तव में हम सब उनके सौंदर्य को ही निहारते रहे। इतने मुग्ध थे कि उस ओर ध्यान ही नहीं गया। चलो, फिर कभी मिलेंगी तो तय करेंगे कि क्या सचमुच वह पागल हैं!'

बात यहीं समाप्त हो गई। धीरे-धीरे संपदा भी अपनी दुनिया में मगन हो गई—घर-गृहस्थी, नौकरी-बच्चे—भूल गई बूआजी का अस्तित्व।

एक बार किसी कॉन्फ्रेंस के लिए इंदौर जाना हुआ, तब भी याद नहीं आया कि बूआ यहीं होंगी। इत्तफाक से रास्ते में मिल गईं और उन्होंने कसकर आलिंगन किया।

'संपदा, क्या इत्तफाक है! तुम्हारी शादी हुई थी तब मैं नर्सिंग की ट्रेनिंग कर रही थी। आज इतने वर्षों बाद मिली हो तो उस दिन जिस दिन मैं रिटायर हो गई हूँ। अच्छा बताओ, तुम ठहरी कहाँ हो?'

'होटल में।'

'अब इस समय मैं तुम्हें कहाँ बुलाऊँ? मेरा अपना ठौर-ठिकाना नहीं है। रायपुर में सेटल होने का विचार है।'

'रायपुर में कौन है?'

'कहो तो कोई अपना नहीं, कहो तो सब अपने हैं। डॉ. मेहता की जान-पहचान से एक प्लॉट लिया था। वहीं मकान बनाया है। मैं और इंदु वहीं रहेंगी।'

'इंदु ताई आजकल कहाँ हैं?'

'भाई के पास, पर आजकल इनसान के लिए इनसान भारी है।'

संपदा चाहती थीं कि बूआ को अपने घर आमंत्रित करे; पर घर में सासूजी, पढ़नेवाले बच्चे, ननद कई थे। बुला न पाई।

'बूआजी, नागपुर जाते समय जरूर रायपुर आऊँगी—आपका घर देखने, आप दोनों से मिलने।'

माधव के साथ एक बार रायपुर जा आई। खूब स्वागत किया था नंदिनी बूआ और इंदु ताई ने। चलने लगे तो जमाई बाबू के हाथ में रुपए भी थमाए और संपदा की ओर मुड़कर बोलीं, 'संपदा, याद है, शादी के दिन मैंने तुमसे क्या माँगा था?'

'क्या?'

'कहा था, संपदा, अपना एक बेटा मुझे गोद दे देना। याद है?'

'बूआजी, दो बेटियाँ हैं। कहो तो एक दे दूँ।'

'न बाबा, अब कोई जिम्मेदारी नहीं चाहिए।'

सब हँस पड़े थे। बूआजी ने माधव को संबोधित करके कहा, 'माधवराव, इस संपदा में मेरी जान अटकी है।'

संपदा और माधव गाड़ी में बैठे तो संपदा ने फिर कुरेदा, 'क्या आपको बूआ सचमुच पागल लगीं? इतने साल नौकरी की है आखिर।'

'नहीं, वह पागल नहीं हैं; पर हाँ, कोई बात टालने के लिए पागलों जैसा बरताव कर सकती हैं।'

'मसलन?'

'छोड़ो संपदा, मूड क्यों खराब कर रही हो?'

विषय यहीं समाप्त हुआ। घर-गृहस्थी के चक्कर में संपदा को कभी-कभार

बूआ का ध्यान आ जाता तो मन मसोसकर रह जाती। सोचती, कैसे जीती होंगी दोनों—एक बाल-विधवा, एक तलाकशुदा? क्या उनका वर्तमान उस दुःखद भूतकाल के अँधेरे से घिरता होगा? क्या उनका धुँधला भविष्य उनके वर्तमान पर छा जाता होगा? किसके सामने रोएँगी अपनी दर्द भरी दास्तान?

एक बार एक शादी में रायपुर जाना हुआ, तब बूआजी से मिलना हुआ। दोनों को खुश देखकर संपदा को अच्छा लगा। उन दोनों को अब किसी की जरूरत नहीं थी। दोनों ने अपने जीवन का एक ढर्रा बना लिया था।

बिस्तरे लग गए। इंदु ताई सो गईं। बूआजी संपदा के पास आकर बैठ गईं।

"बूआजी, एक बात पूछूँ? अच्छा तो नहीं लगता, पर यह प्रश्न बार-बार मन को कचोटता रहता है। क्या सच में आपके ससुरालवाले आपको पागल समझते थे?"

बूआजी हँसीं। दाँतों-रहित उनका पोपला मुँह खुला, झुर्रियाँ हिलीं। संपदा ने गौर किया—केतकी वर्ण अब काला पड़ गया था। नाक भी अब अधिक उभर आई थी। गाल धँस गए थे। कमर तक झूलनेवाले बाल अब मुट्ठी भर रह गए थे। सबकुछ ढल गया था—वह जवानी, वह सौंदर्य। इन दोनों में से एक को भी यदि काल ग्रस जाए तो दूसरी का… ? एक भयानक प्रश्न बवंडर की भाँति उठा और संपदा काँप गई।

बूआजी हँसीं, "बेटी, अब सबकुछ इतना पुराना हो गया है कि कुछ याद नहीं।"

"बूआजी, इतना बड़ा इलजाम और आपको याद न हो?"

"एक बार सब भुला दिया, भूलने का निश्चय कर लिया, फिर क्या याद रखना!"

"फिर भी, मैं सुनना चाहती हूँ। मेरा मन नहीं मानता कि जो कुछ उन लोगों ने कहा, सही कहा।"

"संपदा, एक तुम ही हो जिसने सच्चाई जानने की इच्छा प्रकट की। पर सच, मैं सबको भुला चुकी हूँ—मायकेवाले, ससुरालवाले, नाते-रिश्तेदार, पति—सब। अब पचास साल हो गए, जब तलाक हुआ था। उम्र निकल गई। अब क्या? तब पच्चीस की थी जब तलाक हुआ था।"

"इतना भयानक आरोप आपने क्यों किया सहन?"

"हम कौन होते हैं तय करनेवाले? सब परमेश्वर की इच्छा। जीते समय हम वर्तमान भी अपना तय नहीं कर पाते। मुझे किसी से गिला-शिकवा नहीं है। खासकर मेरे पति ने मुझे जान-बूझकर पागल क्यों ठहराया, इसकी भी मैंने कभी छानबीन नहीं की। जो छूट गया, छूट गया।"

"पर कुछ तो होगा उनके मन में?"

"बात छोटी सी थी, जिससे शुरुआत हुई। मैं जरा अल्हड़ थी तब। बात-बात में गलतियाँ हो जातीं। वाक्य भी असंबद्ध होते थे। बस, यही एक मुद्दा उन्होंने पकड़ा। वह मुझे पागल कहते, पर मैं उनकी चाल समझ न सकी। लगभग दो वर्ष लगे यह समझने में कि वह जान-बूझकर मेरे साथ दुर्व्यवहार कर रहे हैं।'

"तब एक दिन मैंने उनसे पूछा—क्या सच में मैं पागल लगती हूँ आपको? मेरे पति हँसे और बोले—अच्छा हुआ, तुमने स्वयं ही कह दिया।"

"फिर क्या हुआ?" संपदा की जिज्ञासा बढ़ी।

"फिर क्या था! मैंने बहुत अनुनय-विनय की। कहा कि यदि मेरे से कुछ अनाप-शनाप निकल भी जाए तो मुझे लोगों के सामने जलील न किया करें। अकेले में समझा दें। पर जो कुछ मैं बोलती, उसे पागलपन ही कहा जाने लगा।

"सच संपदा, तुम मानोगी नहीं, इतना सताना शुरू किया। फिर मैंने जान-बूझकर..."

बूआजी रुकीं। खाँसी उठी थी। गला सूख गया था। पानी पिया और फिर शुरू किया, "एक बार मेरे पिताजी मिलने आए तो पति ने शिकायत की, 'आजकल आपकी नंदिनी बिलकुल पागलों की-सी हरकतें करती है।'

"मैं चाय बना रही थी। सुन लिया और हाथ से चाय का डिब्बा छूटकर गिर गया। देखा, पति बोले, 'दिमाग ही काबू में नहीं है।'

"मैं बुझ-सी गई। मन अस्वस्थ हो गया। समझ गई कि अशोक उससे छुटकारा पाने के लिए झूठ बोल रहा है, पर वह छूट नहीं पा रहा है। इस बात का एहसास होते ही मैंने पागलपन का ढोंग रचना शुरू किया। ससुरालवाले मेरी असंबद्ध बातों, असंबद्ध व्यवहार से तंग आ गए और तलाक हो गया।

"जिस दिन तलाक मंजूर हुआ, मैंने अशोक से कहा, 'सुनिए, मैं पागल नहीं हूँ, न ही पागल थी। आपको मुझसे छुटकारा चाहिए था, सो मैंने दिला दिया। आपकी, आपके परिवार की प्रतिष्ठा बनी रही। पर आपने बिना वजह मुझे अपनी जिंदगी से निकाल दिया है। क्या आपको सुख मिलेगा? फिर भी आपके सुख की कामना करती हूँ।' "

बूआजी चुप हो गईं। जीवन के शुरू के अध्याय का परिणाम उन्होंने जिंदगी भर भोगा था। संपदा ने नि:श्वास लिया।

"एक बात और पूछना चाहती हूँ, बूआजी। पूछूँ?"

"पूछ बेटी, वैसे यह स्लेट मिटा-मिटाकर अब पूरी तरह चिकनी हो गई है।"

"क्या उसके बाद जिंदगी में ऐसा कोई नहीं आया, जो समझ सके आपको, आपके दर्द को, आपके सौंदर्य को?"

"नारी को मंगलसूत्र का जितना फायदा है न, उतना ही तलाक के ठप्पे का। मुझमें कोई दोष है, यह लोगों को झट पता लग जाता। डॉ. मेहता को मैंने स्वयं बताया था।"

"तो फिर?"

"वह बोले, 'नंदिनी तुम पागल नहीं हो। समझदार हो, बहुत समझदार। इतनी समझदारी पागलपन है, बस।' डॉ. मेहता ने पग-पग पर साथ दिया। मानसिक आधार दिया हम दोनों को।"

"उन्होंने शादी की, बूआजी?"

"नहीं।"

"डॉ. मेहता कहाँ हैं अब?"

बूआजी ने आसमान की ओर उँगली उठाई—एकदम शांत भाव से।

"हार्ट अटैक था।"

"आपके इनकार के कारण तो नहीं लगा सदमा?"

बूआजी चुप। चढ़ती निस्तब्ध रात। बीच में ही बजते घड़ी के घंटे और भूतकाल में गुम बूआजी रात की तरह स्तब्ध, निःशब्द।

"बूआजी, जिन्होंने आपके लिए जीवन न्योछावर कर दिया, क्या उनके लिए आपका कोई कर्तव्य नहीं था? क्यों नकारा आपने? क्या आपको कभी मोह ने नहीं घेरा?"

"सब प्रश्न पूछे नहीं जाते संपदा, न ही सबका उत्तर दिया जाता है। फिर भी सुन, जिस पति के साथ अग्नि को साक्षी मानकर मैं विवाह-सूत्र में बँधी थी, उनका स्थान किसी और को देने में मेरा रूढ़िवादी मन दुर्बल साबित हुआ।"

"आपने अन्याय किया डॉ. मेहता के साथ।"

"मैं कौन होती हूँ न्याय-अन्याय करनेवाली? मैं भी कोई कम नहीं लड़ी। शरीर विद्रोह करता, मन मेहता की ओर भागता; पर कदम जड़ हो जाते। मन राधा की तरह उतावला, पर शरीर पत्थर था।"

बूआजी उठीं। शरीर थरथर काँप रहा था, आँखें गीली थीं। अपने आपको सँभालकर उठीं, पर नीचे बैठ गईं। शरीर पर नियंत्रण नहीं था।

"शरीर पर अब कोई नियंत्रण नहीं है। मन का नियंत्रण तो तभी छूट गया था जब डॉ. मेहता चल बसे थे। जीवन न खत्म होनेवाले रास्ते की तरह चला जा रहा

है। कितना सँभले इनसान?''

जैसे-तैसे वह उठीं। रात खत्म हो रही थी। पर लेटते ही संपदा की आँख लग गई। न जाने कितनी देर सोई थी, पर किसी के जोर-जोर से चल रहे वार्त्तालाप से आँख खुली। बूआजी और इंदु ताई चमेली पर आई बहार की चर्चा कर रही थीं। अभी उजाला नहीं हुआ था। वह बाहर आई। सुहानी सुबह थी। नौ बजे की ट्रेन से उसे जाना था। उसने बूआजी को बताया।

''तुम्हारा लंच तैयार है—पैक करके।''

''कब बनाया?''

''अभी, सुबह।''

फिर उसे भूलकर दोनों की चर्चा शुरू। चमेली का पौधा कब लाया गया था? कौन लेकर आया था? उसे कैसे बचा-बचाकर बढ़ाया था। शायद इस विषय पर सैकड़ों बार बोल चुकी थीं दोनों।

संपदा जाने के लिए तैयार होकर आई तो बूआजी एक हाथ में लंच का डिब्बा और दूसरे में थाली लेकर आईं। थाली पर साड़ी रखी थी।

''संपदा, आजकल बाजार जाना नहीं हो पाता; पर यह साड़ी बिलकुल नई है।''

बूआजी ने लच्छेदार पल्लूवाली जरी की लाल साड़ी उसके हाथ में दे दी।

''बूआजी, ये तो…'' वह बोल न पाई।

''कैसी लगी?''

''सुंदर है।''

संपदा साड़ी निहार रही थी। तभी इंदु ताई का स्वर गूँजा, ''संपदा, यह नंदिनी सच पगली है। डॉक्टर ने यह साड़ी…'' पर बूआजी ने इंदु ताई के मुँह पर हथेली रख दी। संपदा समझ गई—बहुत कुछ।

संपदा को छोड़ने दोनों गेट तक आईं।

''नंदिनी, देख! गेट को दीमक लग गई है।''

''सच!''

''हाँ, डॉ. मेहता ने कहा था, लोहे का गेट लगवाओ; पर तुम मानीं नहीं।''

''इंदु, याद है तुम्हें? डॉक्टर इस भारी-भरकम बेडौल गेट को देखकर कितना हँसे थे!''

दोनों खिलखिलाकर हँस पड़ीं। दंत-विहीन मुँह की बच्चे की-सी निरीह हँसी। दोनों फिर एकबारगी संपदा की उपस्थिति भूल गई थीं। संपदा ने प्रणाम किया और आँखों में आए आँसू छिपाती हुई रिक्शे पर जा बैठी। □

अनुभूति और शब्दों के बीच

टी.वी. पर मराठी समाचार शुरू हुए।

सुमतिबाई ने बेचैनी से सामने के आँगन की ओर देखा। अँधेरे में कुछ हलचल-सी लगी तो उठकर दरवाजे तक आई। उसी समय गेट खोलकर विजय आता दिखा। वैसे ही उलटे पाँव विनायक राव के पास जाकर धीरे-धीरे बोली, ''विजय आ रहा है। कुछ मत कहना, जरा शांति से काम लेना।''

विनायक राव सुना-अनसुना करके टी.वी. पर नजर गड़ाए बैठे रहे। फिर भी, उनके कान विजय की आहट ले रहे थे। विजय बरामदे में आया, चप्पलें उतारीं, हाथ में पकड़ी फाइल साथ की मेज पर रखी और दूसरे कमरे में जाकर लेट गया। विनायक राव उफन पड़े। बाहर से आते ही पहले हाथ-पाँव धोने का इस घर में नियम था और यह लड़का ऐसा कि आते ही बिस्तर पर पसर गया। घर के सारे नियम-संस्कारों पर पानी फेर दिया। मन-ही-मन बुदबुदाए, परंतु बोले कुछ नहीं।

विजय माथे पर बाँह रखे लेटा था।

''दादा, बना कुछ नौकरी का... ?'' पढ़ाई करते-करते सुलू ने पूछा।

''चुप बैठ! घर में पाँव रखते ही यही रट शुरू हो जाती है। क्या मेरा चाचा बैठा है वहाँ, जो नौकरी थाली में रख पेश करें? मिल जाती तो मैं बताता नहीं! आते-जाते सब नोचते रहते हैं। मैं ही मिला हूँ सबको। घर आना भी पाप हो गया है।'' विजय बेहद झुँझलाया हुआ था।

''यूँ ही पूछा, दादा!'' सुलू रुआँसे स्वर में बोली। वह आगे सफाई देती, पर इतने में सुमतिबाई ने इशारा किया कि कुछ न बोले। सुलू चुप हो गई।

दूसरे कमरे में टी.वी. देख रही मीना भागकर आई, ''दादा, आज मिल गई न नौकरी?''

विजय उठा और उसकी पीठ पर एक धौल जमा दिया। मीना रो पड़ी। सुमति ने उसे अपने पास खींच लिया। विजय का व्यवहार उन्हें अच्छा नहीं लगा, परंतु

उन्हें पता था कि एक शब्द निकालने भर की देर थी कि विनायक राव विजय पर उबल पड़ते। वह ताक में ही बैठे थे। दूसरे कमरे से विजय की हरकतें देख रहे थे और मन-ही-मन खीझ रहे थे। कुछ देर में वातावरण शांत हो गया। सुमति ने विजय की ओर देखा, "चल बेटा, हाथ-पाँव धोकर खाना खा ले। सब तुम्हारे इंतजार में रुके हैं।"

"मुझे भूख नहीं है, माँ।"

"क्यों? दिन भर तुम बाहर थे, कुछ खाया नहीं होगा। भूख नहीं, यह कैसे हो सकता है? नौकरी नहीं मिली तो न सही, आज नहीं तो कल मिल ही जाएगी। इसके लिए इतना क्या सोचना भला!" सुमतिबाई ने उसे समझाने का प्रयत्न किया, पर विजय वैसे ही लेटा रहा, हाथ कपाल पर रखकर। टस-से-मस नहीं हुआ। यह देखकर विनायक राव मन-ही-मन चिढ़ गए थे, पर बोले कुछ नहीं।

माँ ने फिर प्रयत्न किया, "नौकरी के लिए इस तरह सिर में राख डालकर मत बैठो। उठो, नौकरी मिलना कोई अपने हाथ में है भला!"

"अर्ध-शिक्षित को कौन बेवकूफ नौकरी देगा?"

विजय के शब्द विनायक को चुभ गए। उन्होंने टी.वी. बंद किया और बिना वजह मीना पर बरस पड़े, "इतनी सी पढ़ाई और बिखराव इतना! घर तो कूड़ादान बन गया है। एक भी चीज अपनी जगह पर मिलती नहीं। पूरे घर में एक कोना भी नहीं, जहाँ चीजें बिखरी न हों। उठ, उठ और उठा ये किताबें।"

मीना चुपचाप उठी और कुरसी पर रखी पुस्तकें उठा लीं।

"इस तरह बोलने और परेशान होने से क्या फायदा, विजय? चल, उठ।"

"सुबह तुमने ही कहा था न, माँ, कि मैं कमाई नहीं करता। अब कमाई लाकर घर में दिए बिना खाना भी नहीं खाऊँगा। जो होगा, देखा जाएगा।"

सुमतिबाई की आँखों में आँसू तैर गए।

विनायक राव मन-ही-मन खीझे हुए थे।

"मैंने कोई कसर छोड़ी है क्या? माँ, तुम्हीं बताओ। रोज विज्ञापन देखता हूँ, अप्लाई करता हूँ, आए दिन इंटरव्यू के लिए जाता हूँ। अब नौकरी न मिले तो क्या यह मेरा दोष है? तो मुझे ही क्यों दोषी बनाया जा रहा है?" विजय के स्वर में कटुता थी।

"अरे बेटा, पर मेरे कहे का यह अर्थ तो नहीं था कि आज ही कमाई करके ला। चल, उठ!" सुमति ने विजय की बाँह उसके चेहरे से हटाई और एकदम चौंक गईं। हफ्ते भर में विजय का गोरा रंग कैसे काला-सा पड़ गया था। आँखों के नीचे

कालापन था। गालों की हड्डियाँ उभर आई थीं और चेहरा निस्तेज हो गया था। उन्होंने देखा, आँखों से लगातार पानी बह रहा था और तकिया गीला हो गया था। सुमतिबाई का दिल भर आया। विजय को इस प्रकार मुरझाया उन्होंने कभी नहीं देखा था। उसका मूलतः मजाकिया और हँसमुख स्वभाव अब चिड़चिड़ा हो गया था। स्नेह से उसके सिर पर हाथ फेरकर वह बोलीं, ''अब छोड़ दे यह जिद, बेटा! चल उठ।''

''मुझे भूख नहीं है।''

विनायक राव का पारा चढ़ गया था। वह उठे और रसोई में जाकर पटरे पर बैठ गए। उन्होंने थाली अपने सामने खींच ली, लोटे का पानी लेकर गिलास में डाला और जोर से बोले, ''सुलू, मीना, खाना खाने के लिए आओ। नौ बज गए हैं। कब की भूख लगी है।'' यह आदेश था।

दोनों लड़कियाँ उठीं। विनायक राव का बड़बड़ाना चल रहा था, ''हम सब स्वतंत्र हैं। प्रत्येक व्यक्ति जो चाहे करे, वह स्वतंत्र है। तुम्हें आना हो तो आओ, वरना मैं खाना खा लेता हूँ।''

सुलू और मीना तब तक पटरे पर बैठ गई थीं। यह देख सुमतिबाई उठीं और रसोई की ओर मुड़ीं।

उनका दिल दु:खी था। विनायक राव ने इतना भर कहा होता कि 'विजय, चल खाना खा ले', तो विजय उठ जाता। वे खाना खा रहे थे, मानो कुछ हुआ ही नहीं था। हफ्ते भर से तो घर का वातावरण और बिगड़ गया था। दोनों एक-दूसरे से चिढ़े हुए थे, बात-बात पर उलझ जाते। कटु शब्दों के कारण तनाव बढ़ गया था। विनायक राव तटस्थ थे। वह बेटे के समक्ष झुक नहीं सकते थे, पर सुमतिबाई थीं कि दोनों ओर से स्थिति सँभाल रही थीं। कभी विजय को समझातीं तो कभी विजय की ओर से सफाई देकर विनायक राव को शांत करतीं। विजय की हालत देखकर विनायक राव तटस्थ रहते। सुमतिबाई जितना हो सके उतना विजय की तरफ से उन्हें समझातीं। वही थीं जो दोनों ओर से पलड़ा सँभाल रही थीं।

''जितना तुम मुझे समझाती हो उतना ही अपने बेटे को समझाओ न! कल तक नहीं, आज तक उसके लिए क्या कुछ नहीं किया मैंने!''

''ठीक है, आपने किया है; पर आज ही क्यों आपका स्वभाव इतना बदल गया? आपका प्यार एकदम से क्यों कम हो गया?'' सुमतिबाई खाना परोस रही थीं।

हफ्ते पहले की घटना थी, जब रात के खाने के समय विनायक राव ने कहा

था, 'विजय, मन-माफिक की नौकरी इतनी जल्दी नहीं मिलती। तब तक कोई छोटी-मोटी नौकरी कर लो।'

छूटते ही विजय ने ताना मारा, 'बाबा, जब मैंने बी.एस-सी. पास किया तो उसी समय कहा था कि मुझे एम.एस-सी. करने दीजिए; पर आपने मेरी सुनी नहीं। कौन देगा सिर्फ बी.एस-सी. पासवाले को नौकरी?'

विनायक राव गुस्सा पी गए थे। शांत स्वर में बोले, 'तब मैंने कहा था कि कोई उपयोगी कोर्स कर लो।'

'पर आपने करने तो नहीं दिया!' विजय ने फिर ताना कसा।

विनायक राव का चेहरा तमतमाया, पर वह गुस्सा पी गए।

'विजय बेटा, मैं चाहता हूँ कि तुम बहुत पढ़ो। एम.एस-सी. न सही, इसी से मिलती-जुलती कोई और लाइन लो। मैं तुम्हें विश्वविद्यालय नहीं भेज सकता, परंतु हाँ, नौकरी के साथ-साथ कई कोर्स प्राइवेट तौर पर किए जा सकते हैं। मेरे वश में जितना था, मैंने पढ़ाया, अब आगे पढ़ना तुम्हारा काम है। वैसे विजय, मुझे लगा था कि घर की परिस्थिति को देख तुम स्वयं आगे बढ़ोगे और कहोगे कि बाबा, अब मैं हाथ बँटाऊँगा। मेरी नौकरी गैर-सरकारी है, घर में दो बेटियाँ हैं, दो-चार साल में उनके हाथ भी पीले करने होंगे। मुझे लगा था विजय, कि तुम खुद ही इस गृहस्थी का भार उठाओगे।' उन्होंने भारी मन से कहा।

'गृहस्थी आपकी है बाबा, उसका भार भला मैं क्यों उठाऊँ?' न जाने क्यों विजय यह कह गया। विनायक राव का हाथ थाली में ही रुक गया। उनका सिर भन्ना गया। तलुओं की आग मानो मस्तिष्क तक पहुँच गई। संताप से बदन काँपने लगा, कान लाल हो गए। अब न जाने क्या होगा, इस डर से सुमतिबाई काँप उठीं। विजय खाना खाने में लगा था।

विनायक राव संयम रखते हुए बोले, 'विजय, अपनी गृहस्थी का बोझ मैं ही उठाऊँगा, उसके लिए सक्षम हूँ मैं; पर आज के बाद अपना बोझ तुम स्वयं उठाओगे।' उनका स्वर तिक्त था।

विजय चौंक गया। उसने पिता की ओर देखा। हाथ का निवाला थाली में रख दिया, 'ठीक है बाबा, अपना भार मैं ही ढोऊँगा। आज तक आपने मेरा बोझ उठाया, बहुत हुआ...।' और वह पटरे पर से उठ गया।

इस घटना के बाद से घर में तनाव छा गया। दिन का खाना तो सब अपने-अपने समय पर खाकर चले जाते थे, पर रात के खाने के समय विजय रोज ही तमाशा करता। सुमतिबाई लाख समझातीं, तब कहीं उठता।

आज भी विजय को छोड़कर सब खाना खा रहे थे। सुमतिबाई परोस तो रही थीं, पर उनका ध्यान विजय की ओर केंद्रित था। उस दिन विजय ने बाबा के साथ जिस प्रकार बात की थी, वह अक्षम्य थी। सुमतिबाई को उसपर क्रोध आया था; पर उनका माँ का दिल बेटे के लिए पसीजता था। उनकी ममता उफन-उफन पड़ती थी। विनायक राव खाना खाकर उठे, टी.वी. चलाया और कुरसी पर बैठ गए। मौका देख सुमतिबाई विजय के पास गईं।

आज विजय काफी चिढ़ा हुआ था। बी.एस-सी. के बाद उसने नौकरी के लिए बहुत यत्न किए थे, पर नौकरी मिले तब न। एक-दो जगह तो डेली-वेजेज पर कोई हलकी-फुलकी नौकरी मिल रही थी, पर विजय को यह टेंपरेरी काम स्वीकार्य नहीं था। सोचता, 'मैट्रिक के बाद ऐसी नौकरी कर भी लेता चलो, पर वह तो ग्रेजुएट है! और काम मजदूरी का? इतनी प्रतिभा होते हुए भी भला मजदूर का जीवन वह क्यों जिए?' कभी सोचता, 'मुझसे अच्छा तो वह गैरेज-बॉय है, जो गाड़ी साफ करके पेट भरता है। कम-से-कम उसे यह तो संतोष है कि वह पढ़ा-लिखा नहीं है।' कितने सपने सँजोए थे उसने। गणित विषय लेकर एम.एस-सी. करेगा, फिर पी-एच.डी.। अपनी हीरो होंडा होगी, जिस पर बैठकर शान से कॉलेज जाएगा—प्रोफेसर बनेगा। कई बार बाजार से आते-जाते उसने शो-केस में पड़ी टाई देखी थी। सोचा था, बी.एस-सी. के रिजल्ट के बाद बाबा से कहेगा कि उसे टाई खरीद दें। पर बी.एस-सी. पास होने की खुशी तो दूर, बाबा ने एकदम से उसी दिन कहा, 'विजय, अब तुम ग्रेजुएट हो गए हो। अपने पाँव पर अब खड़े होना होगा तुम्हें!'

'बाबा, मुझ जैसे केवल बी.एस-सी. पास को भला नौकरी कौन देगा? मैं पढ़ना चाहता हूँ।'

'फैक्टरी में देखो, बैंक की परीक्षाएँ दो··· । सैकड़ों राहें हैं, तुम राह चुननेवाले बनो बस! जो काम मिलता है, करो। परिश्रम करने में शर्म कैसी?' उनकी आवाज का रूखापन विजय भाँप गया था।

विनायक राव की राय भले ही प्रैक्टिकल थी, पर विजय को जँची नहीं। मन-ही-मन खीझता हुआ सोचने लगा, 'बाबा क्या जानें पढ़ाई का महत्त्व! स्वयं मैट्रिक भी पास नहीं हैं। प्राइवेट फैक्टरी में लगे और वहीं टिके रहे जीवनपर्यंत। सारी उम्र फैक्टरी के मालिक की चापलूसी की और उनकी भेंट दी हुई वस्तुओं से जीवन गुजारा।'

पिता के लिए ऐसे कटु विचार उसे अशोभनीय लगे, अतः झट से बाहर चला गया।

इसके बाद विजय ने नौकरी के लिए भरसक प्रयत्न किए। वह मजदूर बनकर जीना नहीं चाहता था। महत्त्वाकांक्षा थी किसी अच्छी नौकरी की। पर छह-सात महीनों से दर-दर भटककर भी कुछ हाथ नहीं आया था।

आज सुबह ही विनायक राव ने सुझाव दिया था, 'विजय, छह-सात महीनों से तुम भटक रहे हो। मेरी मानो तो मेरी फैक्टरी में आ जाओ। मालिक से बात कर लेता हूँ।'

'वहाँ सारे गँवार भरे हैं। क्या मालिक मुझे ऊँचे पद पर रखेगा?'

सुमतिबाई को यह वाक्य चुभ गया। एकदम से बोलीं, 'पहले दो पैसे कमाना सीखो, फिर लोगों की भर्त्सना करो।'

विजय का संताप और बढ़ गया। माँ, बाबा, स्वयं और समाज सभी पर उसे क्रोध आया। सुमतिबाई स्थिति की गंभीरता भाँप गई थीं। उन्हें लगता, विनायक राव बेटे से जूझने के बजाय उसे पास बुलाएँ और दोनों शांति से बैठकर कोई मार्ग निकालें। परंतु दोनों बाप-बेटे अपनी-अपनी जिद पर अड़े थे। दोनों का अहं उन्हें बातचीत की राह तक जाने से रोक रहा था।

सुमतिबाई के लाख मनाने पर भी विजय उठा नहीं। उन्होंने रसोईघर सँवारा और बाहर आईं। रोज रात को विजय ही बिस्तरे लगाता था—कई वर्षों का यह क्रम रहा है। आज हिला तक नहीं। सुलू की बारहवीं की परीक्षा निकट थी, मीना की परीक्षा चल रही थी। विनायक राव टी.वी. पर नजर गड़ाए बैठे थे। आखिर हारकर सुमतिबाई ने पलंग पर से गद्दे उठाए। भारी थे। जैसे-तैसे उन्हें नीचे बिछाया। फिर एकबारगी विजय की ओर देखा, "बेटा, मैंने भी तेरे बिना खाना नहीं खाया। इस तरह मनस्ताप करना ठीक नहीं। दो निवाले पेट में जाने दे, मन शांत हो जाएगा।"

विजय ने मानो अनसुनी कर दी थी माँ की करुण पुकार। माथे पर रखा हाथ उठाया, करवट बदली और सोने का नाटक करने लगा। हारकर सुमतिबाई नीचे बिछे बिस्तर पर बैठ गईं।

ग्यारह बज गए थे। सब सो गए। विजय भी गाढ़ी नींद सो गया। सुमतिबाई के पेट में भूख से बल पड़ रहे थे। वैसे खाना कम ही खाती थीं, ऊपर से सुबह दस-साढ़े दस बजे खाना खाया था बस। वह विचलित थीं। समझ में नहीं आ रहा था कि यह संघर्ष कैसे रोकें। दोनों में से कोई भी झुकने के लिए तैयार नहीं था। शब्दों के बाण चलते और एक-दूसरे को आहत कर जाते। सुमतिबाई की आँखें भीग गईं। पहला बेटा हुआ था, वह विकृत पैदा हुआ—मानसिक तौर पर विकलांग। आठ महीने उसे पाला और एक दिन वह चल बसा। फिर विजय आया। माँ पर जान

देनेवाला विजय—मेधावी, सद्‌गुणों की खान, माता-पिता का लाड़ला और आज वही बेटा···अब सुमतिबाई के आँसू झर-झर बहने लगे। तकिया भीग गया।

विनायक राव जागे हुए थे। दीवार की ओर मुँह फेरकर पड़े थे, जानते थे सुमति की दशा। सुमति पर नहीं, विजय पर रोष था। सुमतिबाई कई बार कहती थीं, 'जाने दो! सपने थे उसके खूब पढ़ने के। पूरे नहीं हुए, सो नाराज है। आखिर बच्चा है हमारा!'

'बच्चा?' विनायक राव का मुँह विकृत हो जाता। 'नासमझ है क्या? पढ़ाने के लिए पैसा चाहिए। सपनों को साकार करने के लिए धमक चाहिए। तुमने स्वयं सुना न क्या कहा था उसने—आपकी गृहस्थी का बोझ मैं क्यों ढोऊँ?··· शोभा देता है बाप से इस तरह बोलना? अरे, पढ़ाई मनुष्य को सुसंस्कृत बनाती है, विचारों को प्रगल्भ करती है, बातचीत में संतुलन लाती है और एक यह है हमारा लाल, जो बाप के मुँह पर उसकी गृहस्थी दे मारता है। पिछले बीस वर्षों से क्या मैंने उसे कुछ नहीं दिया? प्यार दिया, पाला-पोसा, पढ़ाया। मैंने अपना कर्तव्य किया। अब क्या उसका कुछ भी कर्तव्य नहीं बनता?'

'यह कब कहा उसने? शायद उसके मन में ऐसे विचार न ही हों। आवेश में मुँह से निकल गया होगा।'

विनायक राव का स्वर भीग गया था, फिर भी क्रोध का नाटक करते हुए बोले, 'हाँ ठीक है, मुझे ही अपने आपको समझाना होगा। मैंने ही गलत सुना होगा, है न? उसने तो शायद कुछ कहा ही नहीं।' वह रुके। पसीना पोंछा, 'कमाल करती हो सुमति, तुम भी। मैं ही क्यों यह मान लूँ कि उसके मुँह से गलती से निकल गया होगा। यदि ऐसा था तो कहता—बाबा, गलती हो गई। सुलू-मीना मेरी बहनें ही तो हैं।'

'आप यूँ ही···'

इस घटना को हफ्ता हो गया था। विनायक राव ने इसके बाद इस विषय पर बात नहीं की। सुमति की दशा देखकर इस समय उनका मन व्याकुल हो रहा था। सोच रहे थे कि उठें, सुमति के लिए थाली भरकर ले आएँ, विजय की पीठ पर हाथ फेरें और कहें, 'बेटा, उठ और खाना खा ले।' परंतु उनका अहं बीच में आ गया।

विनायक राव सोचने लगे, 'हाँ, ठीक ही है। विजय के स्वप्न भंग हो गए, चूर-चूर हो गए, उसके लिए जिम्मेदार मैं हूँ। वह मेधावी है, फिर भी मैंने उसे पढ़ाया नहीं, जिम्मेदार मैं ही हूँ। आज मैं यहाँ, उसकी आँखों के समक्ष खड़ा हूँ, इसलिए ऐसे शब्द-बाण वह फेंक सका। मान लो, मैं न होता···' और उनकी आँखें

आत्म-श्लाघा से भीग गईं। उन्हें याद आया, जब वह स्वयं मैट्रिक की परीक्षा दे रहे थे। वह भयंकर प्रसंग था। अभी पहला पेपर देकर विनायक राव घर आए ही थे कि दुर्घटना में पिता की मृत्यु का समाचार मिला। घर में तीन बहनें, माँ, दादी। पिता की थोड़ी सी पेंशन थी, बस। उसके बाद दूसरा पेपर कभी दिया ही नहीं गया। तीन बहनों की शादियाँ कीं, पर बहनों ने क्या दिया ? रिश्ता ही तोड़ दिया। चिड़ियाँ दाना चुगकर जिस प्रकार उड़ जाती हैं और लौटकर नहीं आतीं, उसी प्रकार उन्होंने किया। उन्हें शायद लगा होगा, अपना गरीबी का मारा भाई कुछ माँग न ले। हाँ, औपचारिक संबंध रहे, जो धीरे-धीरे बेजान और अर्थहीन हो गए। उन दिनों नौकरी तो मिली नहीं, सो पेपर बाँटे, दूध की बोतलें घर-घर पहुँचाईं और उसी दौरान फैक्टरी के मालिक से जान-पहचान हुई।

युवावस्था में मन में सपनों की बहार न आए, ऐसा कोई विरला ही होगा। उनकी आँखों में भी सपने खिले, पर मुरझा भी गए उतनी ही तेजी से। आखिर स्वप्नों को उड़ान भरने के लिए भी तो आकाश की आवश्यकता होती है और भाग्य ने उन्हें उतना आकाश दिया ही नहीं था। विवाह की उम्र निकलने लगी। पर उनके जैसे अनपढ़, बेरोजगार को लड़की कौन देता! अनाथालय की एक बालिका सुमति का नाम किसी ने सुझाया और विवाह हो गया।

परिस्थिति से जूझते-जूझते जीवन बीतता चला गया। हाँ, यह मानना पड़ेगा कि फैक्टरी के मालिक ने उनपर हमेशा मेहरबानी रखी, विश्वास रखा। कई वर्षों तक तो उनके वेतन पर ही घर-गृहस्थी चल रही थी और एक दिन न जाने क्यों, मालिक मेहरबान हो गया। उसने उनका घर जरूरत की हर सुख-संपत्ति से भर दिया—रेडियो, मिक्सी, टी.वी., पलंग और न जाने क्या-क्या! उन्हें विश्वास ही नहीं हुआ कि ये सब हुआ कैसे ? फिर वह भयंकर सत्य सामने आया और वह मुँह बाए खड़े रहे।

सुमतिबाई अत्यंत सुंदर थीं। विनायक राव की फटेहाल गृहस्थी में सुमतिबाई का रूप-रंग दाग लगे चाँद-सा लगता। उन दिनों मालिक कई बार उनके घर आते थे। विनायक राव जो समझना था, समझ गए थे। उनकी भेजी भेंट-वस्तुओं के पीछे का आशय स्पष्ट था। विनायक राव को याद आए वे दिन, जब उन्हें अपने आप पर रंज होता, जब हर पल क्रूरता लिये हुए होता। उनमें संघर्ष करने की शक्ति थी, पर जुबान पर शब्द नहीं थे। उनमें साहस था, पर कार्यक्षमता क्षीण हो चुकी थी। खून खौल रहा था, परंतु अंदर-ही-अंदर। उनके भावविहीन चेहरे पर जो रेखाएँ उभरी थीं, वे शायद थीं असहायता और निर्बलता की।

उन्हें अपने आप पर क्रोध आया, परंतु मन उन्हें समझाता रहा, 'छोड़ो विनायक, शरीर चाहे दूषित हो जाए, आत्मा शुद्ध होती है, हमेशा।' बचपन में पिताजी ने 'गीता' के श्लोक याद करवाए थे। आज उन्हीं श्लोकों का अर्थ नियति ने समझा दिया था। मन कहता, 'सुमति का भला क्या कुसूर! कुसूर तो मेरा है। वह अनाथ है, न जाने कैसा रक्त रगों में बह रहा होगा। मैंने उसे अपनाया है, अब आधी राह में छोड़ भी तो नहीं सकता!'

तब विद्रोही मन कहता, 'इस नौकरी को मारो ठोकर, सुमति के मुँह पर मारो चार तमाचे और इस नाटक को यहीं समाप्त करो।'

पहला विकलांग बेटा उनका था। सुंदर-स्वस्थ विजय उनका नहीं था। फिर भी, पुत्र-जन्म के पेड़े बाँटे थे और जब मालिक के पास मिठाई लेकर गए तो उनके चरणों के पास बैठकर आँसू बहाए थे, 'मालिक, मुझे रोजी-रोटी देनेवाले मेरे अन्नदाता हैं आप। आज इस सुंदर पुत्र के जन्मदाता भी आप ही हैं।' वह क्या बोले, किस प्रकार बोले, वह नहीं जानते। बस, शब्द फूट पड़े अनायास ही। मालिक सकपका गए।

आठ-दस दिनों के बाद विनायक राव को अपने दफ्तर में बुलाया। बोले, 'विनायक, मैं फिसल गया था। जो होना नहीं चाहिए था, मुझसे हो गया। तुम मेरे छोटे भाई जैसे हो। जो हुआ, भूल जाओ। तुम्हारे घर पुत्र हुआ है, मेरी इस अथाह संपत्ति के लिए वारिस नहीं है। यह पुत्र मुझे दे दो ...।'

विजय को दे देना संभव न था। पुत्र सुमति का था, विनायक राव का भी तो था—उन्होंने उसे स्वीकार कर लिया था। इसके बाद मालिक ने इस विषय को लेकर कभी बात नहीं की, न ही वे उनके घर आए। हाँ, बेटे के बी.एस-सी. पास होने की खुशी में मालिक ने इतना ही कहा, 'खुशनसीब हो विनायक, जो इतना मेधावी पुत्र मिला। तुम्हारा नाम अपने नाम के साथ लगानेवाला मिला। मुझे देखो, मेरा नाम आगे बढ़ानेवाला कोई नहीं है। भाग्यवान् हो; पर हाँ, उसे फैक्टरी में नौकरी लगाने के लिए कभी मत कहना, न उसे यहाँ लाना।'

आधी रात गए विनायक राव को यह संवाद याद आया। पुराने सारे घाव फिर उभर आए। सुमति को उन्होंने अपने मन की थाह कभी भी लगने नहीं दी थी। वे बेखबर थीं। जानती नहीं थीं कि पति को सब मालूम है। न विनायक राव ने बताया था, न आगे वे बताएँगे। उन्होंने मन-ही-मन कहा, 'विजय, तुम्हें मैं पढ़ा न सका, इसका रंज है तुम्हें। तुम्हारे सारे स्वप्न टूट गए, इसका दुःख है; पर बेटा, मेरे तो पूरे जीवन में एक सपना भी साकार नहीं हो सका। भयंकर झंझावात ही हमेशा मेरे

जीवन का भाग रहा है। यह सब कैसे जान पाओगे तुम? हिम्मत होती तो परिस्थिति से जूझकर भी तुम पढ़ते। पूरा जीवन सामने है, पढ़ लेते। मुझसे जितना होता, मैं करता; परंतु आगे बढ़ने की हिम्मत तो तुम्हें ही करनी थी। सामने आया वही काम करके आगे बढ़ने में तुम्हारी झूठी प्रतिष्ठा, झूठा अहं आड़े आ गया। क्यों? क्योंकि तुम्हें हमेशा सुरक्षा मिली, सुख से दो निवाले खाने को मिले। ग्रीष्म की झुलसन से तुम बचे रहे। जीवन के थपेड़ों का अनुभव कहाँ है तुम्हें!

'कल तक बेटा, तुझ पर अथाह प्यार बरसाया मैंने। आज भी तुझे प्यार करता हूँ। तुम्हें कंधे पर ले-लेकर रात-रात भर घूमा हूँ। तुम्हें टायफाइड हुआ था तब हथेली पर ले-लेकर बचाया तुम्हें। मैं तुम्हारा जन्मदाता पिता न सही, इतने दिनों के सहवास से पिता ही तो हूँ। उस दिन तुम्हारे शब्दों से मन छिद गया। तुम्हारे वे कटु शब्द पचाने में मुझे समय लगेगा। तुम्हें जो करना है करो, पढ़ना है पढ़ो, खूब पढ़ो। याद रखो, अपनी गृहस्थी का भार मैं तुम पर कभी नहीं डालूँगा। वैसे, बच्चे तुम मेरे हो ही कहाँ! और कहो तो तुम मेरे सर्वस्व हो। कैसे बताऊँ तुम्हें···कैसे बताऊँ यह कटु सत्य?'

उनका मन भर आया। सिसकियों को रोकने की कोशिश में सारा बदन काँपने लगा। सुबह उठे तो लगा, शरीर बेजान हो गया है। प्रतिदिन की भाँति फैक्टरी जाने लगे तो सुमति से बोले, "आज जरा फैक्टरी में आ जाना।"

"क्यों?"

"सोचता हूँ, विजय की पढ़ाई के लिए मालिक से ऋण की बात करूँ! आज तक अपने लिए कुछ नहीं माँगा, पर बेटे के लिए मैं शायद ठीक से बात कर नहीं पाऊँगा, सो तुम चलो और बात कर···" वाक्य अधूरा ही छोड़ दिया।

"यह हमने पहले ही सोचा होता तो बच्चे की पढ़ाई का एक वर्ष खराब न होता।"

"हाँ, ठीक कह रही हो। उस दिन जब मैंने विजय को आगे की पढ़ाई के लिए मना किया तब केवल अपनी औकात ही सामने थी। मालिक से माँगने का ध्यान ही नहीं आया।"

उनका गला रुँधने लगा था। झट से खाने का टिफिन उठाया और पीठ मोड़ ली।

जाते-जाते सोचने लगे, 'कौआ कोयल के अंडे सेता है, किंतु उसे इसका पता नहीं होता। मुझे तो सबकुछ पता था और तब भी मैंने परिस्थिति के सामने असहाय होकर हाथ टेक दिए। क्यों? क्यों लाचार हो गया था मैं? क्या मेरे पास इसका उत्तर

है? सहन करने की शक्ति से अधिक संघर्ष करने की इच्छाशक्ति मनुष्य में होनी चाहिए। वही नहीं थी। मैंने जीवन में किसी चीज का विरोध किया ही कहाँ? जो दो शब्द विजय को लेकर कहे थे, बस वही जीवन में पहली बार। क्या बवंडर खड़ा हो गया उस दिन से!

'एक आम आदमी से कई गुना दुर्बल हूँ मैं। मेरे उस दिन के क्रोध के दौरान मैंने कहीं प्रकट तो नहीं कर दिया कि विजय मेरा बेटा नहीं है?'

विचारों का ताँता चल रहा था अविरत और इसी धुन में विनायक राव फैक्टरी की ओर मुड़े।

उधर, विजय को यह खुशखबरी देने सुमतिबाई झटपट उसके कमरे की ओर गईं। पर विजय वहाँ नहीं था।

पलंग पर एक चिट्ठी पड़ी थी।

□

अब नहीं आएगा पतझड़

पूर्व दिशा में हलकी लाली उभर आई थी। आनंदराव उठकर पलंग पर ही बैठे रहे। साथ की खिड़की खोलने का प्रयत्न किया, पर वह खुली नहीं। सँभालकर जैसे-तैसे उठ खड़े हुए और दरवाजा खोला। हवा का झोंका अंदर आया और उनके जर्जर शरीर को झकझोर गया। उन्होंने सिरहाने रखी ऊन की टोपी कानों पर चढ़ा ली, शॉल ओढ़ा और धीरे-धीरे बाहर आए। इन दिनों पाँव सूजे हुए थे, लड़खड़ा रहे थे।

पैरों तले सूखे पत्ते चरमराए। वे रुक गए। हाथ में पकड़ी छड़ी से चप्पल के नीचे पड़े पत्ते हटाए। ये पत्ते गिरे कब होंगे भला! वह सोचने लगे। सारी रात उन्हें पत्ते गिरने की टप-टप आवाज आई तो थी। सच, क्या पत्ते इतनी आवाज करते हैं? वह तो हौले-हौले न जाने कब गिरते हैं। शायद मुझे पतझड़ का आभास ही हुआ हो।

सोचते-सोचते वह लॉन में लगे झूले पर जा बैठे। सारी साँकलें चर्र-मर्र बजने लगीं। उन्होंने पैर टेककर झूला रोका। फिर सोचने लगे—पतझड़ आवाज करके तो नहीं आता! वैसे मैं आवाज सुनने की बात कैसे करूँ? आजकल सुनाई भी कम देने लगा है। उन्होंने फिर दोहराया—पतझड़ आता है तो सूचना देकर तो नहीं आता! अनायास ही मन किसी आशंका से काँप गया—पतझड़! इसके कई अर्थ होते हैं। जीवन के पतझड़ की कगार पर वह स्वयं भी तो खड़े थे।

उन्होंने पालना फिर चलाना शुरू किया। साँकलें फिर बज उठीं और ऊपरी मंजिल के बेडरूम की खिड़की से वही चिड़चिड़ा स्वर कानों से टकराया—"हो गया शुरू इनका झूला झूलना।" उषा ने जान-बूझकर जोर से कहा।

"जाने भी दो! उनकी नींद खुल जाती है। वह करें भी क्या!"

"तो इसका अर्थ यह तो नहीं कि दूसरों को भी नींद से जगा दें।"

"तुम्हें किसने कहा कि जागो? तुम सोई रहो।"

आनंदराव ने यह वार्त्तालाप सुना।...और देखो, लोग कहते हैं, मैं बहरा हो चला हूँ। क्या विडंबना है! कल ही तो उषा ने आकर कहा था, 'नाना, इतनी सुबह-सवेरे झूले पर मत आया करें।' उसने निकट आकर बड़ी जोर से बात की थी, इतनी कि उस बात को समझने में उन्हें दिक्कत हुई और अब, इतनी दूर से आया वार्त्तालाप भी स्पष्ट सुनाई दिया। मन में अपराध-बोध जागा। उषा का चिड़चिड़ा स्वर उन्होंने सुना, 'तंग आ गई हूँ!' यह शब्द किसी को संबोधित करके तो कहे नहीं गए थे, पर वह समझ गए।

'बहू, कल से याद रखूँगा।' वह अपराधी के से स्वर में बोले। किंतु याद नहीं रहा। 'आजकल स्मरण-शक्ति भी क्षीण हो गई है।' उन्होंने अपनी ही भर्त्सना की।

इतने में झूला जोर से चला और झटके से रुका। वह घबरा गए। जंजीर कस के पकड़ी और ऊपर देखा।

''स्वीटी, कितना डरा दिया! मैंने सोचा...सोचा...''

''आपने सोचा, मम्मी आ गईं।'' उसने खिलखिलाकर शरारत भरे स्वर में कहा।

आनंदराव ने गरदन हिला दी।

स्वीटी का चेहरा सुबह की सुनहरी धूप में चमक रहा था। बाल उड़ रहे थे। उसने झूला तेज किया। आनंदराव ने जंजीर कस के पकड़ ली।

''मत कर, बेटी! पेट में अजीब सा लगता है। रोक।''

पर उसने झूला रोका नहीं। हँसती रही और वेग बढ़ाती रही।

''स्वीटी...स्वीटी...रोक!''

उसने झटके से रोका। वह गिरने लगे, पर सँभल गए। स्वीटी ने उन्हें सहारा देकर फिर झूले पर बिठा दिया।

''आज जल्दी तैयार हो गई?''

''आज एक्स्ट्रा क्लास है।''

''चाय बन गई?''

''माँ तो अभी उठीं नहीं। सालूबाई शायद चाय बना रही है। ले आऊँ?''

''नहीं।''

आनंदराव चाय के शौकीन थे। सुबह उठते ही चाय चाहिए होती। उनकी पत्नी उमा तो कभी जल्दी उठनेवालों में से थीं नहीं। वे स्वयं ही चाय बना लेते। उमा चली गईं, तब भी यही दिनचर्या रही। एक दिन बहू बोली थी, 'बुढ़ापे में चाय की लत ठीक नहीं। थोड़ा संयम रखिए और सबके साथ टेबल पर ही बैठकर चाय पीएँ।'

बात शायद ठीक थी, पर आनंदराव के लिए प्रात: की पहली चाय छोड़ना बहुत कठिन था। एक कप चाय के लिए मन व्याकुल हो जाता, सिर दुखने लगता और हाथ-पाँव शक्तिहीन हो जाते। मन को बहुत समझाया उन्होंने, पर वह था कि किसी हठी बच्चे की तरह अड़ जाता। फिर साढ़े सात बजे टेबल पर चाय आती, तब लगता आठ-दस कप पी जाएँ। इतनी कशमकश! एक कप चाय के लिए। किंतु उषा के उन वाक्यों के बाद उन्होंने कभी चाय पहले नहीं पी, न ही माँगी। आज स्वीटी ने पूछा तो एकबारगी मन किया कि कह दें उससे, 'ले आ बेटी, गरमागरम कप। सर्दी है आज।' किंतु उनके शब्द होंठों पर ही जम गए।

फाटक के सामने ऑटो आकर रुका। कोई आया था।

'कोई भी हो, मुझे क्या? कौन मेरे लिए आया होगा भला!' उन्होंने सोचा। फिर भी फाटक की ओर बढ़े।

"नाना!" उषा का स्वर आया। वह वहीं थम गए। "जो आया है, वह घर में ही आएगा।" उषा बोली।

वह मुड़े और अपने कमरे की ओर चले गए। फिर भी उत्सुकता थी। कौन आया होगा भला इतने सवेरे? कौन सी ट्रेन आती है? दादर एक्सप्रेस का समय सुबह का ही है। कौन होगा? चलो, कोई भी हो, मुझे क्या?

उनकी पूछताछ या घर में झाँकना उषा को पसंद नहीं था। वह कुछ कह देती, उनका दिलोदिमाग क्रोध से संतप्त हो जाता। फिर मन को शांत रखने के लिए वे 'गीता' पढ़ना शुरू करते।

अब भी चलते-चलते 'गीता' के श्लोक बोलने लगे। रसोई के पास से गए तो चाय की खुशबू से मन व्याकुल हो गया। चुस्की लेने का स्वाद! पर वह जानते थे, अब मेहमाननवाजी के चलते उनकी बारी इतनी जल्दी नहीं आएगी।

नौ-साढ़े नौ बजे सालूबाई चाय का कप लिये आ रही थी। संताप से उनका माथा ठनका, दूसरी ओर चाय के लिए मन अधीर हो रहा था।

"सालूबाई, अब नाश्ते का समय हो रहा है और सुबह की पहली चाय अब लेकर आ रही हो? ले जाओ वापस!"

"नाना साहब! पहली चाय कम पड़ गई। दूसरी बार बनाने लगी तो···जाने दो! आप जानते हैं न! ले लीजिए।"

सालूबाई ने आग्रह करके चाय का कप पकड़ाया।

चुस्की लेते ही उन्हें तरावट-सी महसूस हुई।

आनंदराव को अपने आप पर हँसी आई और रंज भी हुआ। कहते हैं, 'माया-

मोह छोड़ दो, इस दुनिया में हम प्रवासी बनकर आए हैं। हमारे वश में कुछ भी नहीं है। जन्म लो और मृत्यु का इंतजार करो, जैसे प्लेटफॉर्म पर बैठकर गाड़ी की प्रतीक्षा करते हैं। इस संसार के मोहपाश से दूर रहो।' अच्छे वचन हैं।

हूँ! चाय का मोह तो छोड़ नहीं सकते हैं आप, आनंदराव! बाकी मोह-माया छोड़ना तो दूर की बात है। मन ने उलाहना दी।

छोड़ो भी, मेरे मन! मुझे और है ही किस चीज का मोह? परिवार की मोह-माया उषा के व्यवहार से धीरे-धीरे जाती रही है। चावलों में पड़े कंकड़ की तरह मुझे निकाल फेंका। अब जीवन का मोह तो रहा नहीं, हाँ, मृत्यु का मोह अवश्य है। किंतु इस मृत्यु को भी क्या कहें? जो चाहता है वहाँ पहुँचती नहीं, जहाँ नहीं जाना चाहिए वहाँ पहुँच जाती है। पहले ईश्वर पर से मेरी आस्था उठ गई थी, अब मृत्यु पर भी विश्वास नहीं रहा। लगता है, मैं किसी अंतहीन रास्ते पर चल रहा हूँ, चल-चलकर थक गया हूँ और रास्ता बढ़ता ही जा रहा है। उसका दूसरा छोर नजर ही नहीं आता।

आनंदराव ने स्वयं को झिड़का—खुद ही प्रश्न पूछो और खुद ही उत्तर दो। दिन भर मैं अपने आपसे ही उलझा रहता हूँ। बात करूँ तो किससे? अब घर में कोई नहीं होगा। उषा दफ्तर चली गई होगी। वसंत भी अब तक चला जाता है। स्वीटी क्लास के लिए गई है। नीलेश सो रहा होगा। रात देर तक पढ़ता रहता है। इस समय घर में होगा नीलेश और आया हुआ अतिथि। कौन आया होगा भला? फिर से जिज्ञासा जागी।

कई बातें इसी तरह सोचते-सोचते वह यंत्र-चालित-से उठे, स्नान कर आए। कंधे पर धोई हुई धोती थी, झाड़कर सूखने के लिए तार पर डाली। हाथ में पूजा का ताँबे का लोटा लिया और पूजा करने बैठे। तभी याद आया कि आज फूल नहीं हैं। याद ही नहीं रहा। सुबह आए हुए मेहमान के चक्कर में यूँ पड़े कि प्रतिदिन की भाँति फूल तोड़े ही नहीं। आजकल दिमाग क्या, खाली डिब्बा बन गया है।

उन्होंने कंधे पर उपरना रखा और उठे। एक कदम लिया ही था कि चौंक गए। सामने बैठी एक युवती उनकी ओर ध्यान से देख रही थी। कौन थी यह? कब आकर बैठी होगी? हे भगवन्! कहीं मैंने मन्त्रोच्चारण तो गलत नहीं किया होगा? क्या सोचेगी यह नवागंतुका? आजकल हाल ही कुछ ऐसा हो गया है कि कुछ भी याद नहीं रहता, मस्तिष्क में बवंडर-सा चलता रहता है। देखो न, 'गीता' का अध्याय शुरू करता हूँ तो पीछे के न जाने क्या-क्या संदर्भ याद आते हैं और मैं भूल जाता हूँ कि श्लोक कौन सा बोल रहा था। फिर पहले से अध्याय शुरू।

अध्याय ? जीवन के अध्याय भी तो कई हैं—वसंत की विकट बीमारी, उमा के सिर पर सवार नाटक और अभिनय का भूत, रात-रात भर जागकर वसंत की देखभाल। उमा देर रात गए आती, सुबह देर तक सोती रहती। वसंत और उर्मिला के लिए वही नाश्ता बनाकर लंच पैक करते। 'ये सब कैसे याद आता है, आनंदराव ?' उन्होंने स्वयं से पूछा, 'और बचपन से मुखोद्गत की हुई 'गीता' क्यों भूल जाती है ?'

सोचते-सोचते हाथ में पकड़ी आचमनी खन्न से लोटे पर बजी और वह चौंककर वर्तमान में लौटकर आए। युवती उन्हें देखकर मुसकराई।

"आजोबा! पहचाना नहीं न मुझे ? मैं अलका हूँ, उषा दीदी की मौसेरी बहन। उनकी शादी में थी मैं।"

"शादी में ? उसे भी अब मुद्दत हो गई है। स्वीटी ही दस वर्ष की है।"

"तब मैं भी इतनी ही थी…। आज सुबह पहुँची हूँ। इंटरव्यू के लिए आई हूँ।"

"अच्छा!" उन्होंने सहज ही कहा। उसे कमरे में देखकर अच्छा लगा, वरना उनके कमरे में पिछले पाँच-छह वर्षों से स्वीटी को छोड़ कोई आया ही नहीं था। स्वीटी तीन वर्ष की थी, भागकर आ जाती। उसके साथ तुतलाकर बोलते-बोलते समय कब बीता, पता न चला।

"आजोबा, खाना खाने चलिए न!"

"अलका, तुम जाओ। उषा तो होगी, स्वीटी भी आ जाएगी।"

"उषा दीदी तो हैं ही। आज उन्होंने छुट्टी ली है, पर आप तो चलिए।"

"आग्रह मत करो, अलका। मैं इस समय खाना नहीं खाता।"

"तो मैं भी नहीं खाऊँगी इस समय।"

"कमाल करती हो, बच्ची! अभी तो आई हो। आज पहली ही मुलाकात में…" वह रुक गए। पूजा का सारा सामान उठाकर रखा।

"पूजा का कमरा आउट हाउस में क्यों, आजोबा ?"

"इसलिए कि ये भगवान् मेरे हैं।"

"भगवान् भी व्यक्तिगत होते हैं क्या ? भगवान् तो सबके हैं। आप पूजा करते हैं उनकी, बस इसीलिए ? परंतु इतना बड़ा बँगला और मंदिर आउट हाउस में ? बात कुछ जँची नहीं। ऐसा महसूस होता है मानो भगवान् को किसी ने घर से ही निकाल दिया है।"

वह चुप रहे। क्या कहते। बेचैनी से उसके जाने का इंतजार करने लगे। इतने

में नजर पड़ी सालूबाई पर। वह थाली लिये इधर ही आ रही थी। आनंदराव एकदम घबराए-से बोले, ''जाओ जल्दी। उषा प्रतीक्षा कर रही होगी।''

''तो चलिए आप भी।''

''मैं नहीं जाऊँगा।''

''तो मैं भी नहीं जाऊँगी।''

''अजीब जिद्दी लड़की है। न जान, न पहचान और आग्रह ऐसा कि...''

''मैं उषा दीदी से कहकर आई हूँ कि आजोबा को लेकर आती हूँ।''

आनंदराव हतप्रभ-से कुरसी से उठकर खड़े हो गए, ''तुम जाती हो या...''

''हम दोनों ही चलेंगे, आजोबा!''

सालूबाई अब निकट आ गई थी। आनंदराव और भी व्यग्र हो गए थे। आज तक इस बँगले में क्या कम मेहमान आए थे—नाते-रिश्तेदार, दोस्त-बांधव कई! सब जानते थे कि पिता को इन्होंने आउट हाउस में रखा है। किंतु आज तक किसी ने उनसे इस प्रकार आग्रह नहीं किया था। सब चिकनी-चुपड़ी बातें करके चले जाते। कौन परवाह करता उनकी? सब शायद यही सोचकर चले जाते कि यह उनके परिवार का निजी मामला है। आनंदराव ने भी कभी वास्तविकता छिपाने का प्रयत्न नहीं किया था। जो सामने था, वह सत्य था। किंतु आज अलका के सामने वह परिवार का यह चित्र प्रकट करना नहीं चाहते थे। क्यों थी ऐसी छटपटाहट, वह स्वयं अनभिज्ञ थे।

सालूबाई ने थाली मेज पर रखी। उसपर ढँकी थाली उठा ली। खाने से भरी थाली अलका ने देखी। आनंदराव ने गरदन झुका ली।

सालूबाई बोली, ''चलो अलका बेटी, भाभीजी इंतजार कर रही हैं।''

अलका चुपचाप उठकर चली गई। आनंदराव ने थाली अपनी ओर खिसकाई, पर निवाला मुँह में डालने की इच्छा मर गई थी। अलका का स्नेह, अपनापन, प्यार भरा आग्रह अंदर तक छू गया था।

जीवन के कितने ही वर्ष वह तरसते रहे प्यार और अपनेपन के लिए। कदाचित् ये शब्द मेरे लिए शब्द ही रहे, कभी भाव न बन सके। ये शब्द शायद मेरे लिए बने ही नहीं थे। उमा से प्रेम-विवाह किया था आनंदराव ने, बस वही था उनका प्रेम से संबंध। बाकी सारे शरीर-धर्म! वह भी केवल पाँच-छह वर्ष। वसंत का जन्म हुआ, फिर उर्मिला आई और उमा ने अपने आपको मातृधर्म से अलग कर लिया। पहले नाटकों का शौक रहा, अभिनय की धुन चढ़ी, विविध शहरों और प्रांतों के दौरे, नाट्य संस्था की संस्थापक और प्रसिद्धि का शिखर! आनंदराव घर-गृहस्थी

और बच्चे सँभालते रहे। कई बार उमा का पाँव फिसला, उन्होंने ही उसे सँभाला; किंतु उमा का मन न तो उनके प्रति कृतज्ञता से भरा और न ही उसे अपने नैतिक पतन पर रंज हुआ। फिसलना और सँभलना उसके चरित्र का भाग बन गया, सँवारना उनका कर्तव्य बनकर रह गया।

सालूबाई थाली उठाने आई, तब कहीं आनंदराव होश में आए।

"आज खाना नहीं खाया, नाना साहब?" सालूबाई अपनेपन से पूछ रही थी।

वह मुसकराए—एक उदास मुसकान।

"भूख नहीं है।"

"नाना साहब, फिर शाम तक कुछ नहीं मिलेगा। मैं यहीं रुकती हूँ। आप शांति से खाना खा लीजिए।"

आनंदराव एक-एक निवाला जैसे-तैसे गले के नीचे उतार रहे थे। 'क्यों खाना खाया जाए? किसलिए? न जीना अपने हाथ में है, न मरना। सारी आयु मैं पराजित ही रहा। मेरे लंबे-चौड़े, सुदृढ़ शरीर में मन था दुर्बल! असफलता ही हाथ लगी पूरी आयु! पराजय मेरा दूसरा नाम ही है शायद! एक ही बार उन्होंने कड़ा रुख अपनाया था। उस दिन दिल में सुलगती एक-एक चिनगारी आग बनकर उठी थी। उन्हें वह प्रसंग याद आया।

उन्होंने वह दो-मंजिला मकान नया ही बनवाया था। सामने आँगन था, लॉन था, छोटा सा बगीचा था, पिछवाड़े में आउट हाउस और किचन गार्डन! उन्होंने अपना और उमा का बेडरूम भी खास प्लॉन किया था। बच्चे बड़े हो गए थे—उर्मिला ससुराल चली गई थी, वसंत का विवाह हो गया था। घर की वास्तु शांति हुई और आनंदराव ने उमा से कहा, 'अब तक की जिंदगी का लेखा-जोखा कर लें, उमा! देखो, यह हमारा बेडरूम कैसा सजा है आज!'

उमा चुप रहती या न ही कर देती तो वे सहन कर जाते—आदत जो पड़ी थी इस व्यवहार की; पर उमा का रुख ही बदला था उस दिन। उसने छूटते ही कहा था, 'पौरुष क्या होता है, इसका आस्वाद मैं चख चुकी हूँ। आप जैसे दुर्बल पुरुष में तारुण्य में भी वह नहीं था, अब पतझड़ में क्या होगा!'

अपने सीधे-सादे स्वभाव पर रोष आया उन्हें। अपनी दुर्बलता पर संताप से काँप उठा शरीर। इतने शौक से यह घर बनाया था, अब उसमें प्रवेश करने का भी मन नहीं था। किसके लिए किया था इतना सब? बँगले का नाम 'समाधान' रखा था। क्या विडंबना थी! समाधान तो इस बँगले के अंदर कभी आया ही नहीं था।

आनंदराव ने अपने बेडरूम को कब की तिलांजलि दे दी थी। वसंत ने उसपर कब कब्जा किया, याद नहीं। उमा उपभोग करके तृप्त हो गई थी या यूँ कहिए, थक गई थी। एक दिन वह भी चल बसी और वसंत की पत्नी उषा को उनकी अड़चन होने लगी। वह दो-मंजिला मकान, कई कमरोंवाला, कई बेडरूम व टॉयलेटवाला; पर उसमें ससुर के लिए एक कमरा भी न रखा गया। सीधे आउट हाउस में उनकी व्यवस्था की गई। वहाँ का एक कमरा सालूबाई को दिया था, एक उन्हें।

आनंदराव मन-ही-मन कुढ़ते रहे। कभी सोचते—चीख-चीखकर उसे बताऊँ, 'बहू! यह बँगला मेरा है, मेरी पसीने की कमाई का है। तुम्हारा या वसंत का इसपर रत्ती भर भी हक नहीं है। बाहर तो मैं निकाल सकता हूँ तुम्हें। मेरे ही बँगले में महारानी बनकर रह रही हो और मुझे ही बाहर निकाल दिया!' पर प्रकट में वह कुछ कह नहीं पाए। विष का घूँट पीकर परिस्थिति से जूझते रहे।

सेवानिवृत्ति के बाद आनंदराव बिलकुल अकेले पड़ गए थे। कभी बगीचे में काम करते, कभी स्वीटी के साथ खेलते और कभी मित्रों से मिल आते। सोचते, बाकी सेवानिवृत्त लोग क्या करते होंगे भला! शायद मेरी तरह ही जीते होंगे। उन्होंने परिस्थिति से समझौता कर लिया था।

परंतु अलका ने आकर उनके घाव कुरेद दिए थे। संतुष्टि का झूठा आवरण उसने हटा दिया था।

'कौन होती है यह लड़की मेरी शांति भंग करनेवाली? चल हट, निकल यहाँ से।' और अलका को झटककर बाहर करके वे खुशी से हँस दिए।

"क्यों हँस पड़े आप?" सालूबाई सामने बैठी उन्हें देख रही थी।

"वह अलका है न, पागल लगती है वह!"

सालूबाई चौंकी। मन किया, कह दे, वह कटु सत्य बता दे उन्हें कि नाना साहब, आपकी बहू ने आपको दुनिया के सामने पागल घोषित कर दिया है। लोग उसकी प्रशंसा के, कर्तव्य-परायणता के पुल बाँध रहे हैं; क्योंकि वह अपने पागल ससुर की सेवा कर रही है। नाना साहब, आप अँधेरे में हैं। चलो, वही ठीक है।... प्रकट में वह कुछ नहीं बोली, थाली उठाकर चली गई।

वह लेट गए। हवा के झोंके से कैलेंडर के पन्ने फड़फड़ा रहे थे। कुछ देर को झपकी लगी तो स्वप्न में देखा, वह अपने बाग को पानी दे रहे हैं। असंख्य फूलों से बगीचा महका-महका-सा था। एक खूबसूरत फूल को उन्होंने सहज होंठों से छू लिया। तभी उषा ने वसंत को इशारा किया, 'देखा! कैसी विक्षिप्तता है!'

विक्षिप्त, अर्थात् पागल ही हुआ न! और वह जाग गए। आजकल कई बार

उषा उन्हें विक्षिप्त कहती थी। ऐसी बातें अनसुनी करने का प्रण किया था, किंतु फिर भी बुरा लगता था उन्हें। सामने गणेशजी का कैलेंडर फड़फड़ा रहा था। रात को हवा से यही पन्ने फड़फड़ा रहे थे, जब मुझे लगा था कि पतझड़ आ गया है। कैलेंडर के पृष्ठ बँधे हुए हैं एक-दूसरे से, तभी उड़ नहीं पाते।

अब क्या करूँ? किसे सुनाऊँ अपना दुखड़ा, हे गजानन! सच, थक गया हूँ मैं। बहुत चला हूँ। अब शरीर काम नहीं करता, मन मर गया है; पर जितनी साँसें बाकी हैं, वे लेनी ही हैं। हर पतझड़ के मौसम में लगता है, यह पतझड़ मेरे लिए भी आखिरी संदेश लेकर आए। मन अब विरक्त हो गया है। पत्ते जब पीले पड़ जाते हैं तब वृक्ष उन्हें गिरा देता है, अपने पास नहीं रखता। फिर मैं ही क्यों चिपका बैठा हूँ तने से?

"आजोबा, आजोबा!" अलका उन्हें हिला रही थी।

वह सचेत हो गए।

"पतझड़ आ गया?"

"पतझड़? क्यों?"

वह चौंककर यथार्थ में लौट आए। झेंपकर बोले, "अलका, मनुष्य किसी-न-किसी पागलपन के सहारे जीता है। मेरा पागलपन है पतझड़ का मौसम। जब बगीचे में पत्ते झड़ने लगते हैं न, तब सोचता हूँ, यही पतझड़ मेरे लिए निमंत्रण लेकर आया होगा। निसर्ग का नियम है—'पुनरपि जननं, पुनरपि मरणम्; किंतु मेरे लिए यह नियम लागू क्यों नहीं होता? हर शाम लगता है, यह मेरी अंतिम शाम है। कैसा विरोधाभास है देखो, एक ओर जाने की इच्छा, दूसरी ओर इस जीवन की यादें! जकड़न है यह!"

"आजोबा!" अलका ने उनके कंधे पर प्यार से हाथ रखा।

उनकी आँखें भर आईं।

हफ्ता देखते-देखते बीत गया। अलका को नौकरी मिल गई थी। एक दिन बोली, "आजोबा, मैंने निश्चय कर लिया है। पूछिए न, क्या निश्चय किया है मैंने?"

"तो बता, बेटी!"

"हम दोनों अब यहाँ से कहीं और जाकर रहेंगे। इस दुनिया में मेरा कोई नहीं है। अकेलापन अखरता है। इतने वर्ष उषा ताई के मायके में ही मौसी के पास रही। अब स्वतंत्र जीना चाहती हूँ। साथ देंगे न आप मेरा?"

"मैं? मैं तुम्हारा साथ दूँ, क्या कहती हो?"

"हाँ, आजोबा! अब हमारे घर में पतझड़ की बात नहीं की जाएगी। मेरे लिए आपको मृत्यु का निमंत्रण भी अस्वीकार करना होगा, तो पतझड़ की क्या हिम्मत कि वह हम तक पहुँचे! आजोबा, आपकी आयु इतनी भी तो नहीं है, जो आप इस प्रकार उखड़ी-उखड़ी बातें करें! जिसका मन सुदृढ़ होता है न आजोबा, उसका शरीर भी स्वस्थ होता है।"

आनंदराव सुन रहे थे, जो अलका कहे जा रही थी और साथ ही उन्होंने और भी कुछ सुना, जो उसने कहा नहीं था।

अलका फिर से बोली, "आजोबा, जरा सोचिए, आपको रिटायर हुए केवल छह वर्ष हुए हैं। आपकी उम्र के लोग देखिए, कैसे ऐक्टिव होते हैं। एक आप हैं, जो हारकर बैठे हैं। उठिए आजोबा, अब आपको अलका के लिए जीवन नए सिरे से शुरू करना है। पतझड़ तो क्या, आई हुई मृत्यु को भी वापस भेजना है।"

आनंदराव भौचक्के हो देखते रहे, सुनते रहे ये धीरज बँधानेवाले शब्द, उनके पीछे छिपा अपनेपन का अधिकार। वह भी बहुत कुछ कहना चाहते थे, पर गला रुँध गया था। आज जीवन में पहली बार किसी ने इतना अधिकार, इतना अपनापन जताया था। अलका ने उनकी ओर देखा। उनकी स्थिति भाँप गई थी। काफी देर तक चुप्पी छाई रही। आनंदराव सँभल गए थे। गला साफ किया और बोले, "बेटी, यहाँ से कहीं भी जाने की जरूरत नहीं है। तुम भी यहीं रहोगी और मैं भी। अब हम लाचार होकर इस आउट हाउस के कमरे में नहीं, अपने बँगले में रहेंगे। अलका, यह बँगला मैंने बड़े चाव से बनवाया था। यह आँगन, यह लॉन, यह झूला—मैंने ही तो यह प्लॉन किया था। मैं मालिक हूँ यहाँ का।"

अलका हँस पड़ी, "यही तो, आजोबा! यही तो!" खुशी थी उसके स्वर में, जीत की खुशी।

आनंदराव में मानो नव-जीवन का संचार हुआ था। जीवन का अर्थ उन्होंने नए सिरे से समझा था, देर से ही सही, पर समझा तो था। अपने अधिकार के प्रति सचेत हुए। वसंत को बुलाया, "आज मेरी भी सुन लो, वसंत! आज के बाद मैं इस आउट हाउस में नहीं रहूँगा। तुम्हें मेरा बँगले में रहना पसंद न हो तो अपने लिए अलग व्यवस्था कर लो। और हाँ, आज शाम तक मेरा बेडरूम खाली करके दो, पूजा का कमरा भी! और सालूबाई से कहो, अलका के लिए एक कमरा खोल दे। तुम जा सकते हो।"

सालूबाई चुपके से सुन रही थी। उसके चेहरे पर हास्य था, प्रसन्नता का। उषा और वसंत सकपका गए।

महीने भर में आनंदराव के पैरों की सूजन और पीठ का झुकाव गायब हो गया। मन और शरीर से सुदृढ़ आनंदराव माली को हिदायत दे रहे थे। बगीचे का काम स्वयं देख रहे थे।

अब की बार पतझड़ अया। उन्होंने आँगन में बिखरे पत्ते माली से उठवाए। अब उन्हें पतझड़ की प्रतीक्षा नहीं थी।

''अरे, पतझड़ तो आता-जाता रहता है।'' वह माली से कह रहे थे। आवाज में जोश था।

□

प्रायश्चित्त

दादा साहब सुबह का अखबार लेकर बरामदे की आरामकुरसी पर बैठे ही थे कि शांति तेजी से आई और फाटक खोलकर इतनी जल्दी-जल्दी अंदर गई कि उनके शब्द होंठों पर ही टिके रह गए। वही रोज का वाक्य था, 'फाटक ठीक से बंद कर, शांति!' पर शांति को रुकने-सुनने की फुरसत कहाँ! फाटक खुला रखकर ही वह रसोई में चली गई। वैसे दादा साहब गरम मिजाज के थे, पर करते क्या? शांति थी कि सुना-अनसुना करके चली जाती, खासकर जिस दिन मालकिन को कोई खास समाचार सुनाना हो।

दादा साहब उठे, बड़बड़ाते हुए बरामदे की दो सीढ़ियाँ उतरे और फाटक बंद करके आए। परंतु कुरसी पर बैठे नहीं, बल्कि रसोई की ओर मुड़े। शांति धीरे-धीरे कुछ बता रही थी और सुनंदा उत्सुकता से सुन रही थी।

"सच?" सुनंदा के स्वर में खुशी थी।

"हाँ, बिलकुल सच!"

"आज फिर से फाटक खुला छोड़कर आई, शांति!" दादा साहब गुस्से से बोले।

"जाने भी दो, रह गया होगा।" सुनंदा ने शांति की तरफदारी की। इस समय वह काफी प्रसन्न थी। दादा साहब ने उसकी ओर देखा। रात से ही उदास और मुरझाई हुई सुनंदा इतनी प्रसन्न कैसे हो गई? क्या खबर लाई होगी शांति?

"हाँ, शांति, फाटक खुला रखे तो उसे रखने दो, बंटी को भी छोड़ दो, हर किसी को छूट! अब मैं ही चौकीदार बनकर खड़ा रहता हूँ और आए-गए के लिए फाटक खोलकर बंद करूँगा।" वह गुस्से में थे।

"नहीं दादा साब, आगे से कभी ऐसी भूल नहीं होगी।" शांति ने नम्रता से कहा।

दादा साहब ने कोई प्रतिक्रिया व्यक्त नहीं की। हाथ में पकड़े पेपर को तह

करते हुए बोले, ''क्या बता रही थी यह शांति?''

''कुछ नहीं।'' सुनंदा ने बात समाप्त करने के लिए जल्दी से कहा।

''कुछ कैसे नहीं? मैंने सुना है।''

''आपने सुन लिया?'' शांति ने आश्चर्य से पूछा।

सुनंदा पल भर को सकपका गई; पर दूसरे ही क्षण निश्चिंत-से स्वर में बोली, ''सुना न आपने! फिर क्यों? जो सुना, वही वह बता रही है।''

''मैंने सुना ही कहाँ, केवल तुम्हारा वाक्य सुना था।''

सुनंदा ने आश्वस्तिपूर्ण साँस ली।

''जोशीजी की बेटी के बारे में बता रही थी। है न, शांति?''

''हाँ-हाँ, वही। और मैं भला क्या जानती हूँ!'' शांति ने बचाव किया।

''तू भला क्या नहीं जानती! तुझे तो सी.बी.आई. में जाना चाहिए। सारी कॉलोनी की क्या, सारी दुनिया की खबरें होती हैं तेरे पास।''

''अब दादा साहब, मैं क्या करूँ; जो सब खबरें लोग मुझे बताते हैं तो!'' शांति बरतन धोने लगी। पर जितनी तेजी से हाथ चल रहे थे उतनी ही तेजी से जीभ भी चल रही थी। सुनंदा रसोई से बाहर आई तो दादा साहब भी पीछे-पीछे आ गए। पूछा, ''क्या हुआ जोशीजी की बेटी को?''

''छोड़ो भी, शांति की खबरों पर क्या विश्वास किया जा सकता है?''

''फिर भी, कुछ तो होगा?''

दादा साहब ने डाइनिंग टेबल की कुरसी खींच ली और बैठ गए। अब सुनंदा के लिए कोई चारा नहीं था। कुछ तो बोलना ही पड़ेगा।

''वैसे कुछ खास नहीं।''

''फिर उसके साथ गुफ्तगू क्या चल रही थी, जो तुम्हें खुश कर गई?''

''ऐसा है…'' वह रुकी, हिचकिचाई। फिर सँभलते हुए बोली, ''जोशीजी की पमा है न, उसके पाँव भारी हैं।''

''तो इससे क्या?''

''माता-पिता अबॉर्शन के लिए कह रहे हैं। वह नहीं मानती और उसके पति का कोई अता-पता नहीं। न जाने कहाँ फरार हो गया!''

''कैसी-कैसी बातें सुनने में आती हैं! न जाने ऐसी शादियाँ लोग करते ही क्यों हैं, जो टिकतीं नहीं।''

''अब कौन किसके साथ शादी करे या न करे, यह हम क्या तय कर सकते हैं भला!'' सुनंदा बोल तो गई, पर दादा साहब अचानक कुरसी पर से उठ खड़े हुए।

''सच, यह तय करनेवाले हम कौन हैं? यह भी तय करनेवाले हम कौन हैं कि विवाह के बाद कौन कहाँ रहे, कैसे रहे? ठीक कहती हो।'' उनकी आवाज में कटुता थी।

सुनंदा चुप रही।

''सच है न यह?'' दादा साहब ने अपनी बात को दोहराया, ''बोलो, अब चुप क्यों हो?''

''हाँ, ठीक है।'' सुनंदा ने संक्षिप्त-सा उत्तर दिया और दूसरे कमरे में चली गई।

दोपहर की नींद टूटी शांति की आवाज से। दादा साहब सोचने लगे—आज कैसे आ गई यह दोपहर के बरतन साफ करने, वरना दस बार बोला होगा, फिर भी दोपहर की छुट्टी मारती है शांति और आज...।

''तुझे कब लगा पता कि वह आया है?'' सुनंदा पूछ रही थी।

''कल मैं बहन के घर गई थी न, वहीं सामने के फ्लैट में मुझे दिखे। मैं चकरा गई न, बाई। सोचा, लगते तो वही हैं, पर यहाँ? फिर रहा कहाँ गया मुझसे। मैं जाने लगी। उस समय वह कार से उतर रहे थे।''

''फिर पूछा तूने?''

''हाँ बाई, मैं तो गाड़ी के सामने 'ए ऐसे' खड़ी हो गई।'' शांति ने ऐक्टिंग करके दिखाई।

''धीरे! मालिक जाग...''

''वह गाढ़ी नींद सोए हैं।'' वह कुछ धीमे स्वर में बोली।

''मैंने पूछा, कब आए?''

''तुझे पहचाना?''

''कैसे नहीं पहचानते? पहचाना, खूब! कहने लगे—दो महीने हो गए हैं। ट्रांसफर होकर आया हूँ।''

दादा साहब के कमरे में उनकी हलचल देखते ही शांति जोर-जोर से बरतन मलने लगी। दादा साहब उठकर रसोई में आए।

''चाय बना रही हो न?'' उन्होंने पत्नी को संबोधित किया। फिर शांति की ओर मुड़े, ''क्यों शांति, आज दोपहर को कैसे आई?''

''आप ही कहते हैं कि आया करूँ, तो आ गई आज! पर दादा साब, आप ही बताएँ, आकर क्या करूँ? दो थालियों के लिए आना क्या पुगता है? चार बाल-बच्चे हों तो बरतन मलने आना अच्छा लगता है। छोटे मालिक...''

''छोड़ो इस बात को।'' उन्होंने कड़वाहट से विषय बदला।

''कैसे छोड़ूँ, मालिक! आज बीस साल से काम कर रही हूँ। मन में कई बातें घुट गई हैं। लगता है, कह दूँ कि छोटे मालिक को माफ...''

''यह विषय फिर से मत निकालना शांति, समझी। अपना काम करो और जाओ।'' स्वर कटु था।

शांति ने जो दो-चार बरतन थे, साफ किए, चाय का कप पकड़ा और कुछ देर में जाने को हुई।

''सुबह दूध लेने आएँगी न, मालकिन?''

सुनंदा ने सिर्फ गरदन से 'हाँ' कर दी।

''किस बारे में बात कर रही थी?''

''आपको सारा वक्त ऐसा क्यों लगता है कि वह कुछ गुफ्तगू कर रही है? फिर यह महरियाँ इधर-उधर काम करती हैं। हजारों गप्पें होतीं हैं इनके पास। आप ही तो उसे रिपोर्टर कहते हैं न!''

''सुनंदा, तुम कहती हो कि तुम्हें शांति के मुँह लगना अच्छा नहीं लगता। और अब देख रहा हूँ कि तुम्हीं स्वाद ले-लेकर दूसरों की बुराइयाँ सुन रही हो!''

''अब मैं घर से बाहर कहाँ निकलती हूँ? वह जो बताती है, सुनती हूँ। टाइम भी तो गुजारना है न! पड़ोस का बंटी आता है तो थोड़ा अच्छा लगता है।''

''बंटी? अरे, वह छोकरा गेट खुला छोड़कर चला आता है। परसों गाय आ गई थी। बगीचे में मुँह मार गई।''

''बच्चा है। तुम्हारे अपने पोते ने खुला रखा होता तो?''

दादा साहब बुरी तरह से सकपका गए; परंतु पराजय स्वीकार करना उन्हें कभी भी मंजूर नहीं रहा। एकदम से बोले, ''अपने पोते को मैंने पहले से ही अनुशासित किया होता।''

''इतने छोटे बच्चे को क्या अनुशासित करना!''

''मैंने किया होता। अनुशासन एक बार सिखा दो, बच्चा सीख जाता है।''

''कहाँ लगता है? आप ही देखिए। ऋषिकेश की माँ होते हुए भी मैं उसे अनुशासित करने में शायद चूक गई, पर आपने तो उसे अपने मार्ग पर चलाया होता।''

''यह सब बचपन में करना होता है। बड़े होने पर आदतें डालना क्या संभव है?''

वह चुप रही। क्या कहती? कप-सॉसर उठाकर रखने लगी।

''परंतु माफ करना बड़ों की ओर से अपेक्षित होता है न!''

''होगा। मेरे तत्त्वावधान में भूल-गलतियों के लिए कोई स्थान नहीं है, अतः 'क्षमा-माफी' जैसे शब्द उसमें बैठते ही नहीं।''

''क्या आप कोई गलती नहीं करते?''

''आमतौर पर नहीं और शायद भूल हो भी तो मैं समझ जाता हूँ। ऋषिकेश ने मेरा अपमान किया है। मैं उसे माफ...''

''बच्चे को करना...उसके अपराध भूलना...पिता का...''

''यह तुम करो, मैं नहीं।''

दादा साहब उठकर चले गए। इकलौता बेटा! और बाप है कि उसकी भूल को जहन में गाँठ बाँधे बैठा है। सुनंदा का गला रुँध गया।

शाम हुई और दादा साहब सैर के लिए निकल गए। सायं केसरिया धूप कमरे में छाई थी और ऋषिकेश के नन्हे-नन्हे लाल पाँव सुनंदा की आँखों के सामने छा गए।

शाम को ऋषिकेश स्कूल से आता और बस्ता पटककर भागता हुआ आकर चिल्लाता, 'आई, भूख लगी है बड़ी जोरों की।' यही हाल था जब कॉलेज से लौटता, दफ्तर से लौटते भी ही यही करता।

'चल, सायंकाल, त्रिसंध्या की बेला में खाते नहीं, जानता है न!'

'जानता हूँ, पर मैं जल्दी मचाता हूँ, तभी तुम जल्दी-जल्दी कुछ बनाकर लाती हो न आई!'

'पर भले मानस! अब नौकरी लग गई है। कल को पत्नी आएगी तो क्या...'

'तो क्या, आई! मैं तो इसी तरह जल्दी मचाऊँगा। उसे नहीं, तुम्हें ताकि तुम मेरे लिए पोहे, भजिया या थालीपीठ बना लाओ।'

सुनंदा की आँखों में आँसू तैर गए। दादा साहब सैर करके आ गए, पर सुनंदा का मन बात करने की स्थिति में नहीं था। पति से बातचीत करने की इच्छा ही नहीं थी। आँखों के समक्ष ऋषिकेश का हँसता-खिलता चेहरा तैरता रहा और तभी याद आई कामिनी।

सुबह घड़ी का अलार्म बजा। दादा साहब ने करवट बदली, घड़ी देखी और चौंककर बोले, ''इतनी जल्दी उठ गई?''

''हाँ, नींद खुल गई। आप सोए रहिए।''

''कहाँ चल पड़ी? दूध कहाँ आया होगा इतनी सुबह?''

''जरा देर हो जाए तो बूथ पर भीड़ हो जाती है। फिर हमें सैर के लिए देर हो जाती है न!''

उसने पैसे उठाए, खाली बोतल उठाई और चल पड़ी। ऋषिकेश था तब डेढ़ लीटर दूध लगता था। अब आधा लीटर भी पड़ा रहता है। दही खाओ तो खाँसी, दूध पियो तो गैस।

सामने से शांति आती दिखाई दी। दस घरों में दूध पहुँचाने के लिए वह पौ फटते ही चल पड़ती। पहले ऋषिकेश दूध लेकर आता था, अब सुनंदा स्वयं जाती है। आखिर समय बिताने का प्रश्न हमेशा सामने होता था न!

''शांति, कामिनी मिली?'' सुनंदा ने धीरे से पूछा।

''नहीं, छोटे मालिक कह रहे थे—पाँव भारी हैं बहू के।''

''चौदह वर्षों बाद!'' सुनंदा के होंठों पर मुसकान थिरक गई, ''शांति, मुझे ले चल उनके घर।'' खुशी से होंठ थरथराए, दिल झूम उठा। लगा, अभी इसी समय भागकर घर जाए और दादा साहब को यह खबर सुनाए। उसने बोतल और पैसे शांति को पकड़ाए, ''शांति...'' और बिना कुछ बोले घर की ओर कदम बढ़ने लगे। कुछ दूरी पर जाकर याद आया कि शांति से पूछना ही भूल गई, 'क्या ऋषिकेश ने घर आने के बारे में कुछ बात की?'

सामने फाटक से टिककर दादा साहब खड़े थे। उन्हें देखते ही ऋषिकेश आँखों के सामने आ गया। ऐसा ही था—साँवला, तेजस्वी चेहरा, लंबा कद, बड़ी-बड़ी आँखें और बाप ही की भाँति जिद्दी।

''क्यों, दूध की बोतल कहाँ है? टूट गई रास्ते में या आज दूध आया ही नहीं?'' दादा साहब का स्वर सुन सुनंदा का उत्साह जाता रहा।

''और इतनी तेजी से क्यों चल रही हो?'' पति ने फिर प्रश्न किया।

सुनंदा की खुशी एकदम से लुप्त हो गई। दादा साहब को कुछ न बताना ही ठीक होगा।

''हाँ, जरा चक्कर-से आए। शांति को बोतल पकड़ाकर आ गई।'' बुझे मन से बोली।

''चाय पियो और घड़ी भर को सो जाओ। आज मैं अकेला ही सैर कर आता हूँ।''

चाय पीकर दादा साहब चले गए।

सुनंदा का मन भर आया। चौदह वर्षों के बाद ऋषिकेश आया है और मिलने तक न आया। यह भी कैसी जिद! बाप-बेटे की झड़प में मैं बेवजह ही पिस गई हूँ। आखिर मैंने क्या किया था, जो सजा भुगत रही हूँ? वह उठ बैठी। घुटन होने लगी। कामिनी चौदह वर्ष बाद माँ बनेगी। उन दोनों के साथ कोई बड़ा-बुजुर्ग नहीं है। मुझे

ही जाना चाहिए। मुझे ही सब करना है। सुनंदा का मन फिर उत्साहित हो गया।

☐

दो-तीन दिन से शांति काम के बहाने दोपहर में आ जाती। सुनंदा को ऋषिकेश के घर ले जाना था, पर दादा साहब थे कि इन दिनों कहीं गए ही नहीं। बैंक के काम थे, टैक्स के काम थे; परंतु सभी काम आगे धकेलते गए। आखिर तंग आकर एक दिन सुनंदा ने बाहर जाने का बहाना ढूँढ़ ही लिया।

''जरा जोशीजी के यहाँ हो आती हूँ।''

''क्यों? उनकी बेटी को देखने?''

''हाँ।''

''उसे देखने क्या जाना, जो अपने माता-पिता का कहना ही नहीं मानती। रहना माँ-बाप के सिर, पर माँ-बाप कहें, वह नहीं मानना। उस गायब पति की औलाद को जन्म देना और जीवन भर बँध जाना!''

''कैसी बातें करते हैं आप? यही समय है जब हम उनके काम आ सकते हैं।''

''जाओ उनमें सुलह करवाने के लिए।'' दादा साहब कटुता से बोले।

वह बिना कुछ कहे चली गई। शांति आई नहीं थी। वह स्वयं मकान ढूँढ़ते-ढूँढ़ते पहुँच गई। कामिनी ने दरवाजा खोला।

''आई!'' कामिनी खुशी से चिल्लाई।

''पहचाना मुझे? चौदह वर्ष हो गए और मेरी याद तक नहीं आई न!'' सुनंदा की आँखें डबडबा गईं।

''सच बताऊँ आई, आपसे मिलने के लिए मन बेचैन था। जब से हम यहाँ आए हैं, आपको खबर देने की सोच रहे थे; पर समझ में नहीं आ रहा था कि आप तक पहुँचें कैसे?''

''चल, बातें न बना।'' सुनंदा ने झूठा गुस्सा दिखाया। कामिनी को देखकर आँखें तृप्त हो गई थीं।

''आई, आपके बिना मेरा है ही कौन? रास्ते में पड़ी मैं बँगले में आई, वह केवल आप लोगों के कारण। आपकी बातें करते-करते ऋषिकेश भी अकसर रो पड़ते हैं।''

''अपने बाप की तरह जिद्दी है। वे नाराज हुए होंगे, क्रोध में बहुत कुछ कह गए होंगे; पर इसका अर्थ यह तो नहीं कि संबंध ही टूट गए। वही आ जाता, माफी माँग लेता। फिर मैं भी तो थी, मुझसे मिलने ही आ जाता।''

"नहीं आई, ऐसा नहीं है। दादा साहब को इन्होंने बहुत चिट्ठियाँ लिखीं, फोन भी किए; पर न तो चिट्ठियों का जवाब आया, न उन्होंने कभी फोन पर बात की। खट से फोन बंद कर देते।"

"परंतु फोन या पत्र घर पर तो आए नहीं!" सुनंदा ने आश्चर्य से कहा।

"ऑफिस में भेजते थे, क्योंकि दादा की सख्त ताकीद थी कि घर पर कोई संपर्क नहीं करना।"

कामिनी की आँखें भर आईं। सुनंदा ने प्यार से उसकी पीठ पर हाथ फेरा तो वह सिसकियाँ भरकर रोने लगी।

"नहीं कामिनी, रोना नहीं। ऐसी परिस्थिति में मन प्रसन्न रखना चाहिए।"

"छोड़ो इन बातों को आई! जो हुआ, सो हुआ। आज आप आ गईं, मेरा मन खुशी से भर गया। आपसे यह दूसरी मुलाकात ही तो है, फिर मैं क्यों ले बैठी पुरानी बातें!" कामिनी ने सँभलते हुए कहा।

किराए के तीन कमरों के फ्लैट में बेटे-बहू ने अपनी गृहस्थी सजाई थी, जब कि इसी शहर में उनका अपना दो-मंजिला भव्य बँगला था। सुनंदा और दादा साहब तीन कमरे ही इस्तेमाल करते थे, बाकी सारा बंद पड़ा था।

"अब कोई चिंता नहीं। मैं आ गई हूँ। विश्वास रखना कि मैं तुम्हारे साथ हूँ। नारी अपनी मर्यादाएँ आसानी से पार नहीं करती, पर एक बार कर जाए तो पीछे नहीं हटती।"

सुनंदा बोल तो गई, परंतु मन विषण्ण हो गया। पति पर क्रोध आया। अपने ही खून के साथ यह कैसा झगड़ा? अपने ही बेटे से कैसा वैर? और फिर इसी क्रोध, इसी वैर-भाव के सहारे शान से जीना! छिट! एक छोटी गलती की इतनी बड़ी सजा, इतना बड़ा बवंडर!

उन्होंने कामिनी की पीठ पर हाथ फेरा, उसे आश्वासन दिया और कुछ देर बैठकर वापस हो ली।

□

आना-जाना, मुलाकातों का सिलसिला चल पड़ा। अभी ऋषिकेश मिला नहीं था। सुबह उसका फोन आया—"मिसेज सुनंदा राजे होंगी?"

दादा साहब ने फोन उठाया था। रिसीवर रखकर अंदर गए—"सुनो, फोन है। आवाज तो ऋषिकेश जैसी है, पर फोन लोकल है।"

सुनंदा ने बड़ी चतुराई से टूटे-टूटे वाक्य बोले। केवल हाँ-ना की, पर दादा साहब को शक हो गया—"ऋषिकेश था न?"

सोचा, कह दे—'नहीं'; परंतु झूठ बोलने का साहस नहीं हुआ।

"हाँ, ऋषिकेश ही था। महीना हुआ, यहीं ट्रांसफर होकर आया है।"

"क्या कह रहा था?"

"कामिनी के पाँव भारी हैं।" सुनंदा ने बताया और उनकी प्रतिक्रिया जानने के लिए उनकी ओर देखा। वह निर्विकार खड़े थे। उन्होंने कुछ कहा भी नहीं। वह बेचैन हो गई। सुंदर, सुडौल कामिनी उसकी आँखों के सामने आ गई।

"सुना आपने?"

"हाँ, सुना। चार दिन से शांति यही बता रही थी न?" उनकी आवाज में रोब था।

उनके चेहरे पर दृष्टि डालकर बात करने की हिम्मत सुनंदा में नहीं थी। आँखें झुकाए ही बोली, "हाँ।"

"तुम नजरें बचा रही हो। जानता हूँ, तुम उससे मिलने गई थीं, है न?"

"हाँ।"

"मुझसे छुपाकर?"

"हाँ।"

"हाँ-हाँ क्या कर रही हो? तुम जानती हो कि इस प्रकार लुका-छिपी, झूठ आदि मुझे पसंद नहीं!" दादा साहब गरजे।

अब सुनंदा ने भी हिम्मत जुटाई और तपाक से बोली, "सुनिए, हर बात आपसे पूछकर ही करने की कोई जरूरत है क्या? वह मेरा बेटा है। उससे मिलने जाने के लिए मुझे आपसे अनुमति लेने की आवश्यकता नहीं। बहू मेरी भी है। और उसकी इस अवस्था में मैं मदद नहीं करूँगी तो कौन करेगा?"

दादा साहब ने आश्चर्य से पत्नी की ओर देखा, "सुनो, उसका हमसे कोई संबंध नहीं है। चौदह वर्ष पूर्व सब टूट गए।"

"खून का रिश्ता टूटता है क्या कभी?"

"हाँ, तोड़ दो तो सब टूटता है।"

"पर क्यों? अपने ही बेटे के साथ रिश्ता तोड़ना कहाँ की रीत है? हमारा अपना अहं, अपना मान-अपमान इतना बड़ा तो नहीं कि बेटे को ही फेंक दो दूर?"

"यह सब मैंने नहीं किया, सुनंदा! भूल गई, उस दिन मैंने केवल इतना कहा था, 'बेटा, वह कामिनी होगी सुंदर-सुशील, पर न अपने जात-बिरादरी की, न धर्म की। फिर अनाथालय से लाकर उस पंजाबी महिला की पाली हुई लड़की! कॉलेज के दिनों की दोस्ती और प्रेम कोई सच्चा नहीं होता। खुमार उतर जाने पर...' तभी वह

लगभग चिल्ला पड़ा था। याद है न, सुनंदा? कितना अपमानजनक था उसका स्वर, जब वह बोला था, 'प्रेम सच्चा है या झूठा, यह आप कैसे तय कर सकते हैं?'"

सुनंदा का मन उद्विग्न हो गया। रुआँसे स्वर में बोली, "मत दोहराइए वह सब! पचासों बार आपने यह बताया है; पर आप भूल जाते हैं कि वह आपकी मिन्नतें करता रहा, आपको मनाता रहा। आप बुरी तरह से उसपर चिढ़ गए। वह भी चिढ़ गया। तब आपने ही कहा था, 'यदि मेरी इच्छा के विरुद्ध ही जाना है तो अपना रास्ता नापो। यहाँ रहने की कोई आवश्यकता नहीं। मेरे कर्तव्य, मेरे अधिकार सिखाता है मुझे!'

"और वह चला गया। आपने रोका नहीं। फिर शांत स्वर में बोले, 'मर गया मेरा बेटा आज के बाद! मैं उसकी शक्ल तक नहीं देखूँगा।'

"चौदह वर्षों से मैं आपको समझा रही हूँ कि जिद छोड़ दो, पर आप हैं कि…"

"नहीं सुनंदा! तुमने मुझे समझाया नहीं। तुमने मेरी प्रतिज्ञा को और दृढ़ बनाया। तुम वही-वही बातें दोहराती रहीं और मेरा मन और दुःखी होता गया। दोषी तुम हो, सुनंदा!"

सुनंदा अवाक् देखती रही। मन-ही-मन क्रोध आया पति पर। शरीर थरथराने लगा, मस्तिष्क पर हथौड़ियाँ पड़ने लगीं। जैसे-तैसे मन पर काबू रखकर वह उठी, "हाँ, गलती मेरी ही है। मैं पौधे को सींच रही थी, पर यह देखना भूल गई थी कि कौन सा पौधा पनप रहा है!" वह कड़वाहट से बोली।

"तुम्हारे लिए मैं इतनी मोहलत अवश्य दे सकता हूँ कि तुम अपने बेटे से मिलने जा सकती हो, परंतु मुझे मत कहना कभी।"

"मैं कहती हूँ, भूल जाओ न अब!"

"नहीं, मैं अपमान भूल नहीं सकता।"

"इतना भी क्या क्रोध! सुनो, अब हम आज हैं, कल का क्या पता? उम्र हो गई है। चार दिन सुख से मिल-जुलकर…"

"तुम्हें जो करना है, करो! मुझसे मत कहो, समझी!"

□

ऋषिकेश के घर से होकर सुनंदा आई तो देखती है, दादा साहब पोर्च में खड़े थे।

"हो गई मुलाकात बेटे से? चौदह वर्षों के बाद…। मन थिरक रहा होगा, है न?" व्यंग्य से बोले, पर शब्दों में जिज्ञासा थी।

"ऋषिकेश कुछ पल ही मिला। टूर पर जा रहा था। कहने लगा, 'माँ, कामिनी का ध्यान रखना।'"

"क्या कहने तुम्हारे सुपुत्र के! ग्रेट है, ग्रेट! अभी-अभी तबादला हुआ है और तुम पर बोझ डालकर चला गया। नागपुर आया है, हमारे लिए नहीं; तबादला हुआ है, इसलिए। हमारे लिए तो नहीं आया न? फिर हमारा उससे संबंध ही क्या है? उसकी अपनी नौकरी, अपने टूर्स, अपनी पत्नी! हम होते कौन हैं उसके?"

"यह क्या कह रहे हैं आप? पास-पड़ोसियों की मदद के लिए हम दौड़े जाते हैं। कल-परसों की ही तो बात है, सामने की झोंपड़ी में एक स्त्री को समस्या थी तब आपने ही मुझे भेजा था उसे अस्पताल पहुँचाने के लिए। एक अनजान स्त्री के लिए, फिर यह तो हमारा खून..."

"यह सब मुझे मत सुनाओ। मैं कुछ सुनना नहीं चाहता। नागपुर आने पर मिलने आना फर्ज नहीं था उसका? यह बँगला उसका है। चिट्ठी डाल देता। मुझे न सही, तुम्हें चिट्ठी लिखता और अधिकार से कहता, 'माँ, मैं आ रहा हूँ। अपने बँगले में ही, आप लोगों के साथ ही रहूँगा।' पर नहीं। उसके आने की खबर भी तो शांति ने दी। उसने स्वयं तो पहल नहीं की। उसे हमारी जरूरत ही नहीं है। अब तुम मिल आई हो तो स्वार्थ के लिए...।"

"क्या कह रहे हैं आप? वह ऐसा नहीं है। आपसे डरता है। उसने कई पत्र लिखे थे। आपको, फिर मुझे। फिर सारे दरवाजे बंद हो गए, सब व्यवहार! पीछे का भूल जाओ। अब कामिनी को..."

"तुम कामिनी को यहाँ नहीं लाओगी, समझीं?"

"चौदह वर्ष पूर्व कहे वे चार शब्द आज भी आपको दहला रहे हैं। छोड़ दीजिए उन्हें। भूल जाइए। हमारे विवाह को अब चालीस वर्ष हो चुके हैं। हम दोनों अब तक साथ रहे हैं, पर स्वर्ग में साथ-साथ नहीं जाएँगे। दोनों में से एक पिछड़ जाएगा। तब जो रह गया, उसे जरूरत पड़ेगी बेटे की।"

"न मुझे जरूरत पड़ेगी और न मैं उसे पुकारूँगा।"

सुनंदा के मन का बाँध टूट गया। आँखें बरस पड़ीं। बाहर बादल छा गए थे। उसे कामिनी के पास जाना था, पर वर्षा में भीगने की अब हिम्मत नहीं थी। कमर में दर्द था, खाँसी-जुकाम भी पीछा नहीं छोड़ते थे। अब भीगकर बुखार को आमंत्रण देना ठीक नहीं था।

वह घर से चली तो बूँदाबाँदी शुरू हो गई थी। बाहर पाँव रखा तो वर्षा तेज हुई। वह पोर्च में ही खड़ी रही। वर्षा का वेग तेज हो गया। अब रुकने के आसार

कम ही थे। वह मुड़ी और अंदर चली गई। तब तक साड़ी घुटने तक भीग चुकी थी।

दादा साहब रूखेपन से बोले, ''साड़ी बदल लो।''

वह मुड़ी। सामने फोन था। उसने कामिनी के पड़ोस में फोन किया। पड़ोसिन बोली, ''आपका संदेशा वर्षा रुकते ही दे दूँगी, पर आप चिंता मत करना। उसने ऋषिकेश को बुला लिया है। कल जरा उसकी तबीयत ठीक नहीं थी। दर्द उठ रहा था। फिर माँ है वहाँ।''

सुनंदा के लिए रुकना अब संभव नहीं था। थैला उठाया, भारी था। कई चीजें बहू के लिए भरी थीं उसमें। दादा साहब की ओर मुड़ी और बोली, ''जा ही आती हूँ। तबीयत ठीक नहीं है उसकी। उसे साथ ही ले आती हूँ।''

''तुम उसे घर में नहीं लाओगी। एक बार कह दिया न! तुम उसे इस घर में नहीं लाओगी, समझीं?''

सुनंदा को लगा, किसी चट्टान पर सिर पटक रही हो। उसने छतरी सँभाली और बाहर कदम रखा। वर्षा थी कि मानो आसमान फट गया हो। एक रात कामिनी के साथ ही रही। दूसरे दिन दोपहर को घर आई तो दूध की बोतल बाहर ही पड़ी थी। उसमें पड़ा दूध फट गया था। न चाय बनाई थी दादा साहब ने, न खाना खाया था।

''खाना खाया था?''

''नहीं, शांति को दे दिया सारा।''

''रात को भी…''

''नहीं, आज चाय भी नहीं पी।''

उसने कुछ नहीं कहा। कहने को था ही क्या?

''ऋषिकेश अभी पहुँचा नहीं। वह बेचैन है। पति टूर पर, माँ सुदूर पंजाब में। यहाँ वह अकेली पड़ गई है। हमारे सिवा है ही कौन उसकी देखभाल के लिए!''

''तो जाओ, इस वर्षा में वहीं चक्कर लगाओ। जाकर रहो वहाँ। मैंने कब मना किया!'' कटुता थी शब्दों में।

इतने में फोन बजा।

''तुम्हारा ही होगा।''

सुनंदा ने रिसीवर उठाया। उधर से कामिनी की आवाज आई, ''माँ, इन्हें आने में अभी दो-तीन दिन और लग जाएँगे। आप दोनों यहीं आ जाओ, मेरे पास। डर लगता है, माँ! बहुत अकेलापन। लगता है, सबकुछ खत्म हो गया है…।''

''पगली! ऐसा कहीं सोचते हैं! अनादि काल से स्त्री जन्म देती चली आ रही

है। वह जीवन-दात्री है। इसमें डर कैसा? यह तो प्रकृति का नियम है और सुनो, ऐसे पागलों के-से विचार मन में लाकर उद्विग्न होना ठीक नहीं। थोड़ा धीरज रखो, मैं आ रही हूँ।''

रात घिर आई थी और घने बादलों के कारण और गहरा गई थी। वर्षा का वेग जारी था। दादा साहब ने दो दिन से खाना नहीं खाया था। उधर वह अकेली थी। सुनंदा का मन बेचैन हो उठा। उसने खाना बनाया, पैक किया और डिब्बा उठाकर चलने को हुई तो दादा साहब अवाक् ताकते रहे।

''कहाँ चल पड़ीं?''

''कामिनी के पास। वह अकेली है। डर रही है।''

दादा साहब भी उसके साथ-साथ बैठक तक आए। इतने में फोन बजा। उन्होंने उठाया। कामिनी का ही था। दादा साहब से बोली, ''आइए न! अपने आनेवाले पोते को आशीर्वाद देने तो आना ही पड़ेगा, पिताजी!''

उन्होंने फोन पटक दिया। सुनंदा का मन संतप्त हो गया।

''मुझे अब चलना चाहिए।''

''मैं वहाँ तक पहुँचा देता हूँ।''

''पहुँचाएँगे न! घर में तो नहीं कदम रखेंगे!''

''नहीं! और कहना भी मत मुझे अंदर आने के लिए।''

''तो आ क्यों रहे हैं?''

''तुम्हारे साथ! पत्नी हो मेरी, इस नाते।''

''कोई जरूरत नहीं। मुझ बुढ़िया को कौन उठाकर ले जाएगा। आपको कष्ट उठाने की जरूरत नहीं। आप छोड़ आएँगे, पर यदि उसको रात गए तकलीफ हुई तो पास-पड़ोस ही काम आएगा न! आप तो तब वहाँ नहीं होंगे।''

''फिजूल की बातें मत करो।''

''इतना अभिमान, इतनी जिद!''

''जिद! जिस बेटे को जान से ज्यादा प्यार किया उसी ने कहा था न, 'आपके पास भावनाएँ नहीं हैं, आप कर्तव्य नहीं समझते। आप इनसान नहीं, हैवान हैं!' वह शब्द 'हैवान' मैं मरकर भी नहीं भूलूँगा, समझी!''

''मैं सिर्फ इतना समझती हूँ कि एकाध भूल, चाहे वह कितनी भी बड़ी हो, माफ कर देना पिता के लिए मुश्किल नहीं होना चाहिए।''

दादा साहब चुप थे।

''आप आज के दिन वहीं रह जाइए न!''

"नहीं, तुम्हें छोड़कर वापस आऊँगा।"

□

ऋषिकेश आया। हाथ में पेड़े का पैकेट था। उनके पाँव छूता हुआ बोला, 'दादा, मुझसे कई गलतियाँ हुई हैं, मानता हूँ; पर पीछे का भूल जाइए।"

'ऋषिकेश, आज तुम स्वयं बाप बने हो। आज जान गए होगे कि बाप की कठोर माया, बाप के कर्तव्य क्या होते हैं? तुम स्वयं इनसान बनकर जिओगे, उसे बड़ा करोगे, प्यार करोगे—हैवान बनकर नहीं! जानता हूँ, पर वह शब्द मैं भूल नहीं पाऊँगा। आज इस ढलती उम्र में भी वह शब्द मुझे नोचता है।'

ऋषिकेश चुप था।

'तुम तीनों सुखी रहो, यही कामना करता हूँ। मेरा क्या! सूखा पत्ता हूँ। कब झड़ जाऊँगा, पता नहीं! और जब जाऊँगा तो सारे शब्द अपने साथ ही ले जाऊँगा। जानता हूँ, गलती तुमसे ही नहीं, मुझसे भी हुई थी। बेटे, पर इस प्रकार बरसना और फिर बरसों उन घावों को पालते रहना मेरी भूल है।'

सुनंदा आई और उसने उन्हें झकझोरा! वह चौंककर जाग गए। तो स्वप्न था वह? ऋषिकेश का आना, माफी माँगना, सब!··· सब सपना था!

सुनंदा बता रही थी, "कब से आई हूँ मैं और आपको पता नहीं। कल रात ही उसे अस्पताल में ले गए। अभी कुछ हुआ नहीं। चाय ले जानी है, सो आई हूँ।"

"बेटा होगा उसे। ऋषिकेश आ गया?"

"नहीं। फोन आया था, आज आएगा।"

वह कुछ रुकी, फिर बोली, "चलेंगे आप अस्पताल में? कह रही थी, आपसे मिलने को जी चाहता है। चलो न, बस एक बार!"

"नहीं।"

सुनंदा ने थर्मस उठाया और चली गई।

तीन दिन बीत गए थे, पर अभी कामिनी दर्द में ही थी। ऑपरेशन करना था; पर रक्तचाप ऊँचा था। इधर कामिनी थी कि दादा साहब से मिलने की रट लगाए थी।

ऋषिकेश आया। उस समय दादा साहब पूजा कर रहे थे।

"आज सब नॉर्मल हो जाएगा।" वह मूर्ति पर फूल चढ़ाते हुए बोले।

"दादा, प्लीज! एकबारगी मान जाइए न! कामिनी आपसे मिलने के लिए तड़प रही है। ऑपरेशन होना है, रक्तचाप नॉर्मल होने पर ही होगा।"

"सब ठीक हो जाएगा! तुम जाओ। वह अकेली होगी।"

"आप चलिए न! दादा, मैं अपनी भूल मानता हूँ, दादा! चौदह वर्ष हो गए, मैं प्रायश्चित्त करता रहा। आपने भी भुगता, मैंने भी। अब भूल जाइए न! चलिए न···प्लीज!"

"ऋषिकेश, तुम जाओ। पूजा कर लेता हूँ, फिर देखता हूँ।"

"देखेंगे? नहीं, मैं रुकता हूँ।"

"रुकने की जरूरत नहीं। मुझे रास्ता पता है और अभी मुझे सहारे की आवश्यकता नहीं है।"

ऋषिकेश अनमना-सा बाहर चला गया। उसकी आँखें डबडबा गई थीं। चौदह वर्ष के प्रायश्चित्त के बाद भी दादा साहब माने नहीं थे।

ऋषिकेश ने हमेशा की भाँति फाटक खुला छोड़ दिया था। उन्होंने बंद किया और अखबार लेकर बैठ गए; परंतु आँखों के सामने अक्षर तैर रहे थे, नजर नहीं आ रहे थे।

□

मैं जीतना नहीं चाहता था

सुबह से ई टी.वी. पर नजरें गड़ाए बैठे श्याम ने जब चुनाव की तारीखें सुनीं तो वह एकदम से उठ खड़ा हुआ, खिड़की के पास गया और जोर-जोर से पुकारने लगा, "भाभी, ओ भाभी!"

कल तक वह बेचैन था। युद्ध घोषणा होकर जब तक कोई वीर युद्ध का सामना नहीं करता तब तक वह जैसा बेचैन रहता है, उसी प्रकार श्याम की भी अवस्था हो गई थी।

उसकी आवाजों के प्रत्युत्तर में भाभी तो नहीं, पर दीनानाथ खिड़की के पास आए और बोले, "नहा रही है वह।"

दीनानाथ जल्दी-जल्दी गए। उन्हें सोफे पर बिठाते हुए श्याम बोला, "टी.वी. नहीं देख रहे थे? अरे, चुनाव की तारीखें घोषित हो गई हैं। अब जल्दी से काम पर लगना चाहिए। समय बहुत कम है।"

"तुम चुनाव लड़ने जा रहे हो क्या?" दीनानाथ ने सरलता से पूछा।

"नहीं। तुम खड़े होनेवाले हो न! पिछली बार तुम हार गए थे, परंतु तब से तुमने क्रांति फैला दी है। लोग इकट्ठे किए हैं, पर तुम्हें पार्टी बदलनी पड़ेगी तब पराजय का भय नहीं रहेगा।"

"श्याम, कह लिया जो कहना था? अब मेरी सुनो। मैं एक बार नहीं, दो बार पराजित हुआ हूँ। वैसे भी मुझे राजनीति में कोई उत्सुकता नहीं है। रही पार्टी बदलने की बात, तो सुनो कि पक्ष-निष्ठा ही जीवन-निष्ठा है। मन से समर्पण चाहिए उसके लिए।"

"ऐसी बात नहीं है, दीनानाथ! तुम्हें सत्ताधारी पार्टी की ओर चुपके से घुसना नहीं है, बल्कि इस प्रकार पार्टी बदलनी है कि पेपर में हेड-लाइन आ जाए और आए तुम्हारा बड़ा सा वक्तव्य, ताकि लोग यह जान जाएँ कि दीनानाथ कोई आम नेता नहीं है। इससे पूर्व दूसरी पार्टी के सारे गुणों की सूची याद कर लो और फिर

देना समाचार-पत्रवालों को साक्षात्कार। वैसे भी तुम एक जाने-माने वक्ता हो ही। बस अपनी कला को निखारो और समयानुसार पैंतरे बदलो।''

''मुझसे यह नहीं होगा, श्याम। चुनाव से मेरा कोई लेना-देना नहीं है। तुम लोगों के आग्रह से मैं खड़ा हुआ था और दो बार बुरी तरह से हार गया। उसका दर्द अभी भी मेरे सीने में है।''

''कोई बात नहीं। तुम्हें चुनाव तो लड़ना ही है, चाहे जो हो जाए, समझे। बैठो, चाय मँगवाता हूँ।''

दीनानाथ और श्याम एक ही ऑफिस में काम करते थे। श्याम उससे पाँच-छह साल छोटा था। दोनों के घर भी पास-पास थे। खिड़की के पास खड़े होकर दोनों घंटों बातें करते रहते। कोई भी समस्या हो तो दोनों मिलकर सुलझाते।

एक बार श्याम ने कहा था, ''दीनानाथ, छुट्टी के दिन तुम मतदान क्षेत्र में जाते हो, उनकी समस्याएँ सुलझाते हो। तुम्हारे मित्र भी उन ग्रामीण लोगों को पुस्तकें, दवाइयाँ, अनाज आदि दते हैं। तुमने गाँववालों के लिए सड़कें बनवाईं। तुम मतदान संघ की किसी-न-किसी सेवा में जुटे रहते हो।''

''क्यों? फिर क्या यह सब नहीं करना चाहिए? यह सब मैं कुरसी के लिए नहीं कर रहा हूँ। कुरसी मेरे लिए माध्यम हो सकती है, साधन हो सकती है, पर साध्य नहीं। मेरा प्रयत्न है इन लोगों का विकास करना। मेरे मतदान क्षेत्र का हर व्यक्ति मुझे सुखी दिखे, उसके लिए मुझे कुरसी नहीं चाहिए।'

''ठीक है, पर यह आदर्शवाद तुम्हारा हो सकता है, हमारा नहीं। हमें यह आदर्शवाद नहीं, तुम चाहिए।''

''ऐसा ना कहो। अगर मैं हारा तो वह भी जनमत ही था ना?''

''भूलो मत दीनानाथ, कि पिछली बार क्या हुआ था। जानते हो न कि मत पेटियाँ किस प्रकार लापता हुई थीं? बोगस मतदान हुआ था। ट्रक भर-भरकर अज्ञात लोग आए और इसमें कुछ भी अनजान नहीं था, केवल तेईस प्रतिशत मतदान हुआ। इसमें उन लोगों का क्या दोष है जो तुम्हें चाहते थे?'' श्याम पल भर को रुका फिर बोला, ''सच, दीनानाथ तुम समाज-सेवक ही रहते तो ठीक था, निस्स्वार्थ समाज-सेवक। इस गंदी राजनीति में क्यों उतरे?''

''मैं क्या करता? मेरे काम को देखते हुए पार्टी ने मुझे टिकट दिया था, यह मत भूलो।''

''तुम्हारी उस पार्टी को तो विरोधी बैंच पर भी बैठने की जगह नहीं मिली है। सुनो, उस वक्त जो होना था वह हुआ। अब आगे की सोचो।''

दीनानाथ हार गए थे। निराश चेहरा लिये जब घर आए तो बच्चों ने कहा था, "बाबा, आपने चुनाव प्रचार के लिए जो खास कुरता-पाजामा सिलवाया था, अब हम उसका क्या करेंगे?"

"चुप बैठो।" दीनानाथ की पत्नी सुनेत्रा ने बच्चों को एक ओर कर दिया और हारे हुए दीनानाथ के कंधे पर हाथ रखकर बोली, "इस तरह निराश मत होओ। अगली बारी आप अवश्य जीतेंगे।"

श्याम चाय के लिए पत्नी को कह आया। फिर आकर बोला, "दीनानाथ, तुम अब की बार पार्टी बदल दो। लोग भी क्या करते हैं? जो पार्टी सत्ता में हो, उसी ओर दौड़ते हैं और टिकट हासिल करते हैं। और इसमें बुरा भी क्या है।"

दीनानाथ निश्चेष्ट बैठे रहे। क्या करें क्या न करें, उनकी समझ से बाहर था। शर्मिष्ठा चाय लेकर आई और बोली, "भाऊजी, अब की बार हम दोनों आपके लिए खूब प्रचार करेंगे। आप चिंता मत करो। इनकी बात से मैं सहमत हूँ। जो पार्टी आज सत्ता में है, आप उसी पार्टी का टिकट लो। मेरे बाबा कई वर्षों से सक्रिय राजनीति में हैं। वह आपका काम अवश्य करेंगे और आपको टिकट निश्चित ही मिल जाएगा।"

दीनानाथ घर लौटे तो देखा, सुनेत्रा उनका इंतजार कर रही थी।

"जानते हैं ना, चुनाव की तारीखें निश्चित हो गई हैं। अब की बार आप खड़े रहेंगे। अजय, विजय, आरती सब आपके लिए प्रचार करेंगे। मैंने और शर्मिष्ठा ने भी निश्चय किया है कि अब की बार हम घर-घर जाकर आपके लिए प्रचार करेंगे। अजय कह रहा था, आपका बायोडाटा...।"

"बायोडाटा किसलिए?" दीनानाथ बीच में ही बोल पड़े।

"लोगों को पता भी तो लगना चाहिए न कि हमारा नेता कितना उच्च शिक्षित है और अफसर होते हुए भी कितना सोशल वर्क करता है।"

"तो क्या वह सब मैंने पब्लिसिटी के लिए किया?"

"अब की बार मैंने और शर्मिष्ठा ने बहुत बारीकी से हर चीज का अध्ययन किया है। आप निश्चिंत रहिए, विजय आपकी ही होगी।"

दीनानाथ के चेहरे पर एक फीकी सी हँसी उभरी। अब उन्हें किस प्रकार जिताया जाए, इस पर चर्चा शुरू हुई। सुनेत्रा ने बहुत कुछ सोच रखा था, जैसे—केश-सज्जा, वेशभूषा, भाषा कैसी हो, भाषा और बातचीत में मिठास हो, विनम्रता, सौजन्य और आत्मविश्वास हो। अगर दीनानाथ चुनाव जीत गए तो समाज में उसका भी मान-सम्मान बढ़ेगा और न जाने कितने-कितने सुनहरे मौके आएँगे। जैसे—

हवाई-जहाज से यात्रा करना, कहीं भाषण में सहभागी होना, कहीं उनके साथ दौरे पर जाना। यह सब सोचकर सुनेत्रा खिलखिला उठती।

''दादा, अबकी बार तो जीतना ही है।'' किसी एक ने कहा।

सुनेत्रा ने सब के लिए चाय तथा पोहे का प्रबंध किया था। दीनानाथ के मतदाताओं की यह एक छोटी सी छवि उनके आँगन में इकट्ठी हुई थी। सब लोगों के विचार चाहे अलग-अलग थे फिर भी उनका ध्येय एक था। सब लोग दीनानाथ को सहमति देने का आग्रह कर रहे थे। घर के आँगन में यह अनौपचारिक बैठक दोपहर को शुरू हुई थी, जो रात दस बजे समाप्त हुई। सब लोग चले गए और सुनेत्रा बोली, ''अब खिचड़ी चढ़ा देती हूँ। बस पाँच मिनट में सब तैयार हो जाएगा। अब तो लगता है, मुझे दिन भर के लिए आया का प्रबंध करना पड़ेगा। अब आप ही बताइए, भाग-दौड़ तो होगी और थकान भी होगी। फिर मैं घर का देखूँ या बाहर का? यह भी एक प्रश्न है। अब तो लगता है कि मुझे सनकोट और गॉगल भी खरीदने पड़ेंगे।''

दीनानाथ कुछ नहीं बोले।

''क्यों, आज मौन व्रत है क्या?''

''खिचड़ी मिलेगी भी या नहीं? बहुत भूख लगी है। आज सुबह से मैंने कुछ भी नहीं खाया है। सुबह श्याम के घर गया था, वहाँ से आया तो देखता हूँ, यह सब मंडली आँगन में उपस्थित थी। चलो, जल्दी से परोसो।''

''अब यह ऐसा ही चलेगा। जरा धैर्य रखो। अभी परोसती हूँ।''

लगभग पौने ग्यारह बजे दीनानाथ को खाना मिला। ''अजय, विजय और आरती?'' उन्होंने पूछा।

''आपके हिस्से का भी उन्होंने सुबह ही खा लिया था और तीन-तीन प्लेट पोहे भी चट कर गए थे।''

दीनानाथ ने जैसे-तैसे खिचड़ी गले से उतारी। चपाती के बिना उन्हें खाना अधूरा लगता, परंतु आज का दिन बड़ा महत्त्वपूर्ण था और शायद खिचड़ी खाने का ही था।

रात को दीनानाथ को नींद नहीं आई। दोपहर से ही वह अस्वस्थ थे। लोगों की उनपर आस्था थी और अब हाँ कहें या ना, यह दुविधा मन को अस्वस्थ कर रही थी। पिछले चुनाव की बात याद आई। पार्टी के कार्यकर्ताओं ने जब उन्हें टिकट देकर चुनाव लड़ने का आग्रह किया था तब उन्होंने कहा था, 'सच मानो भाई, किसी भी सीट पर मेरी आँखें नहीं हैं, न ही मेरा इस ओर प्रयत्न रहा है। बस समाज-सेवा

ही मेरा उद्देश्य है।' उन्होंने झोंपड़-पट्टी में जाकर बाल-मंदिर, संस्कार केंद्र आदि खोले थे। बच्चों के लिए मिठाई लेकर आते। बाल-मंदिर का किराया, अध्यापिकाओं का वेतन आदि जुटाने के लिए वे भाग-दौड़ करते। कुछ कमी रह जाती तो स्वयं के वेतन में से चुपचाप पूरी कर देते। यह सब वर्षों से वह कर रहे थे—चुपचाप, बिना बोले और बिना प्रचार किए। यह उनकी माँ की देन थी, जिसे उन्होंने सँजोकर रखा था।

छोटा सा किराए का मकान—बस दो कमरों का। उसी में मेहमानों का आना-जाना लगा रहता। बाबा का छोटा सा वेतन था। माँ मसाले, पापड़ आदि बेचकर गुजारे लायक जुटा लेतीं और दो बच्चों की पढ़ाई का भार उठा लेतीं।

दीवाली के लिए बनाई मिठाई में से जितना हो सके, वह अनाथालय में बच्चों के लिए ले आतीं। माँ की यह समाज-सेवा न जाने कितने सालों से चली आ रही थी। माँ के जाने के बाद यह कार्य रुक गया। परंतु माँ की बरसी के दिन दीनानाथ के बाबा बोले, 'दीना, तुम चाहे मेरी बरसी मत मनाओ। मेरी तेरहवीं भी मत करना। जो पैसा बचेगा वह पैसे किसी गरीब बच्चे के कपड़ों के लिए दे आना।' उसी क्षण दीनानाथ को माँ के कार्यों की याद आ गई। पिता के जाने के बाद एक दिन जब उन्होंने झोंपड़-पट्टी में पाँव रखा तब उस भयानक अनुभव ने उन्हें झकझोर दिया। कितना दुःख, समस्याएँ थीं वहाँ। प्रचंड अभाव, अज्ञान, दरिद्रता इन सबका अनुभव उन्हें पहली बार हुआ और अपने निवाले में से हिस्सा निकालकर देनेवाली अपनी माँ की संवेदनाओं को उन्होंने उस क्षण जाना।

'मुझे न तो कुरसी चाहिए, न वह भाग-दौड़, न ही राजकरण।' उन्होंने मन-ही-मन दोहराया और निश्चय कर लिया कि वह चुनाव नहीं लड़ेंगे, तब कहीं जाकर वह शांति से सो सके।

सुबह आँख खुली तो देखा, कुछ लोग ड्राइंग रूम में बैठे थे। अजय और विजय बोले, "कहिए?"

"हम सुनील दादा के गुट के लोग हैं। हम छप्पन लोग हैं। हमें भी अपने साथ ले लीजिए। आपकी शक्ति बढ़ेगी।"

"मैंने अभी चुनाव लड़ने का निर्णय नहीं लिया है।" दीनानाथ तुरंत बोले।

सुनेत्रा फ्रिज से दूध का बरतन निकाल रही थी। उसके कानों में भनक पड़ी तो दूध का पतीला उठाए ही बाहर आ गई।

"कल से ही इन्होंने 'नहीं-नहीं' की रट लगाई हुई है। ये अवश्य चुनाव लड़ेंगे और आप इनकी पार्टी का अवश्य साथ दीजिए।"

"सुनेत्रा, यह क्या कह रही हो? अभी तक मैंने..."

"नहीं मत कहिए, साहब। चुनाव का मतलब है—युद्ध और युद्ध से पीठ फेरना अपमानजनक होता है।"

दीनानाथ चुप हो गए। उन्हें सूझा नहीं कि वह क्या कहें क्या न कहें! पिछले दो चुनावों में लोगों के आग्रह पर ही वह खड़े हुए थे और लोगों ने ही उन्हें हरा दिया था। दो बार बलि का बकरा बने दीनानाथ बोले, "सुनेत्रा, मैंने कल रात ही निर्णय ले लिया था कि मैं चुनाव नहीं लड़ूँगा। मेरे लिए बस अपना घर और अपना ऑफिस ही काफी है।"

"यह सब हम नहीं सुनेंगे, साहब। आपको चुनाव लड़ना ही है। आपका प्रतिष्ठित व्यक्तित्व, आपका सामाजिक कार्य और आपका वकालती अनुभव, यह सब आपके हक में है। फिर पिछले दो चुनावों का भी अनुभव आपने लिया है। अब पीछे नहीं हटना साहब, बिलकुल नहीं। आप चुनाव लड़ेंगे और जीतेंगे।"

उनकी जिद के आगे दीनानाथ की एक नहीं चली। उनके अपने बच्चों ने भी जिद ठान ली थी कि अब की बार बाबा को जिताना ही होगा। कॉलेज में पढ़नेवाले उन युवा बच्चों के सामने भी दीनानाथ निहत्थे हो गए। किसी ने भी उनके विचार जानने की जरूरत न समझी और अब तो 'हाँ' या 'न' करने का सवाल ही नहीं था। सारी तैयारियाँ हो गई थीं और दीनानाथ ने लाचारी से खड़े होना स्वीकार कर लिया।

शाम के समय उनके मकान के खाली पड़े प्लॉट में लोग एकत्र हो गए। सभी ने लगभग हाथ जोड़कर और बड़ी आत्मीयता से कहा, "साहब, आपको खड़ा होना ही पड़ेगा।" उनका अपनापन और प्रेम देखकर दीनानाथ गद्‌गद हो उठे। अब तो पीछे मुड़ना संभव नहीं था। कुछ लोगों ने एक कलश लिया और देखते-देखते वह पैसों से भर गया। सभी ने अपनी इच्छानुसार उसमें योगदान दिया। दीनानाथ की आँखें पनिया गईं। पिछली पराजय का अनुभव वह भूल गए और अब सच्चे दिल से उन्होंने चुनाव लड़ने का निश्चय कर लिया।

अब केवल डेढ़ महीना रह गया था। हर मीटिंग में हर भाषण के समय इसी प्रकार झोली पसार दी जाती और पैसा इकट्‌ठा किया जाता। यह सारी मंडली माइक ले-लेकर जगह-जगह भाषण दे रहे थे। दीनानाथ की अपनी छवि भी दूध जैसी स्वच्छ सफेद थी। उनके साथ जान की बाजी लगानेवाले मित्र थे। बच्चे और पत्नी थी, पड़ोस में श्याम और शर्मिष्ठा थे, उनके बच्चे थे और कुल मिलाकर एक बहुत बड़ा परिवार उनके चारों ओर खड़ा हो गया।

चुनाव अब दिन-ब-दिन निकट आ गए थे। गली-गली में प्रचार शुरू हो

गया था। परंतु जब किसी गली में दीनानाथ के आने की चर्चा होती तो जनमानस की भीड़ अपने आप ही उमड़ पड़ती। उनके भाषण के विषय थे—खेती, गरीबों का उद्धार, जागृतिकरण, अंतरराष्ट्रीय व्यापार, क्रांति, मनुष्य का मनुष्य से स्नेह, अपनी सीमा पर बलिदान देनेवाले वीर सैनिक और अंत में वह कहते, "यह दीनानाथ आप सब में से ही एक है, अलग नहीं। मुझे वोट दो, चाहे न दो; परंतु मुझे प्रेम दो, केवल प्रेम। इन गरीबों में मुझे मेरी माँ दिखाई देती है…।" और वह आगे बोल नहीं पाते; उनका गला भर आता, आँखें डबडबा जातीं।

उनके कार्यकर्ताओं को ऐसे भाषण विचित्र लगते थे। उन्हें चाहिए थे वोट माँगनेवाले भाषण। कार्यकर्ता स्वयं बड़े उत्साह से प्रचार में जुटे थे। दीनानाथ के बड़े-बड़े कटआउट्स जगह-जगह खड़े थे; पर दीनानाथ थे कि मत माँगने के संबंध में एक शब्द भी नहीं बोलते थे। सब उन्हें समझाकर थक गए थे। श्याम, बच्चे, सुनेत्रा और अन्य कभी गुस्से से, कभी चिढ़कर, कभी प्यार से उन्हें समझाते कि अन्य नेताओं की तरह मीठी-मीठी, चिकनी-चुपड़ी बातें करें। दीनानाथ समझ जाते, परंतु ऐन मौके पर वह कुछ और ही बोल जाते तथा भाव-विह्वल हो जाते। इन भाषणों का प्रभाव क्या पड़ेगा, यह सोचकर उनके कार्यकर्ता तथा हितैषी पसीना-पसीना हो जाते।

अब तो प्रचार करने के दिन एक-एक करके घट रहे थे। कार्यकर्ताओं का उत्साह कम हो गया था और प्रचार की गति भी मंद हो गई थी। विरोधी दल के एक नेता ने इतना भी कह दिया, 'ऐसे पागल और भावुक व्यक्ति कहीं राजनीति में चल पाते हैं भला!' उस दिन उस नेता ने जोरदार भाषण दिया, परंतु दीनानाथ के बारे में एक भी बुरा शब्द वह नहीं बोले। हर पार्टी से जुड़े कई नेता और अभिनेता भी भाषण देकर चले गए और अब तो यह लगभग स्पष्ट था कि विरोधी दल का उम्मीदवार ही यह चुनाव जीतेगा।

प्रचार का आखिरी दिन। यह था सबसे महत्त्वपूर्ण दिन। आज विशाल सभा को संबोधित करना था और इस आखिरी प्रयास में ही जीत या हार के लक्षण दिखने की संभावना थी। समाचार-पत्रों के प्रतिनिधि, फोटोग्राफर, टी.वी. वाले सब आमंत्रित थे। वैसे दीनानाथ एक अच्छे वक्ता थे। उनको ज्ञान भी असीम था। उन्होंने बहुत कुछ पढ़ा था। अध्यात्मक का भी अध्ययन किया था। अत: भाषण में उनके सामने टिकना औरों के लिए कठिन था। फिर भी उनका भाषण मूल्यों और मुद्दों को लेकर होता, जो शायद जनता के सिर के ऊपर से निकल जाता। आज की सभा में उन्होंने 'क्रांति में सामर्थ्य है, पर उसके क्रांतिकारी चाहिए', इस विषय पर भाषण दिया।

उस घड़ी लोग राजनीति, चुनाव, प्रतिस्पर्धा, हार-जीत आदि भुलाकर उन्हें सुनते रहे। सभा समाप्त हो गई।

कार्यकर्ता निराश हो गए थे। बच्चे, पत्नी, मित्रगण, अन्य हितैषी—सभी आज के भाषण से चिढ़ गए थे। सभी की जिह्वा पर और आँखों में एक ही प्रश्न था—'क्यों किया आपने ऐसा?'

उनका उत्तर बिलकुल सीधा था, ''मैं राजनीति में आना नहीं चाहता। आप लोगों ने मुझे इसमें घसीटा। मेरी अपनी पसंद-नापसंद की गठरी बाँधकर आपने एक ओर रख दी। आप लोग भूल गए कि मैं दो बार हार चुका हूँ। मैं राजनीति के लायक नहीं हूँ। परंतु आप ही लोग मेरे पीछे पड़ गए। आप भूल गए कि पराजय के रंग कभी भी घुलते नहीं हैं, वे आपके व्यक्तित्व का अंग बन जाते हैं। राजनीति की चालें मेरे बस की नहीं हैं। मैं एक सीधा-सादा आदमी सामान्य जीवन व्यतीत करना चाहता हूँ।'' इतना कहकर वह वहाँ से चले गए।

और दो दिन बाद—

दीनानाथ के घर लोग अभिनंदन के लिए पहुँच गए। वह चुनाव जीत गए थे। परंतु आनेवाले लोग निराश हो गए, क्योंकि दीनानाथ वहाँ नहीं थे। घर के सदस्य भी नहीं जानते थे कि वह अचानक कहाँ गायब हो गए। उन्हें बाहर जाते भी तो किसी ने नहीं देखा था और दीनानाथ थे कि घर के भंडार गृह के अँधेरे कोने में बच्चों की तरह दुबके बैठे थे और मन-ही-मन बड़बड़ा रहे थे, 'माँ, मैं चुनाव जीत गया हूँ; परंतु सच कहूँ माँ, मैं जीतना नहीं चाहता था। माँ, मैं तुम्हारी तरह निरपेक्ष और सच्चे दिल से गरीबों की सेवा करना चाहता था। दिल खुश करनेवाली समाज-सेवा ही मेरा ध्येय था। मुझे न तो उनका पैसा चाहिए था, न प्रतिष्ठा; परंतु दाँव उलट गया। आज मैं एक जाल में फँसा हूँ। माँ, मुझे इतना बल दो कि मैं इस मोह के चक्रव्यूह और सत्ता की राजनीति में भी मनुष्य बनकर जी सकूँ और इनसान को इनसान जानकर उनकी सेवा कर सकूँ।'

उनको बधाई देने के लिए आए लोगों की भीड़ बढ़ रही थी, परंतु दीनानाथ इस सबसे बेखबर अपने में मगन थे।

□

सुनो, जास्वंदी!

मीटिंग समाप्त करके जास्वंदी ऑफिस से निकली, तब रात के आठ बजे थे। बाहर काफी सर्दी थी। उसने दुपट्टा सिर पर रख लिया, कान लपेट लिये और पार्किंग की ओर मुड़ी। अपनी कार के दरवाजे में अभी चाबी घुमाई ही थी कि डॉ. नवीनचंद्र पर नजर पड़ी। वह भी अपनी कार का दरवाजा खोल रहे थे।

"सर, आज की मीटिंग में मेडिकल कैंप के बारे में तय तो हुआ है, परंतु अब की बार मैं नहीं आ सकूँगी।"

"एनी प्रॉब्लम, जास्वंदी?"

"कल समीर का पेपर है।"

सुनकर वह मुसकराए। वह कहना चाहते थे—दैट्स नॉट माय प्रॉब्लम, पर रुक गए।

"जास्वंदी, आजकल देख रहा हूँ कि तुम तनाव में हो। हमेशा चियरफुल रहनेवाली तुम अब बुझी-बुझी-सी रहती हो। चेकअप करा लो और दवाई लो। लगता है जैसे तुम्हारी एनर्जी ही चूस ली गई है। क्या बात है, बताओगी नहीं?"

वह चुप थी। नवीनचंद्र माथुर उसके निकट जाकर खड़े हो गए और स्नेह से उसके कंधे पर हाथ रखकर बोले, "प्लीज, जास्वंदी! कह डालो, शेयर योर प्रॉब्लम्स और हलका महसूस करो।"

"सर, आज तक आपसे ही शेयर करती चली आ रही हूँ, पर अब नहीं कर सकती। यह मेरा अंतरंग मामला है।"

"ओ.के. देन! ठीक है।" कहकर वह जाने को हुए।

जास्वंदी को लगा, उसके रूखेपन से डॉ. माथुर आहत हो गए हैं। झट से बोली, "सॉरी, सर! यदि आपको मैंने चोट पहुँचाई है। आपने हमेशा मेरी मदद ही की है। मेरे सारे प्रॉब्लम्स सुलझाए हैं। परंतु अब आई समस्या आप सुलझा नहीं सकेंगे और अभी मैं तनाव में हूँ। मेरे पति अब यहीं सेटल होने के लिए आ रहे हैं।

कह रहे हैं, यहीं अपना काम शुरू करेंगे।''

''फिर तो अच्छा ही है। तुम अकेली जूझ रही हो। उनके आने से काम और जिम्मेदारी बँट जाएगी। दो बच्चे, तुम्हारी सास उन्हें अब तक तुम ही अकेली देख रही थीं न! अब तुम्हें भी अपने लिए कुछ समय मिल पाएगा।''

वह एक फीकी हँसी हँस दी।

''सर, सबसे बड़ी समस्या तो वह खुद हैं।'' वह बोल पड़ी। पर अपनी नासमझी पर उसे रंज हुआ। पति के विषय में इस तरह दूसरे के समक्ष बोलना क्या उसे शोभा देता है! अनजाने बोल दिया था। शब्दों को पीछे लौटाना संभव नहीं था, बात बदलने के उद्देश्य से बोली, ''सर, कल कैंप के लिए आने का पूरा प्रयत्न करूँगी।''

वह गाड़ी में जा बैठी और जल्दी-जल्दी कार स्टार्ट करने लगी। पल भर को लगा, गाड़ी नवीनचंद्र की गाड़ी से सटा दे, उनके साथ कोई मजाक करे और उन्हें हँसता हुआ देखे। लगा, मन में उमड़े काले घने बादलों को उनके साथ बैठकर अश्रु मार्ग से खाली कर दे। परंतु उसने न पीछे मुड़कर देखा, न ही गाड़ी पीछे की। एक्सीलरेटर दबाया और फुरती से गाड़ी पार्किंग से निकालकर चली गई।

घर पहुँची तो देखा, टी.वी. भी तेज आवाज में चल रहा है और समीर भी उतनी ही जोर से गा रहा है।

''समीर!'' उसने आवाज दी।

समीर भला क्या सुनता! वह अपनी धुन में बैठा था।

''समीर...!'' वह उसके पास बैठ गई और लगभग उसके कान में चीखी। वह चौंका।

''कब से पुकार रही हूँ। कितनी जोर से टी.वी. चल रहा है। चौक तक सुनाई दे रहा है और, कल पेपर है न?''

''पता है मुझे!'' और गुस्से से टी.वी. बंद करके बैठ गया।

''जरा धीरे लगाया होता।'' वह समझाने के स्वर में बोली।

''मम्मी! आप भी बस! अब क्या माइकल जैक्सन कोई मंत्रों की तरह पुटपुटाएगा! या फिर ए.आर. रहमान आरती की तरह सुनेगा? आपके बंधन भी मम्मी, बस...'' और उसने वाक्य अधूरा छोड़ दिया।

''अब डैडी आनेवाले हैं कुछ दिनों में, फिर?''

''फिर क्या, जिंदगी बोरिंग हो जाएगी और क्या! उनके अनुशासन में, उनके डर से दुबके रहेंगे। हमारी लाइफ-स्टाइल ही बदल जाएगी। या तो हम जेल के

कैदियों की भाँति या यूअर्स ओबिडिएंट सर्वेंट की भाँति बने रहेंगे। वह डेढ़-दो महीने के लिए ही आते थे तो जिंदगी दूभर हो जाती। अब तो हमेशा के लिए…''

''चुप! क्या पागलों की तरह बक रहे हो।''

''बाई गॉड, मम्मी! डैडी के आने की चिट्ठी आते ही हम सकपका जाया करते थे। न पढ़ाई में ध्यान लगता, न खेलने में। टेंशन-ही-टेंशन शुरू! उनके डर से पुस्तकों पर नए कवर चढ़ाना, अलमारी में कपड़े ठीक से तह लगाकर रखना, शूज चमचमाते हुए और न जाने क्या-क्या! लगता है, इससे तो मिलीटरी भली!''

''चल उठ! बेकार की बातें मत कर। खाना खाया?''

''नहीं। आजी अपनी किटी पार्टी में गई है। फोन आया था कि कुछ देर से आएँगी। उनकी सहेली की पोती का जन्मदिन है, वहीं गई हैं। सुधीर ट्यूशन से अभी तक लौटा नहीं।''

जास्वंदी ने जल्दी-जल्दी कपड़े बदले, खाना गरम किया और टेबल लगाया। इतना तो आराम था कि बाई अच्छी थी, खाना पकाकर, किचन सँवारकर जाती थी। उस ओर से जास्वंदी निश्चिंत थी। इतने में सुधीर आ गया और माई आजी भी आ गईं। आते ही बोलीं, ''उस राठोड़ की पोती का नामकरण था न, सो रुका लिया। छोड़ा ही नहीं, कहने लगी, गाना गाना ही पड़ेगा। अब भगवान् ने एक हुनर दिया है तो सोचा, चलो गा ही दूँ। पर मेरी वजह से देर हो गई न सबको?''

''नहीं, माई! आज मैं ही देर से लौटी। मीटिंग थी। कल सावरी गाँव में कैंप है। कई डॉक्टर आ रहे हैं। वैसे माई, हमें शायद इतना जान नहीं पड़ता, पर डॉक्टर लोग बहुत समाज-सेवा करते हैं। डॉ. गुप्ता को ही लो। हर शनिवार-रविवार किसी गाँव में जाकर फ्री चेकअप करते हैं। फिर हर रोज दो घंटे किसी मिशन के साथ काम करते हैं।'' वह बोले जा रही थी।

माई ने टोका, ''जास्वंदी, अब उठो। हेमंत के आने के बाद इस तरह घंटा भर गपशप मारना और डाइनिंग टेबल पर बैठे रहना नहीं हो पाएगा। अभी से आदत बना लो झटपट काम की। और सुनो, आठ-दस दिन तुम छुट्टी क्यों नहीं ले लेतीं?''

''किसलिए?''

''हेमंत आ रहा है न। यहाँ आने के बाद उसे अकेलापन अखरेगा। तुम ऑफिस में, बच्चे कॉलेज में, अकेला बोर हो जाएगा।''

''आजी! उलटा वही हमें बोर करेंगे।''

''सुधीर!'' जास्वंदी लगभग चीख पड़ी।

सुधीर ने गरदन झुका ली।

"सुधीर," आजी शांत स्वर में बोली, "वह तुम्हें बोर नहीं करेगा। देखो, व्यक्ति बाहर सब सहन कर लेता है, पर अपने घर में वह अपने तरीके से रहना चाहता है। हर व्यक्ति की अपने घर, बच्चों, पत्नी के विषय में कुछ कल्पनाएँ, आशाएँ होती हैं। यदि वह चाहता है कि घर साफ-सुथरा हो, करीने से लगा हो, बच्चे अनुशासित हों और कहना मानें, ठीक से पढ़ाई करें, खेल-कूद-पढ़ाई सब में प्रवीण हों, बड़ों के आदर्श का पालन करें तो इसमें गलत क्या है? तुम्हारे पिता के नाते वह तुमसे यही चाहता है।"

"ठीक है, आजी!" समीर बीच में ही बोला, "हमारे मित्रों के पिता यदि बच्चों से कुछ चाहते हैं तो वह बच्चों के लिए कुछ करते भी हैं। हमारे डैडी तो साल में एक-दो महीने ही आते हैं। उनका क्या योगदान है?"

"योगदान क्यों नहीं है, समीर! यह आलीशान बँगला तुम्हारे डैडी ने तुम्हारे नाम से खरीदा है। तुम्हारी मम्मी जिस इंपोर्टेड कार में शान से घूमती है न, वह तुम्हारे डैडी ने ही उसे गिफ्ट की है। तुम्हें महँगे स्कूल-कॉलेज में पढ़ाया किसने है? तुम्हारी हर चाह, हर इच्छा, तुम्हारे शौक कौन पूरे करता है? पिछली बार हेमंत आया तो तुम दोनों के मुँह से शब्द निकलते ही तुम्हें हीरो-होंडा खरीदकर दी। तुम्हारे कॉलेज की ट्रिप्स चाहे कितनी महँगी हो, वही तो पैसा देता है न!"

"आजी, डैडी गल्फ कंट्री में हैं। खूब पैसा मिलता है। आखिर उस पैसे को इस्तेमाल भी तो करना होता है। सो, हम पर खर्च करते हैं।"

"सुधीर, ज्यादा बोल रहे हो तुम!" जास्वंदी ने डाँटा।

"बोल लेने दो इसे, जास्वंदी। शायद इस तरह इसके सिर पर सवार भूत तो निकल जाएगा और अपने पिता के बारे में इसके विचार बदल जाएँगे। एक बात बताओ बेटा, वह तुम्हें इतना देते हैं, पर तुम लोग उन्हें क्या देते हो?"

"वाह आजी, यह तो हुआ गिव ऐंड टेक का व्यवहार। कंस्यूमेरिज्म! चलो, अब हम भी उन्हें बड़ा सा हार पहनाएँगे, मीठे-मीठे शब्द देंगे और क्या-क्या दिया जा सकता है, इसकी लिस्ट बना लेंगे।"

सुधीर और समीर के व्यंग्य-बाण चुभ गए आजी को। उदास हो गईं और बोलीं, "सच, कितनी बेरुखी है। बच्चों को अपने पिता के प्रति जरा भी लगाव नहीं है।"

जास्वंदी उठकर हाथ धोने जा रही थी। उसने सहज ही सास के कंधे पर हाथ रखा और प्यार से बोली, "माई, थोड़ा तनाव है; पर सब ठीक हो जाएगा। वह आ

जाएँगे न तो बच्चों को भी आदत पड़ जाएगी।''

''हम यह नहीं कहते कि डैडी बुरे हैं। बस, उनके आने पर पूरे घर में एक तनाव-सा छा जाता है। सबकुछ समयबद्ध, जरा भी इधर से उधर नहीं। शायद डैडी को लगता है कि घर में भी वह मर्चेंट नेवी के अफसर हैं।''

''कितनी-कितनी शिकायतें हैं तुम्हारे मन में, सुधीर!'' आजी को अब यह सहन नहीं हुआ। उठती हुई बोलीं, ''मर्चेंट नेवी से वह गल्फ कंट्री में गया; पर जो अनुशासन बचपन से ही जीवन का अंग बन गया हो वह कहीं छूटता है भला! अब तुम अगर मिलिटरी में...''

''ना आजी! मैं नहीं जानेवाला मिलिटरी, नेवी, एयरफोर्स में। ऐसा अनुशासन मेरे बस का नहीं। सारी जिंदगी लेफ्ट-राइट-लेफ्ट में बँध जाएगी।''

''उठ समीर, और जाकर पढ़ने बैठ। कल पेपर है। डैडी के आने में अभी पंद्रह दिन हैं। इस बीच हम अपनी एक नियमावली तैयार करके उन्हें भेज देंगे।'' जास्वंदी ने कहा।

माँजी भी हँस पड़ीं।

''सच तो यह है कि हम सब इस समय बेलगाम जीवन जी रहे हैं। वह आएगा तो घर घर बन जाएगा। उसमें अनुशासन आएगा और वह भी शायद इतनी दूर रहकर समझ नहीं पा रहा है कि नई पीढ़ी की गति, जीवन जीने का दर्शन भी अब जेट-युग का हो गया है। उसे गतिबद्ध करना संभव नहीं।''

बच्चे अपने-अपने कमरों में चले गए। माँजी टेबल सँवार रही थीं।

क्या विचित्र परिस्थिति है, जास्वंदी सोचने लगी, अपना सगा बाप बच्चों को पराया लग रहा है और सौतेली माँ सगी लगती है।

और है भी सच! पिछले सत्रह-अठारह वर्षों से वही बच्चों की देखभाल कर रही है। उसी ने उन्हें पाला-पोसा, बड़ा किया है। प्यार से, लाड़ से, कभी डाँट-डपटकर, कभी समझा-बुझाकर। माँजी हमेशा कहतीं, 'जास्वंदी, तुम इस घर में आईं और घर नंदन वन बन गया। तुमने खुशियों के रंग भर दिए, प्यार की खुशबू बिखेर दी यहाँ। बच्चों को तो कभी कोई कमी महसूस न हुई। बहुत बड़ा दिल है तुम्हारा।'

आज इस समय भी माँजी कह रही थीं, ''जास्वंदी, तुमने हम सबके लिए क्या कुछ नहीं किया। ये दोनों बच्चे अपने में समा लिये तुमने। इतना त्याग कि ऑपरेशन भी करा लिया। अब बीस वर्ष बाद हेमंत आ रहा है, यहीं रहेगा वह। तुम दोनों अब सुख-चैन से अपनी गृहस्थी चलाओ। खूब खुशी से रहो।'' माई ने उसे

अपने निकट खींच लिया और आँखों में आँसू भरकर बोलीं, ''हेमंत बहुत नेक-दिल है, जास्वंदी। तुम्हें बहुत खुश रखेगा।''

वह अपने बेडरूम में आई। साइड टेबल पर हेमंत की एक पुरानी तसवीर रखी थी। उसे निहारती रही—हेमंत इस फोटो में कितने युवा थे! अब प्रगल्भ और रोबदार लगते हैं, पूर्ण पुरुष! वह सुदृढ़, ऊँचे, गोरे और सुंदर हैं। उनके मुकाबले वह स्वयं साँवली, छोटे कद की और देखने में साधारण।

जास्वंदी की माँ उन दिनों माई देशमुख के घर रसोई बनाती थी। त्योहार-पर्व हो तो माई डिब्बे भर-भरकर बच्चों के लिए खाना भेजतीं और माँ उनकी प्रशंसा के पुल बाँधती। जास्वंदी ने उन्हें देखा नहीं था, पर अब मन में उनसे मिलने की जिज्ञासा थी।

उन दिनों जास्वंदी ने बारहवीं के पेपर दिए थे। आगे पढ़ना अब संभव नहीं था। घर में ही ट्यूशन पढ़ाती थी। दोनों भाइयों को पढ़ाना था, घर में गरीबी का साम्राज्य था, पिता का साया सिर से उठ गया था।

जास्वंदी को अपना उन दिनों का चित्र अपने आज के चित्र से अपरिचित-सा लगा, पराया-सा। दोनों में समानता ही क्या थी भला!

और उन्हीं दिनों जीवन ने एक अजीब मोड़ ले लिया। जास्वंदी समझ न पाई कि सब कैसे, कब हुआ।

वह क्षण भी विचित्र था। उसकी आँखों के सामने घटनाएँ चलचित्र की भाँति घूमने लगीं।

□

आँगन में खड़ी जास्वंदी पूजा के लिए जास्वंदी के फूल तोड़ रही थी। उन सुंदर, नाजुक फूलों को देखकर मुसकरा पड़ी। उसे याद आया—माँ कह रही थी कि उसे जास्वंदी के फूल बहुत अच्छे लगते हैं। जब वह होने को थी तब आँगन में खिले केसरिया रंग के फूलों को देखकर उसने मन-ही-मन अपने होनेवाले बच्चे का नाम 'जास्वंदी' ही रखा था।

माँ ने भी वास्तव में क्या सोचा, कहाँ जास्वंदी का सुंदर, नाजुक फूल और कहाँ मैं, तुलना ही क्या!

तभी उसकी दृष्टि रास्ते की ओर उठी, जहाँ से एक युवक खड्डों पर से कूदता हुआ उसके सामने आ खड़ा हुआ—स्वप्नों के राजकुमार की तरह!

'ताराबाई यहीं रहती हैं न? वह दो दिन से आईं नहीं।'

'किसके यहाँ?'

‘माई देशमुख के घर।’

वह समझ गई कि वह युवक कौन था। झट से बोली, ‘आइए, अंदर आइए न!’

‘अभी नहीं।’

‘माँ बीमार है।’ जास्वंदी ने कहा।

‘तो ऐसा करें, माई से आप ही आकर मिल लें।’ युवक के स्वर में अदब था। उसे सुनकर अच्छा लगा। वरना लोग घर में काम करनेवालों के साथ तो तू-तड़ाक ही करते हैं।

वह आया, चला गया, पर मन में कहीं एक स्वर्ण-रेखा खींचकर छोड़ गया।

जास्वंदी की माँ ठीक हो गई और काम पर जाने लगी तो जास्वंदी से बोली, ‘आज मेरे साथ बँगले पर चलना। मुझे कमजोरी-सी लग रही है।’

वह माँ के साथ हो ली।

कुछ दिनों के बाद माई देशमुख ने कहा, ‘ताई बाई, तुम हमारे घर चार वर्ष से खाना पका रही हो। घर के सारे रीति-रिवाज, व्रत-त्योहार आदि तुम जितना जानती हो, मैं भी नहीं जानती। मैं कुछ कहना चाहती हूँ। बुरा मत मानना। ठीक लगे तो देखो, ना लगे तो भूल जाओ।’

‘कहिए न, माई। संभव हुआ तो अवश्य मानूँगी।’

और उन्होंने हेमंत के लिए जास्वंदी का हाथ माँगा। माँ चकित होकर जहाँ-की-तहाँ गड़ी-सी रह गई। अपने कानों पर विश्वास नहीं हुआ। क्या जीवन में भी परी-कथाओं जैसे मोड़ आते हैं?

माई देशमुख आगे कह रही थीं, ‘हेमंत मर्चेंट नेवी में है। आठ-दस महीने तो वह बाहर ही रहता है। इस विशाल बँगले में मैं अकेली होती हूँ। हेमंत की पहली पत्नी दूसरे बच्चे के समय चल बसी। दोनों बच्चे इस समय ननिहाल में हैं। सच कहूँ, बच्चों को पालने के लिए नहीं, बच्चों को अपनाने के लिए जास्वंदी इस घर में आए, यही मेरी इच्छा है।’ उन्होंने जास्वंदी की माँ की ओर आशा से देखा, ‘जास्वंदी करेगी यह स्वीकार?’

‘माई, इस विषय पर मैं क्या कहूँ? पूछती हूँ जास्वंदी से।’

इस घटना को दो महीने बीत गए थे। जास्वंदी ने अभी तक कोई उत्तर नहीं दिया था। माई ने भी कई बार पूछना चाहा, पर पूछा नहीं। सोचती, कैसे पूछे दोबारा! ‘हाँ’ की होती तो ताराबाई स्वयं बता देती। जास्वंदी के भी तो अपने सपने होंगे। दूसरी औरत के बच्चे सँभालना भला कौन चाहेगा! गरीब माँ की बेटी है तो

क्या हुआ, सपने तो उसके भी होंगे। बात आई-गई हो गई। दोनों ओर से मौन।

और एक दिन फाटक पर एक कार आकर रुक गई। जास्वंदी सब्जी लेने जा रही थी कि सामने हेमंत को देखकर चौंक गई।

'आज ताराबाई आईं नहीं?'

'माँ तो घर में नहीं है। वह शायद किसी और घर से होकर आपके पास जाएँगी।'

'देखिए, ताराबाई की हमारे यहाँ बड़ी जरूरत है। उनके बिना माँ का गुजारा नहीं। मैं हफ्ते भर बाद चला जाऊँगा। आज बच्चे भी ननिहाल से आ रहे हैं। माँ अकेली उन्हें देख नहीं पाएँगी। ताराबाई आएँ तो कह देना।'

'ठीक है।'

वह युवक जाने को मुड़ा, फिर रुक गया—'एक बात पूछना चाहूँगा, पर बाहर नहीं। क्या मैं अंदर आ सकता हूँ?'

'आइए न, अवश्य आइए।' उसने फाटक खोला।

'जास्वंदी, मेरी माँ ने ताराबाई से जो पूछा था, उससे शायद तुम्हारी माँ नाराज हैं। पर हमने आप लोगों का अपमान करने के लिए नहीं पूछा था।'

'नहीं, नहीं। अपमान की बात नहीं है।'

'फिर मना क्यों नहीं किया तुमने? शायद सोचा होगा कि तुम्हें बच्चों के लिए दाई बनाकर इस घर में लाना चाहते हैं हम।'

'नहीं, ऐसा विचार भी नहीं आया मन में।'

'फिर?'

'आप इतने बड़े लोग, अमीर, पढ़े-लिखे और आप स्वयं...' वह अचकचाई।

'संकोच मत करो, जास्वंदी, कह दो जो मन में है।'

'यही कि आप इतने भव्य पुरुष और मैं कहाँ! हर तरह से आपसे कम हूँ।'

'यही! या कि फिर सोचा होगा तुमने कि यह इतना लंबा-चौड़ा आदमी, उम्र में दस-एक साल बड़ा, दो बच्चों का बाप, उस पर विधुर...'

'नहीं-नहीं! ऐसा खयाल भी नहीं आया।'

'जास्वंदी, उस दिन तुम अपनी माँ के साथ घर आईं। तुम्हें मैंने नजदीक से, घर में चलते-फिरते, काम करते देखा और माँ से मैंने ही कहा कि इस लड़की में मुझे एक स्नेहमयी स्त्री दिखती है। गरीबी कोई अपराध नहीं जास्वंदी, और अमीरी कोई गुण नहीं। सुंदरता मन की होनी चाहिए। पढ़ाई-लिखाई, जीवन के अनुभव इस सुंदरता में निखार लाते हैं, बस! इस दौड़ में पैसा, धन-दौलत एक ओर छूट जाते हैं।'

हेमंत बोल रहा था। जास्वंदी चकित नेत्रों से उसकी ओर देख रही थी।

'बच्चों की कसम, जास्वंदी, तुम्हें घर लाकर दु:खी करने का या अपने लिए तुम्हारी आकांक्षाओं का गला घोंटने का विचार मन को छुआ तक नहीं। मेरी माँ शांत स्वभाव की हैं, मनुष्य की कद्र करती हैं। तुम्हें उनसे भी कोई शिकायत नहीं होगी। बाकी रही बात बच्चों की, तो इसमें तुम्हें थोड़ा त्याग अवश्य करना पड़ेगा।'

वह पानी का गिलास लिये वैसी ही मंत्रमुग्ध खड़ी थी। हेमंत ने खुद ही गिलास लिया, पानी पीया और चलने को हुआ।

'ताराबाई को भेज देना।' कहते हुए वह गाड़ी में जा बैठा।

दोपहर को वह माई देशमुख के घर की ओर चल पड़ी। आसमानी नीले रंग की साड़ी पहनी थी, चोटी पर अबोली फूलों का गजरा लगाया था। उसे देखते ही माई बोलीं, 'साँवली-सलोनी हो, पर हो सुंदर बेटी।' फिर एकदम बात बदलकर बोलीं, 'ताराबाई का संदेश लेकर आई हो न? आ रही हैं न वह कल से?'

'मैंने निर्णय ले लिया है। कल से मैं ही यहाँ आ रही हूँ।'

माई ने उसे गले लगा लिया। हेमंत को पुकारने लगीं। वह आया और सिर्फ इतना भर बोला, 'लॉट्स ऑफ थैंक्स!'

जास्वंदी और हेमंत का रजिस्टर्ड विवाह हुआ और जास्वंदी इस घर की बहू बन गई। हेमंत ने कहा, 'जास्वंदी, मैं तो आठ-दस महीने बाहर ही रहता हूँ। मेरी और माँ की ओर से तो तुम्हें कोई कष्ट नहीं होगा। हाँ, बच्चे छोटे हैं वे अवश्य तंग करेंगे।'

'बच्चों का तंग करना क्या तंग करना माना जाता है? वे अब मेरे बच्चे हैं।'

हेमंत की आँखें भीग गईं।

'बाप हूँ ना इनका, इन माँ-विहीन बच्चों में जान फँसी रहती है, जास्वंदी!'

'आप निश्चिंत होकर जाइए। अब ये मेरी अमानत हैं!'

जास्वंदी इस बड़े घर की मालकिन बन गई, पर गर्व उसे छू न सका। उसने ससुराल-मायका, बच्चे, सास सभी को सँभालकर रखा। सभी की चहेती बन गई। हेमंत चले गए, पर टेलीफोन पर घंटों बात करते थे। उनकी आवाज उसे रोमांचित कर जाती और शरीर का पोर-पोर उनकी चाहत में डूब जाता। लगता, हेमंत इसी समय आएँ और वह उनमें डूब जाए, एकरस हो जाए। सुंदर, जवान, प्रसन्न चेहरेवाले हेमंत सपने में आते और उसका मन-मयूर नाच उठता।

जास्वंदी ने कॉलेज में पढ़ना शुरू कर दिया था। माई ने पूरा साथ दिया। जीवन शांत गति से आगे बढ़ने लगा। वर्ष में एक बार हेमंत आते तो अपने साथ

बहार लेकर आते और चारों ओर मादकता छा जाती। जास्वंदी पगला जाती।

इसी प्रकार एक बार हेमंत आए तो जास्वंदी ने विषय छेड़ा, 'मैं अपनी एक इच्छा पूरी करना चाहती हूँ।'

'मेरी ओर से पूरी अनुमति है।'

'पहले सुन तो लो। यदि आपको पसंद न आए तो?'

'ना आए! इच्छा तुम्हारी है न, वह अवश्य पूरी करो। जानता हूँ, तुम कोई ऐसी बात नहीं करोगी जो गलत हो।'

'इतना विश्वास?' जास्वंदी ने उनका हाथ अपने हाथ में लेकर कहा, 'मैं ऑपरेशन करवाना चाहती हूँ।'

'क्या?' वह लगभग चीख पड़े और उन्होंने अपना हाथ पीछे खींच लिया। उनकी सारी संवेदनाएँ मानो सुन्न हो गई हों।

'इन बच्चों से मुझे बहुत प्यार हो गया है। अपना बच्चा आएगा तो मैं उसमें फँस जाऊँगी। अपना-पराया का भेद मन में उपजेगा। यह बहुत स्वाभाविक है। अब आप मेरा साथ दीजिए, ना मत कहिए।'

हेमंत अवाक् देखते रहे। शब्द खो गए और उन्होंने उसे बाँहों में भर लिया।

माई से जब जास्वंदी ने बात की तो उन्होंने केवल एक गहरी साँस ली और बोली, 'बहुत बड़ा त्याग है, बेटी यह!'

जीवन अपने प्रवाह में बहने लगा। जास्वंदी ने 'सोशल वर्क' की डिग्री ली और एक अस्पताल में लग गई। पैसों की कोई कमी नहीं थी। माई का पूरा साथ और सहयोग था, बच्चे बड़े हो रहे थे। कमी नाम की कोई चीज ही नहीं थी उनके घर में। जास्वंदी ने जब चार गरीब बच्चों की पढ़ाई के लिए उन्हें स्वीकारा तो हेमंत ने भी खुशी से सहमति दी, 'हर कमानेवाली स्त्री को अपनी दुनिया गढ़ने का पूरा अधिकार होता है और तुम तो पुण्य का काम कर रही हो।'

सबकुछ सुंदर था, मन के अनुसार चल रहा था। फिर भी जास्वंदी अकेली थी। स्वप्न और कल्पना का विश्व अब फीका-फीका-सा जान पड़ता था। देह की अपनी कुछ सीमाएँ होती हैं, मन की चाहतें होती हैं और उसे भी इन चाहतों ने आ घेरा। फोन पर हुई बातचीत संतुष्ट न कर पाती। वह बेचैन हो जाती।

और इसी बीच डॉ. नवीनचंद्र माथुर से मुलाकात हुई। वह कलकत्ता से आए थे। यहाँ का पूरा ढाँचा समझने की उन्हें आवश्यकता जान पड़ी। जास्वंदी ने उन्हें मदद की और दोनों में मित्रता हो गई। वह धीरे-धीरे उनके निकट आ गई। मन सपनों में उलझने लगी। एक पुरुष ने उसके जीवन में अनायास ही प्रवेश कर लिया था। वह

डॉ. माथुर के व्यक्तित्व की खूबियों में लिपटने लगी—उनकी मरदानी चाल, उनकी आवाज की गूँज, उनका हँसता चेहरा और कर्तव्य-परायणता। दिन के आठ घंटे वह जागृति की अवस्था में उनके साथ होती, रात को यही सब स्वप्न में जीती।

डॉ. नवीनचंद्र को समझते देर नहीं लगी कि जास्वंदी का झुकाव उनकी ओर बढ़ रहा है। उन्हें भी वह अच्छी लगती—भोली, सीधी सी, सात्त्विक। कभी-कभी वह सोचते, 'पहले मिली होतीं तुम, जास्वंदी!' पर प्रकट में कुछ न कहते। एकाध बार कहा था, 'अच्छी हो तुम, बहुत भली!' और जास्वंदी के मन में हजारों पक्षी चहक उठे थे, फूल महक उठे और सितारे जगमगाने लगे थे। यही होता जब वह उनके आस-पास होती। अब हेमंत मन के किसी कोने में बैठे थे। मुख्य द्वार पर थे डॉ. माथुर।

एक दिन उन्होंने उसे अपनी केबिन में बुलाया तो पुलकित हो गई। डर भी गई। एक ओर देह खींच रही थी, दूसरी ओर विवेक-बुद्धि। आजकल रोज ही लगता था, कोई अपना हो, अपने पास हो। डॉ. माथुर ने बुलाया तो खिल-खिल गई।

'बैठो।' उन्होंने सकल भाव से कहा, 'संकोच मत करो।'

वह कुरसी के कोने पर ही बैठी। वह उठे। उसके पास जाकर खड़े हुए। जास्वंदी घबरा-सी गई। उन्होंने उसके कंधे पर हाथ रखा और जास्वंदी की सारी भावनाएँ जाग गईं।

'जास्वंदी, तुम सुंदर हो, भगवान् के सामने रखी ज्योति जैसी जाज्वल्यमान, पर सात्त्विक।'

उसका शरीर रोमांचित हो गया।

'सुनो, जास्वंदी! हर पुरुष को स्त्री का साथ चाहिए—कई प्रकार से। मुझे भी तुम्हारी आवश्यकता है, पर मित्र की भाँति। तुम्हारा चरित्र अभंग रहे, तुम सन्मार्ग पर चलती रहो और मन भी निष्कलंक रहे, यही मेरी तुमसे अपेक्षा है, एक सच्चे मित्र के नाते।'

वह रुके। जास्वंदी उनकी ओर देखने का साहस न जुटा पाई।

'सुनो, जास्वंदी! फिसलना बहुत सरल है, सँभलना कठिन। मन का संतुलन खोकर किसी पुरुष की ओर झुकाव होना सहज है, पर अपना संतुलन बनाए रखना और दूसरे को सँभालते हुए खुद सँभले रहना दूभर है।'

'तुमने मुझे काम में मदद की है, वैसे ही अब आगे मदद करो।'

उसने घबराकर उनकी ओर देखा। उन्होंने आश्वासन का हाथ उसके कंधे पर रखा, 'जास्वंदी, मैं विवाहित हूँ। मेरे दो बच्चे हैं, जो दसवीं और बारहवीं में पढ़ रहे

हैं। मेरी पत्नी और बच्चे कलकत्ता में हैं, पर यहाँ भी उनका आभास मेरे साथ है। तुम्हारी भावनाएँ मैं समझता हूँ। युवा शरीर की पुकार भी सुन सकता हूँ। पर यदि हर पुरुष बहती गंगा में हाथ धोने लगा तो वह पवित्र गंगा मैली हो जाएगी, समाज पतित हो जाएगा। कोई माने या न माने, पर मैं तो इन्हीं आदर्शों का कायल हूँ। मुझे सँभालने का काम तुम्हारा है। मुझे सँभालो, ताकि मैं अपने को सँभाल सकूँ।'

वह क्या कहती? चुपचाप सिसकती रही।

'जास्वंदी, तुम्हारी कार्य-कुशलता, सरलता और सात्त्विक आचरण ने मुझे प्रभावित किया है; किंतु मैं अपनी मर्यादा से आगे बढ़ना नहीं चाहता। मर्यादा, सीमा यह सब मनुष्य के लिए ही होती हैं न, पशुओं के लिए नहीं।'

उस रात हेमंत का फोन आया तो जास्वंदी ने सिसकियों के बीच उसे सबकुछ बता दिया। वह हँसा, 'बहुत भोली हो तुम, जास्वंदी। सुनो, ऐसा सबकुछ बयाँ नहीं करते। मैं नाराज हो जाऊँ तो? चलो, आता हूँ मैं आठ-दस दिनों में। तुम्हें ढाढ़स बँधाने, तुम्हारे नवीनचंद्र से मिलने।'

पर हेमंत आ न पाए। जास्वंदी छुट्टी लेकर गुमसुम-सी घर बैठ गई। माई चिंतित हो गईं। उन्होंने हेमंत से फोन पर बात की और कुछ ही दिनों में वह आ गए। उनके आगोश में पड़ी वह फफक उठी।

'बहुत अकेलापन महसूस होता है।'

'मैं प्रयत्न कर रहा हूँ। जल्दी ही वहाँ सारा सेटल करके आता हूँ।'

इसके बाद भी डेढ़ वर्ष बीत गया। हेमंत काम बंद करके आ न सके। जीवन मानो अधर में लटका था। इस बीच कुछ दिनों के लिए आए थे। जब भी आते, बहुत कुछ सँवारने की कोशिश करते। बच्चों को अपने पास करने का प्रयत्न करते। उनके लिए बहुत कुछ खरीद देते, उनका कमरा ठीक करते, उनके जूते चमकाकर रख देते। माई की मदद करते। जास्वंदी को घुमाने ले जाते। इस तरह हेमंत सारे घर में छा जाते।

उनका इस तरह छा जाना ही सबको चिंतित कर जाता। वह अपनी अनुपस्थिति को मानो भरने का प्रयत्न करते थे, उधर उनकी उपस्थिति बच्चों को तनाव में डाल देती, माई स्वयं भी अड़चन महसूस करतीं। उनका कार्यक्रम बिखर जाता। सोशल वर्क, किटी पार्टी, कोई मीटिंग आदि उनकी दिनचर्या का भाग बन गया था। हेमंत घर में हो तो भागकर आ जातीं। वैसे भला हेमंत कहते ही क्या थे! फिर भी उनका एक दबदबा था। सब दबाव में रहते।

बच्चों को स्वतंत्रता की आदत पड़ गई थी। जास्वंदी स्वयं कई सामाजिक

और सांस्कृतिक सेवा संगठनों में उलझी रहती। हेमंत के आते ही लगता, टाइम-टेबल के अनुसार सबकुछ ढालना पड़ेगा।

माई जल्दी ही घर आ जातीं। बच्चे टी.वी. नहीं लगाते। घर आते ही पढ़ाई में जुट जाते। जास्वंदी उनके आस-पास ही रहती और हेमंत भी चाहते कि वह कहीं न जाए, उनके पास ही रहे। जास्वंदी को कई कार्यक्रम स्थगित करने पड़ते, कई निमंत्रणों को नकारना पड़ता। भूखे व्यक्ति की भूख कैसी तीव्र होती है, इसका अहसास उसे होता और रात समाप्त होते ही वह छुटकारे की साँस लेती।

जास्वंदी अपने आपको समझाती, 'वह महीने-दो महीने के लिए तो आते हैं। यदि वह कौटुंबिक जीवन का भरपूर आनंद लेना चाहते हैं तो इसमें बुराई ही क्या है!'

फिर भी उनका आना अपने आप में बोझ था। आज की मान्यताएँ बदल गई हैं। नई पीढ़ी को सबकुछ पका-पकाया मिल रहा है। उन्हें बेलगाम जीवन जीने की आदत पड़ गई है। उन्हें बाप का पैसा चाहिए, पर बाप नहीं चाहिए।

हेमंत भी समझ गए थे। कई बार कहते, 'जास्वंदी, मैं यहाँ मेहमान की तरह आता हूँ और बच्चों पर पिता के नाते खूब खर्च करता हूँ। उन्हें खुश रखने का, अपना बनाने का प्रयत्न करता हूँ। मैं भावनाओं की, प्यार की गठरी बाँधकर ले जाता हूँ और आठ-दस महीने उसी के भरोसे जीता हूँ; पर मेरे आने से कहीं कुछ अड़चन तुम सबको लगती है। अब मैं सदा के लिए आऊँगा। शायद तब बच्चों को मेरी आदत पड़ जाएगी। सुनो जास्वंदी, मैं तब राक्षस बनकर तुम्हें भी तंग नहीं करूँगा। एकबारगी तुम सबके साथ सेटल हो जाऊँ तो जीवन पटरी पर चलने लगेगा।'

हेमंत का कहना गलत नहीं था। उन्हें भी स्वयं को बहुत बदलना पड़ेगा, इसमें शंका नहीं थी। फिर वह बच्चों के पिता थे, उसके पति थे, घर के प्रमुख थे। उनके अनुशासन के अनुसार घर चलाना ही उचित होगा। परंतु बहुत समय बीत गया था। इस परिवार के सब सदस्य एक-दूसरे से जुड़े होते हुए भी स्वत्रंत थे। सबके अलग मत होते हुए भी उनमें एक मत था। हेमंत के आने से अब प्रवाह पर प्रतिबंध लगेगा—एक मौन, अलिखित प्रतिबंध! सब इसी से भयभीत थे।

हेमंत ने छोटा सा पत्र भेजा था—वहाँ का सारा काम बंद करके पंद्रह दिनों में वे आने वाले थे। सबको विचित्र सी घुटन लग रही थी। जास्वंदी स्वयं को समझा रही थी, बच्चों को समझा रही थी, 'वह तुम्हें आखिर कहते ही क्या हैं?'

'कहते तो कुछ नहीं, बहुत लाड़ करते हैं, प्यार करते हैं, डाँटते भी नहीं। पर उनका आस-पास होना ही बोझ बन जाता है। अपने मन के अनुसार चल नहीं पाते,

उनके अनुसार कर नहीं पाते, मम्मी, अजीब औपचारिकता लगती है।'

'हमें हॉस्टल में भेज दो।' सुधीर ने कहा और जास्वंदी मन-ही-मन घबरा गई। हेमंत का अपना घर, अपने बच्चे, अपनी पत्नी, अपनी माँ—सबकुछ कैसे पराया-सा होने लगा है।

बच्चों की मानसिकता अपने स्थान पर ठीक थी और हेमंत की अपने स्थान पर! स्वयं जास्वंदी ने भी तो अब तक अपना जीवन जीया है। पहले वह नेवी में थे, फिर गल्फ कंट्री में। घर में उनका दबदबा रहा ही नहीं। माई ने भी अपना जीवन-प्रवाह बदल लिया है और उन्हें भी हेमंत की आदत नहीं रही थी। जब से हेमंत का पत्र आया तब से 'हेमंत' नाम का एक बवंडर-सा खड़ा हो गया था। उन चारों की अपनी एक अलग दुनिया बन गई थी। उसमें हेमंत को समा लेना उन्हें मुश्किल लग रहा था।

'डॉ. नवीनचंद्र माथुर, मेरे पति का आना क्या मैं झेल पाऊँगी? इसी विचार से मैं डरी हुई हूँ, बिखर गई हूँ। यह सब आपको कैसे बताऊँ मैं? कैसे समझाऊँ?' जास्वंदी मन-ही-मन बोली। उस दिन की घटना के बाद सारे बादल छँट गए थे और दोनों ओर से मित्रता निर्मल, निरीह थी।

'सुनो, जास्वंदी!' उसने अपने आपसे कहा, 'खड़ी हो जाओ। हो सकता है, जिसे तुम तूफान समझ रही हो, वह तूफान हो ही न। वह केवल एक आभास हो।'

और वह सामना करने के लिए उद्यत हो गई।

□

भाग्यशाली

कई महीनों बाद आज मारिया घर से निकली थी। लोअर कैथू की वह सीधी चढ़ाई चढ़कर माल रोड तक आते-आते साँस फूल गई थी। पिंडलियों में गोले उठ रहे थे। उसने देखा, उससे अधिक आयु के लोग रेलिंग को पकड़े बिना चढ़ रहे थे। उनकी चाल में लचक थी, उसकी तरह स्टिफ नहीं थी। उसने एक बार पीटर से कहा था, 'बेटा, इस गहरी वादी में जमीन ले तो रहे हो, पर बुढ़ापे में कैसे करेंगे? ऊपर चढ़ने के बजाय नीचे बैठ ही जाएँगे, जब घुटने जवाब देने लगेंगे। बहुत तीखी चढ़ाई है।'

'मम्मा, बुढ़ापे में हम चढ़ाई चढ़ेंगे ही नहीं। तब तक हम यहाँ के लोगों का, यहाँ की दिनचर्या का अंग बन जाएँगे और यहीं घुल-मिल जाएँगे। वैसे देखो न, इतना बड़ा परिसर माल रोड पर या हिल टॉप पर मिलना संभव नहीं। फिर कितना महँगा पड़ेगा!' वह गंभीर स्वर में बोला और पल भर में अपनी आदत के अनुसार मजाक में बोला, 'मम्मा, हम एक काम करते हैं।'

'क्या?'

'हिल टॉप पर रहनेवाली किसी लड़की को आप अपनी बहू बना लो। फिर उसके साथ चढ़ाई चढ़ने में आपको कोई समस्या नहीं होगी।'

वह हँस पड़ी।

हुआ भी वही। पीटर एक दिन एक सुंदर सी, परी जैसी युवती को साथ ले आया।

'मम्मा, यह है रीना। यहीं माल रोड पर एक स्कूल में पढ़ाती है।'

मारिया ने ध्यान से देखा—गोरी, नीली आँखोंवाली तथा छरहरे बदनवाली रीना किसी बड़ी गुड़िया जैसी दिख रही थी। कश्मीरी पंडित परिवार की यह लड़की पीटर ने कैसे हासिल की भला?

रीना घर आने-जाने लगी। पीटर ड्यूटी पर चला गया था, तब भी अधिकार से आ जाती।

चढ़ते-चढ़ते मारिया ने नीचे देखा। साल-दो साल में ही कितना बढ़ गया था शिमला। कैथू की वह हरी-भरी वादी अब सीमेंट के घरों से बदसूरत दिखने लगी थी। स्थान-स्थान पर होटल उभर आए थे। वर्षा के बाद उग आए कुकुरमुत्तों की तरह मकान उभर आए हैं। सीमेंट की सलाखें समतल छतों पर निकली बुरी लग रही हैं। वे सुंदर लाल छतोंवाले मकान अब इन इमारतों के पीछे दुबक गए हैं। माल पर भी भीड़ बढ़ गई है। सुबह के नौ बजे थे। हलकी-हलकी बर्फ पड़नी आरंभ हो गई थी। दूर की चोटियों पर स्फटिक समान दिखनेवाली बर्फ इस समय कुहरे में छुप गई थी। हरे देवदार सीधे तने खड़े थे मानो सीना तानकर खड़े हमारे जवान शत्रु का मुकाबला करने के लिए उद्यत हों। देवदार के इन घने जंगलों के बीच से होती चुभनेवाली हवा गरम कपड़ों के भीतर तक जाकर हड्डियों में घुस रही थी।

प्रकृति सुंदर थी, मनमोहक थी, पर मारिया का मन उद्विग्न था। मन-मस्तिष्क में भरा गुस्सा अभी गया नहीं था। रीना के घर पहुँचने के लिए अभी लगभग एक किलोमीटर चलना होगा और उसके लिए एक कदम आगे रखना भी दूभर हो गया था। फूलों की दुकान सामने पड़ी तो वह अंदर गई। एक गुलदस्ता खरीदा। पैसे देने लगी तो दुकानदार बोला, ''आज बड़े दिनों बाद दिखीं आप! और हाँ, फूलों का गुच्छा तो वे ले गए हैं और साथ ही टोकरी भरकर फूल भी।''

''कौन ले गया?''

''रीना मैडम! वह बहुत बार बुके ले जाती हैं।''

मारिया इधर-उधर की बातें करती रही। कुछ सुस्ताकर उठी तो थकान कम हो गई थी। हाथ में बुके लिया और चल पड़ी। दिलो-दिमाग में जो गुस्सा था वह अनायास ही गायब हो गया। रीना पर था क्रोध—वह महीने भर से आई नहीं थी। मारिया ने ठंडे दिमाग से सोचा, यह लड़की तो गुण गाने योग्य है और मैं हूँ कि उस पर नाराज हूँ। पिछले दो वर्षों से पीटर की कब्र पर फूल रख रही है। आखिर रिश्ता ही क्या था उसका? फिर रोज मुझे मिलने आना कौन सा आसान है। पहले कैथू की उतराई उतरो, फिर चढ़कर वापस जाओ। माना वह युवा है, पर मनुष्य शरीर है, थकता तो है ही। वह आ न पाई होगी, इसलिए मेरा नाराज होना कितना ठीक है भला! मेरे कहने के अनुसार वह रोज फूल चढ़ाती चली आई है, इसकी कोई सराहना नहीं। जो सहज कर नहीं पाई उसके लिए अपयश, गुस्सा कहाँ का न्याय है यह!

घूम-फिरकर मन वहीं उलझ गया—क्यों नहीं आई होगी? फोन भी नहीं

किया। फोन करना तो कोई कठिन नहीं और मेरे दिमाग में भी नहीं आया कि मैं ही फोन कर लूँ।

मैंने ही तो फोन करने के लिए उसे मना किया था, मारिया सोचने लगी। वह वार्त्तालाप याद है उसे, 'बेटी, फोन मत किया करो मुझे। फोन की घंटी बजते ही मेरा पूरा शरीर काँप उठता है, निर्जीव हो जाता है, दिल बैठ जाता है। पीटर के वे शब्द, 'हैलो! ममा···मम्मा···मैं चला···अब···' आगे के शब्द मिट जाते हैं। रीना, प्लीज फोन मत किया करो।'

वह फोन नहीं करती, स्वयं चली आती मारिया से मिलने। कितने किलोमीटर चलकर आती थी? फिर कालीबाड़ी के पास की उतराई, फिर ताराहॉल स्कूल के पास से लोअर कैथू। और बाद में उतनी ही चढ़ाई! मैंने कभी रीना की ओर से विचार ही नहीं किया। अपने में ऐसी उलझी हूँ कि दूसरा छोर दिखता ही नहीं। सिमिट्री की ओर मुड़ते-मुड़ते वह अपने आपको उलाहना देती चली जा रही थी।

सिमिट्री में भी अब कुछ और नई कब्रें बन गई थीं—सच, समय बलवान् होता है, छोड़ता नहीं किसी को भी—राजा हो या रंक, धर्म कोई भी हो, जाति कोई भी हो! कुछ कब्रों पर ताजा फूल थे, कुछ के आस-पास जंगली झाड़ियाँ उग आई थीं। नाम पढ़ते-पढ़ते वह आगे बढ़ रही थी। पीटर की कब्र कहाँ थी, भूल-सी गई थी। उसकी टाँगें काँपने लगीं, थक गई थी। बर्फ के कारण छतरी और रैनकोट भारी हो गए थे। वह वहीं एक कब्र के पास जा बैठी।

अनायास याद आ गया—पीटर की कब्र के निकट वह चेरी का पेड़! एक बार वह पीटर के किसी मित्र के पिता को श्रद्धांजलि देने पीटर के साथ आई थी। तब पीटर ने कहा था, 'उस चेरी के नीचे जिसे स्थान मिलेगा न, उसे भाग्यशाली समझो! अगर कॉफिन में पड़े-पड़े वह देखे तो ऊपर छाया होगी सुंदर पेड़ की। बर्फ के मौसम में यह पेड़ बर्फ को भी अपने ऊपर ले लेगा, कब्र पर गिरने नहीं देगा और वसंत ऋतु में चेरी के नाजुक फूल उसे श्रद्धांजलि देंगे। फलों के दिनों में फल भी इस पर गिरेंगे।'

पीटर बोल रहा था, वह गंभीरता से सुन रही थी।

'मम्मा, एक विचार आया मन में···मानो···मेरी मृत्यु···'

'चुप! क्या बेकार की बात कर रहे हो!' पह लगभग चीख पड़ी।

'डरती क्यों हो, मम्मा! मृत्यु बुरी नहीं होती। तुम्हीं ने तो बताया था कि मरकर व्यक्ति अमर हो जाता है। देश के लिए कितनों ने प्राणों की आहुति दी है। मैं भी तो सेना में हूँ। संभव है···'

'मत बोलो पीटर, मत बोलो। अब मैं मृत्यु के जिक्र से ही घबरा जाती हूँ।'

'नहीं, मम्मा! कर्नल माइकल परेरा की पत्नी ऐसी भीरु नहीं हो सकती। छोड़ो इसे, मम्मा! हम बात कर रहे थे उस चेरी के पेड़ की। मान लो, इस पेड़ के नीचे मेरी कॉफिन है। मैं आँखें खोलूँगा, ढक्कन उठाकर देखूँगा, मुझे चेरी के फल पड़े दिखेंगे और मैं हाथ बढ़ाकर कुछ फल उठा लूँगा।' वह हँसता जा रहा था और बोल रहा था।

'तुम्हारा विनोद भी भयानक किस्म का होता है, पीटर! विचित्र बातें मत करो। चलो, चलो यहाँ से निकल चलें।' मारिया ने उसकी बाँह पकड़कर उसे खींचा था।

और जब पीटर का शव लेकर सेना के अधिकारी पहुँचे तो उन्होंने उसके लिए यही स्थान चुना। मारिया ने अपने आँसुओं के बीच से देखा और सिसक पड़ी। पीटर को वही स्थान मिला जो उसने चाहा था।

'पीटर, माय चाइल्ड! माय स्वीट हार्ट! सच, क्या तुमने इस वर्ष चेरी के फल खाए होंगे? जो तुमने उस दिन शरारत से कहा था, क्या ऐसा होता है?' उसने उस चेरी के पेड़ के पास पहुँचकर कहा। सूखी चेरी के कुछ फल, कुछ बीज वहाँ पड़े बर्फ के भीतर से झाँक रहे थे। उन फलों को देखकर मारिया की रुलाई फूट गई। उसने दोनों हाथों में बुके पकड़ा, उसे कब्र पर रखा और घुटनों के बल बैठ गई। घुटनों में जान-लेवा दर्द उठा। उसने आँखें मूँदकर प्रार्थना की और चेरी का सहारा लेकर उठ खड़ी हुई।

कब्र पर केवल एक ही गुलदस्ता था, जो उसने अभी रखा था। तो रीना नहीं आई। वह फूलवाला तो कह रहा था कि टोकरी भरकर फूल ले गई है रीना मैडम! आज पीटर का जन्मदिन था। मारिया को लगा था, रीना ने उसकी कब्र सजाई होगी, पर वहाँ तो एक भी फूल नहीं था। मन में छिपा गुस्सा फिर से उभर आया। वह धीरे-धीरे वापस हो ली।

इतनी बड़ी वह सिमिट्री फैली पड़ी थी—नितांत अकेली। वहाँ उस समय कोई भी नहीं था। दूसरे छोर पर उसके पति माइकल परेरा की कब्र थी। मारिया अब एक भी कदम चलने की स्थिति में नहीं थी। बर्फ पड़ने की गति बढ़ गई थी और चारों ओर से घिर आए बादलों से अँधेरा छा गया था।

वह गेट तक गई। शरीर बेजान हुआ जा रहा था। वह वहीं एक ओर हटकर बैठ गई।

'मम्मा···मम्मा' उसे लगा पीटर बुला रहा था। उसने देखा, हँसता हुआ वह

उसी की ओर दौड़ा चला आ रहा था। हमेशा की तरह उसका चेहरा खिला हुआ था।

□

'मम्मा···मम्मा!' उसका स्वर सुनते ही वह जल्दी से बाहर आई। पीटर ने दोनों हाथों से उसके कंधे पकड़े, उसे सोफे पर बिठाया और स्वयं उसके सामने जमीन पर घुटनों के बल बैठ गया।

'आज तुम्हें खुशखबरी सुनाता हूँ। मम्मा, आप सोच भी नहीं सकतीं कि मैं क्या-क्या बताने जा रहा हूँ। ऐसा करो कि मेरी इन दो उँगलियों में से तुम एक पकड़ो, ताकि दो में से कौन सी खबर पहले सुनाऊँ, यह निश्चित हो जाए।' और उसने दो उँगलियाँ उसके सामने कीं। उसने एक पकड़ी।

'लो जी! यह है रीना की उँगली।'

'मतलब?'

'यही तो बताने जा रहा हूँ। याद है, रीना···रीना, गुड़िया जैसी। एक बार हमारे घर भी आई थी?'

'तो?'

'वह गुड़िया अब बड़ी हो गई है। उसके माता-पिता ने हमारी शादी के लिए 'हाँ' कर दी है।'

'इतना सबकुछ हुआ और मुझे अब बता रहा है!'

'तो सरप्राइज कैसे देता?'

'बस, मुझे पसंद आ गई!' मारिया छूटते ही बोली।

'अच्छा? बिना देखे?''

'तुम्हारी इन चमकती आँखों में देख लिया मैंने उसे। एक बड़ी गुड़िया, सुंदर-सलोनी-सी है न?' और पीटर ने मम्मा के दोनों हाथ कसकर पकड़ लिये।

'चल, अब दूसरी खबर!'

'मैं सिलेक्ट हो गया हूँ।'

'सिलेक्ट?'

'हाँ, कारगिल युद्ध के लिए। अब शिमला से जो सैनिक बल जाएगा न, वह मनाली-लेह मार्ग से कारगिल जाएगा। उनमें तुम्हारा बेटा पीटर परेरा भी होगा।'

मारिया की आँखें भर आईं।

'मम्मा, तुमने ही मुझे देश के प्रति प्यार से ओत-प्रोत किया है न! मेरे पप्पा के कर्तृत्व की गाथाएँ सुनाई हैं। अब इस खुशी के मौके पर ये आँसू? मम्मा, मैं लौट आऊँगा और तब रीना से विवाह करूँगा। तब तक मेरा पंद्रह वर्ष का बॉण्ड भी खत्म

हो जाएगा और हम तीनों सुख से इस सुंदर वादी में रहेंगे।'

वह बोलता रहा। मारिया ने कुछ सुना, कुछ नहीं सुना। माइकल परेरा कर्नल थे। असमय ही चल बसे थे हार्ट अटैक से। तब पीटर केवल पंद्रह वर्ष का था। सेना में जाने को उद्यत हो गया, किंतु आयु अभी छोटी थी।

'मम्मा, डैडी कहते थे कि वह कुछ ऐसा करके दिखाना चाहते हैं, जिससे लोग उन्हें आदर्श मानें। पर उन्हें मौका नहीं मिला। अब मैं सेना में भरती होकर उनके सपनों को पूरा करूँगा, माइकल परेरा का नाम अमर करूँगा।'

'नहीं पीटर! ऐसे सपने न ही देखो तो अच्छा है।'

पर वह नहीं माना। बारहवीं पास की परीक्षा दी और सिलेक्ट भी हो गया। 'पीटर, बेटा, डिग्री तो पूरी कर लेता।' वह कुछ नहीं बोला। उसका मन तो उस अनुशासनबद्ध जीवन, सेना का गौरव, वह स्मार्ट यूनिफॉर्म और देश के लिए बलिदान की चाह से ओत-प्रोत था।

पीटर ने हर यूनिट में नाम कमाया, प्रमोशन मिला, परीक्षाएँ पास कीं और ऊँचे पद तक जल्दी ही पहुँचा। देश में शांति थी, सीमा पर खास समस्या उन दिनों नहीं थीं। वह छुट्टी पर आता और माँ के साथ हर क्षण सुख से बिताता। कारगिल में हो रहे छिटपुट संघर्षों ने सेना को सतर्क कर दिया था। उन दिनों पीटर दिल्ली में था। माँ से मिलने आया तो दो समाचार लेकर। पहले समाचार से आनंदित हुआ उसका मन, दूसरे समाचार से बुझ गया।

इन्हीं दिनों पीटर रीना को घर ले आया। परी जैसी उस युवती को देखकर मारिया अवाक् बैठी रही क्षण भर!

'तुम्हारे पेरेंट्स ने हाँ कर दी?'

'की नहीं, मुझे हासिल करनी पड़ी', रीना ने कहा, ''सारे विरुद्ध थे।''

'तो?'

'फिर क्या, मम्मा! मैं जिद पर अड़ी रही। मेरा एक ही आग्रह था। पहले पीटर से मिल तो लो, फिर पसंद न आए तो मना कर देना।'

उन्होंने पीटर को देखा और सब मोहित हो गए। इसके बाद ना-नुकुर का सवाल ही नहीं था। रीना की बातें मारिया को अच्छी लगीं।

पीटर की छुट्टी समाप्त हुई। वह चला गया। रीना आती थी, घर की बहू-बेटी की भाँति मारिया का ध्यान रखती। एक बार मारिया ने पीटर को बुला लिया और उनकी सगाई कर दी।

कारगिल युद्ध की वार्त्ता सुन मारिया हतप्रभ-सी हो गई थी। उसे लगा था,

रीना भी शायद इस विवाह के लिए अब पुनर्विचार करेगी या जीवन के प्रति उसका दृष्टिकोण बदल जाएगा। पर उसके विचार संतुलित थे, प्रगल्भ थे। बोली, 'मम्मा, सेना में व्यक्ति हो तो ऐसे प्रसंग आना कोई नई बात नहीं है। सिर्फ पीटर के लिए यह जल्दी आ गया।'

'युद्ध स्थिति इतनी जल्दी कैसे पैदा हो गई?'

'हमारा बस ही नहीं है न, मम्मा, किसी भी परिस्थिति पर। मनुष्य कर ही क्या सकता है!'

मारिया उस युवती को निहारती रही, जो पीटर की जीवन-संगिनी बनने जा रही थी। भारतीय संस्कृति में पली-बढ़ी यह लड़की पीटर का जीवन जाज्वल्यमान कर देगी, इसमें संदेह नहीं था।

सिमिट्री में बैठे-बैठे मारिया जिंदगी के पृष्ठ पलट रही थी। पीटर सगाई करके गया तो कभी न लौटने के लिए। कभी-कभी फोन पर बात हो जाती। कभी पत्र आ जाते। एक पत्र में लिखा था—'मम्मा, कैंप फायर के दिन मैंने तुम्हारी पसंद का गाना गया था—'माँ, तुझे सलाम', ए.आर. रहमान का! और मम्मा, मैं वहीं बिफर पड़ा।'

जब तक मोबाइल रखना कायदे से स्वीकृत था, तब तक मारिया से बात हो जाती। युद्धक्षेत्र में जाते ही संपर्क टूट गए।

□

'ममा, मम्मा, हैलो, मम्मा! सुन रही हो न?' मारिया घबराकर जाग गई। शायद आभास था। रजाई ऊपर तक ओढ़कर सो गई।

फोन बजा, 'हैलो!'

पीटर बता रहा था। आठ-दस दिन वह बात न कर सका था। अब वह ऊपर के क्षेत्र में था। ग्यारह हजार फीट पर। बहुत सर्दी थी, बदन के भीतर तक घुसती ठंड। ऊपर-नीचे चारों ओर बर्फ-ही-बर्फ थी। पाकिस्तानी चौकियाँ ऊपर थीं, भारतीय सेना नीचे थी।

'तुम कैसी हो, मम्मा?'

'मुझे क्या हुआ, बेटा? बस, तुम्हारी…'

'नो, मम्मा, नो! रोना नहीं। मैं ठीक हूँ। लौटकर आऊँगा न तब हम सब रोहतांग जाएँगे। रीना को दिखाना है न!'

वह सुन रही थी। सिसकियाँ बाहर न निकले, इस प्रयत्न में थी।

'मम्मा, वो गाना सुनो, 'माँ तुझे सलाम' और दिल मजबूत रखो।'

फोन कट गया। मारिया ने उठकर कैसेट लगाया, पर सुना नहीं।

सुबह रीना आई। तब मारिया बोली, 'रात फोन आया था उसका।'

'मुझे भी आया था। ठीक हैं तथा खूब जोश में हैं वे सब!'

मारिया गुमसुम थी। रीना इधर-से-उधर कमरों में घूम रही थी, गुनगुनाती हुई चाय बना रही थी। उसने गरमागरम टोस्ट और चाय मारिया के सामने रखे तो मारिया गद्‌गद हो उठी, 'रीना, माय चाइल्ड''माय डार्लिंग!'

'रोओ मत, मम्मा! सब ठीक हो जाएगा।'

'वह कितने विकट पहाड़ों पर है। कितना कठिन है जीवन उस बर्फ में!'

'मम्मा, हमारे सैनिकों का ध्येय है कारगिल वापस हासिल करना है और इसके लिए पीटर तथा हमारे सभी सैनिक जान की बाजी लगाने के लिए तैयार हैं।''

'और क्या कहा पीटर ने?'

'यही कि फायरिंग शुरू हो गई है। पाकिस्तानियों के लिए आसान है, क्योंकि वे ऊपर की ओर हैं और हमारी सेना नीचे।'

'कारगिल हासिल किए बगैर वापस नहीं आएँगे, हम।' यही उन जवानों का वाक्य था।

'फायरिंग हो गई शुरू?'

'घबराओ नहीं, मम्मा! कारगिल पर भारत का झंडा फहराएँगे ये बहादुर सैनिक!'

'जब तक फोन कर सका, पीटर फोन करता रहा है। पिछली बार कह रहा था—'रीना, हमारे इरादे पाक हैं, हौसले बुलंद हैं। हम जीतेंगे।' और तब फोन कट गया था।'

'अब क्या करें, क्या ना करें, रीना। घबराहट होती है।'

'कुछ नहीं करना, मम्मा, बस उनकी विजय के लिए प्रार्थना करनी है।'

दूसरा दिन निकला तो अपने साथ अँधेरा लेकर ही आया। मारिया अस्वस्थ थी। घुटनों भी असहनीय दर्द था। सारा दिन सुस्ती भरा था। रात उसने काटी कैलेंडर की ओर देखते-देखते। माखन चोर श्रीकृष्ण का कैलेंडर था। पीटर ही लेकर आया था।

'मम्मा, हर बच्चा बचपन में श्रीकृष्ण ही होता है। मुझे तो शरारती बच्चे बड़े अच्छे लगते हैं। मम्मा, यदि मेरे बच्चों ने तुम्हारे साथ शरारत की तो''तो नाराज तो नहीं होगी?'

'अरे, बाबा! पहले शादी तो कर ले!'

वह खुलकर हँसा। मारिया देखती रही, स्वयं पीटर क्या कम शरारती था, और अभी भी है। क्या-क्या बोलता रहता है! माँ को खुश रखने के प्रयत्न में अंट-शंट भी बक जाता है और मारिया मुसकरा पड़ी।

तभी टेलीफोन की घंटी बजी और मारिया का ध्यान टूटा। उस ओर पीटर था, पर बात नहीं हो पाई। फोन घर्र-घर्र करके कट गया।

इसी प्रकार पहले भी कभी अभ्यास पर उनका यूनिट होता तो वह हर रोज टेलीफोन करता था। कहता था, 'आस-पास पक्षी तक नहीं हैं, मम्मा! और बड़े जोरों की भूख लगी है। तुम्हारे हाथ के खाने की याद सता रही है।'

अब युद्धभूमि से फोन पर बात करना संभव नहीं था। दुश्मन आस-पास ही था और आज की एडवांस टेक्नोलॉजी के कारण फोन इंटरसेप्ट होकर कोई भी सूचना शत्रु के हाथ पड़ सकती थी। अत: जब कभी मौका मिले, तभी वह थोड़ी सी बात करके बंद करता था। फिर भी मारिया को खबर मिलती रही—सचिन की बाँह कट गई, अब्दुल के पैर में गोली लगी, स्वयं पीटर का पैर जख्मी हो गया।

समाचार-पत्रों और टी.वी. से जानकारी मिल रही थी। टाइगर हिल और फिर कारगिल! उनका ध्येय अब सामने था। पर समाचार दिल दहलानेवाले थे। भारतीय सैनिक भारी संख्या में हताहत हो रहे थे। कइयों के शव अंतिम विधि के साथ भेजे जा रहे थे। उस दिन शिमला के रिज पर भारी भीड़ थी, जब किसी युवा सैनिक का शव आया था। हमीरपुर, काँगड़ा, धर्मशाला और सुदूर महाराष्ट्र, कहाँ-कहाँ के थे ये जवान, अफसर और सैनिक! कैसे हृदय-विदारक दृश्य थे!

और उस रात नौ बजे रीना आई। बाहर वर्षा थी और हवा में ठंडक!

'क्यों आई इतनी रात गए, इतनी दूर?'

'आपको देखने।'

'मुझे? क्यों?'

'लगा, आपको घबराहट हो रही होगी। टी.वी. के समाचार ही ऐसे भयानक हैं कि मन टूट जाता है और अकेले में डर ज्यादा लगता है।'

'गॉड ब्लेस यू माय चाइल्ड!' मारिया ने उसका माथा चूमा और रो पड़ी।

'मम्मा, हिम्मत रखो! पीटर का सपना है माइकल परेरा का नाम अमर करने का। ऐसा भाग्य सबको नहीं मिलता, मम्मा!'

'मृत्यु के दरवाजे पर खड़े होकर उसका द्वार खटखटाना भाग्य है क्या?'

'कीट-पतंगे, पशु-पक्षी भी जीते हैं, मम्मा! मनुष्य भी निरर्थक जीवन जिए तो उसे क्या जीना कहेंगे? ऐसे जीने को देख मृत्यु भी लज्जित हो जाती है। जीना हो

ध्येय के लिए तो वही जीना है जिसे मृत्यु-देवता भी नहीं मिटा सकता।'

रीना किसी दार्शनिक की भाँति काफी देर तक बातें करती रही। मारिया को कभी लगता कि वह ठीक कह रही है। कभी लगता, क्या कोरे आदर्श और तत्त्वज्ञान के सहारे जीवन की वास्तविकता जी जा सकती है?

आधी रात गए फोन बजा। दोनों घबरा गईं। पीटर का था—कह रहा था, वह ठीक है, पर टाँग में गहरी चोट है।

फोन पर उसकी आवाज सुनकर अच्छा लगा। दोनों निश्चिंत हो गईं। रीना तो सो गई, पर मारिया अचानक ही बेचैन हो गई। न चाहते हुए भी रीना को जगाया और बोली, 'रीना, तुम्हारे धर्म में तो कई देवी-देवता हैं न! तो उनसे प्रार्थना करो। मेरा मन बहुत उद्विग्न है, बेटी। श्रीकृष्ण की ओर देखकर प्रार्थना करो।'

रीना ने उनकी हालत भाँप ली और हाथ जोड़कर संस्कृत के कुछ श्लोक बोलने लगी। श्लोकों के स्वर से वातावरण पवित्र हो गया। अकेलापन चला गया और मारिया तन्मयता से सुनती रही। श्लोक न जाने कौन-कौन से थे, ऐसे भी थे जो सुभाषित थे और जिनका देवी-देवताओं से या ईश्वरीय प्रार्थना से कोई संबंध नहीं था। पर उससे क्या? बात मन की शांति की थी और मारिया को वह मिली। तभी अचानक हवा के एक तेज झोंके से दरवाजा खुला।

'मैंने तो कुंडी लगाई थी। मम्मा, लाइट तो खोलना जरा।'

'बिजली नहीं है।' मारिया ने उसे टॉर्च पकड़ाते हुए कहा।

रीना ने दरवाजे की ओर रोशनी फेंकी और उसी क्षण मारिया को पीटर आता हुआ दिखा।

'पीटर!' मारिया दरवाजे की ओर भागी।

'मम्मा! वर्षा हो रही है। आप अंदर आइए।' हवा इतनी तेज थी कि दरवाजा बंद करना असंभव था। रीना ने जोर लगाया। इसी बीच मारिया फिर दरवाजे की ओर भागी। रीना समझ न पाई कि क्या करे। आखिर उसने एक हाथ से दरवाजा भींचा और दूसरे हाथ से मारिया को पलंग की ओर धक्का दिया। दरवाजा बंद करके वह मारिया के निकट जमीन पर घुटनों के बल बैठ गई। बारिश के झोंकों से भीग गई थी वह।

'सॉरी, मम्मा! आपको बेदर्दी से धक्का देना पड़ा। आप भीग जातीं।'

'रीना, पीटर को अंदर ले लो। वह भीग गया है।'

'मम्मा, पीटर यहाँ कैसे आएगा? वह सैकड़ों मील दूर, दुर्गम पहाड़ों पर है। पिछले चार-पाँच दिनों से आप टेंशन में हैं, इसलिए लगा होगा।'

'नहीं, रीना, यह आभास नहीं है। वह आया था। उसके पाँव में चोट थी। बड़ी मुश्किल से चल रहा था। मैंने उस देखा है, रीना!'

'आप सो जाइए! इस समय आप फिक्र में हैं।' और उसने मारिया को सुला दिया।

सुबह के चार बजे थे। मारिया उठी, उसने गरम-गरम कॉफी बनाई। एक गिलास रीना को पकड़ाया। अब दोनों काफी ठहरी हुई-सी और शांत थीं।

'रीना, तुम्हारे आने से बहुत सहारा मिला। अकेले में तो मैं बौरा जाती। मम्मी-पापा ने भेजा?'

'नहीं, मैं स्वयं आई।'

'ऐसा न किया करो, बच्ची! उन्हें नाराज…'

'मम्मा, इट्स माई ड्यूटी! पीटर की अनुपस्थिति में आपको देखना मेरा फर्ज है।'

मारिया ने रीना को सीने से लगा लिया।

'रीना, पीटर आएगा न? सच बोलो?'

'आएगा, मम्मा! आज पूरे देश में हर माँ की आँखें उसी ओर हैं, कान फोन की ओर हैं। हमारी स्थिति कौन सी अलग है? जब भारत माँ का हाल ऐसा है तो…'

फोन की घंटी ने दोनों को चौंका दिया। दिल दहल गया। दूसरी ओर से कोई कुछ बता रहा था; पर मारिया की समझ में कुछ नहीं आया। उसने रीना को रिसीवर पकड़ा दिया। 'हॅलो…हॅलो' के साथ फोन कट गया।

रीना ने टी.वी. ऑन किया और उसका दिल बैठ गया।

'मम्मा! मम्मा! पीटर माइकल परेरा जिंदाबाद! जिंदाबाद!' वह पगलाई-सी चीखी और बैठ गई। मारिया की टाँगें काँपने लगीं।

'रीना! रीना!!'

रीना उससे लिपटकर बिफर पड़ी। उधर समाचार चल रहे थे, 'पीटर परेरा ने बखूबी टाइगर हिल पर कब्जा कर लिया था। उसने ऐसी चतुराई से ग्रेनेड फेंका कि शत्रु का बंकर नष्ट हो गया। पीछे से आनेवाली टुकड़ी का संचालन करनेवाले सचिन ने एक और ग्रेनेड फेंका और पाकिस्तानी चौकी नष्ट हो गई। भारतीय सेना ने अपना झंडा चोटी पर फहराया; परंतु वीर पीटर परेरा शहीद हो गए। हमें हमारे जवानों पर गर्व है।'

इसके बाद क्या-क्या हुआ, इसकी धुँधली-सी याद है मारिया को। लोगों का आना-जाना, उनके सांत्वना के शब्द, उसका शव लाया गया, पूरा मिलिट्री ऑनर

मिला, सिमिट्री में उसे चेरी के पेड़ के नीचे दफनाया गया। लोग आए, श्रद्धांजलि देकर चले गए। रीना मारिया के साथ खड़ी थी।

मारिया धीरे-धीरे कब्र के पास गई और बोली, 'पीटर, तुम आए थे मुझसे मिलने। मेरा कहा नहीं माना रीना ने। कहने लगी, वह तो सैकड़ों मील दूर है, पर तुम आए थे, केवल मुझसे मिलने। भीगे हुए, वेदना में, चोट लगी टाँग लटकी थी। फिर भी तुम हँसे थे—एक वेदना भरी हँसी!' और मारिया का दु:ख आँखों के रास्ते झरझर बह निकला।

काफी देर बाद वह सँभली। रीना का हाथ पकड़कर बोली, 'रीना, अब तुम मुक्त हो। चाहो तो···'

'क्या कह रही हैं, मम्मा? ऐसा मत कहो। मत कहो ये सब', रीना ने उसके मुँह पर हथेली रख दी।

'मेरा एक काम करना पड़ेगा, बेटी। मैं रोज इतनी दूर नहीं आ पाऊँगी। जब आ सकूँ, आकर उसकी कब्र पर फूल चढ़ाऊँगी। तब तक तुम आओगी फूल चढ़ाने? उसे फूल और बच्चे बहुत प्यारे लगते थे।'

रीना ने गरदन हिलाकर सहमति दी और मारिया के साथ उसके लोअर कैथू के घर तक गई। 'लिटलहट' नाम था उस घर का। पीटर ने ही रखा था। मारिया ने फाटक खोला और बगीचे पर नजर पड़ी। मई-जून के उस मौसम में कई फूल खिले थे। पीटर ने ही लगाए थे।

'रीना! यह देख रही हो? यह महकती बगिया, यह लॉन, यह सुंदर कुटिया! सब उसी का बनाया है। सुंदरता का पारखी था वह। और देखो न, तुम्हारे पर भी नजर पड़ी उसकी!'

रीना कुछ नहीं बोली। इन वाक्यों में प्रशंसा नहीं थी, दर्द था!

रीना के माता-पिता आए थे। पर रीना ने कुछ दिन और मारिया के पास रुकने का फैसला किया था। उन्हें इस परिस्थिति में अकेला छोड़ना अमानुषिक होगा, जानकर माता-पिता मान गए।

रीना कई महीने रही; पर वहाँ से स्कूल बहुत दूर पड़ता था, अत: ऊपर अपने माता-पिता के पास चली गई। किंतु हर थोड़े दिनों के बाद वह मारिया के पास आ जाती।

मारिया अब सँभल गई थी। सोचती, यह बच्ची मुझसे बहुत अंतरंग-सी हो गई है। इसे अब दूर करना होगा। पीटर नहीं रहा, कल को मारिया परेरा भी नहीं रहेगी तो क्या यह फूल-सी बच्ची अकेले जीवन बिताएगी? क्या पीटर के नाम की

माला जपते रहना और जिंदगी को बीहड़ बना देना युक्ति-संगत है? उसे फोन करके बताना ही ठीक होगा कि रीना, अब तुम अपनी राह तय करो और उस पर चलो।

□

इसी तरह की उधेड़बुन में काफी देर तक बैठी थी मारिया। सर्दी लग रही थी। सोचा, उठकर चलती हूँ। घुटने जैसे अकड़ गए थे। शरीर जड़ हो गया था, परंतु मन चेतन हो गया था। उसने निश्चय कर लिया था रीना को मुक्त करने का। वह हाथ टेककर उठने का प्रयत्न कर ही रही थी कि काफी बच्चे हाथों में फूल लिये गेट से अंदर आए। साथ में रीना थी और था एक युवक। बच्चे सीधे चेरी के नीचे जाकर खड़े हो गए। उन्होंने समाधि पर फूल चढ़ाए, घुटने टेके, प्रार्थना की और एक पंक्ति बनाकर गेट के बाहर जाकर खड़े हो गए।

रीना ने एक बड़ा बुके चढ़ाया, घुटनों के बल बैठी और फफक-फफककर रो पड़ी। मारिया ने देखा, साथ में खड़े उस युवक ने उसे सहारा देकर उठाया।

मारिया का मन एक अपार शांति से भर गया। वह बुत बनी खड़ी रही। उसे किसी ने भी देखा नहीं था। रीना और वह युवक गेट के पास पहुँचे तो रीना ने दूर इशारा करते हुए कहा, ''दिनेश! उधर माइकल परेरा की कब्र है। चलो, उन्हें प्रणाम कर आएँ।''

दोनों मुड़े ही थे कि उनकी दृष्टि मारिया पर पड़ी, ''मम्मा, आप! इस बर्फ में!''

रीना समझ गई। पीटर का जन्मदिन था न, तभी मम्मा आई थीं। उसने रीना की ओर प्रश्न-सूचक दृष्टि से देखा। रीना ने संक्षेप में बताया, ''आज स्कूल के इन बच्चों को लेकर आई हूँ। इन्हें मैंने माइकल परेरा के सपनों की कहानियाँ सुनाई हैं, पीटर परेरा की वीरगाथा सुनाई है। आपने कहा था न, मम्मा, कि पीटर को फूल और बच्चे बहुत प्यारे थे। तो आज उससे मिलने फूल लेकर बच्चे आए हैं।''

मारिया कुछ नहीं बोली, पर उसका चेहरा प्रसन्न था।

इतने में दिनेश आगे बढ़ा, ''मम्मा, मैं पीटर और रीना का सहपाठी हूँ। हम कॉलेज में साथ ही पढ़े हैं। मैं डॉक्टर हूँ और इस समय दिल्ली में हूँ।''

मारिया की आँखें जम-सी गई थीं।

''मम्मा, घुटनों का ऑपरेशन करना है न? मैं आपको दिल्ली लेकर जाऊँगा।''

उसने अपना कोट उतारकर मारिया के कंधों पर डाला और उनका हाथ थामने ही लगा था कि मारिया एकदम लुढ़क गईं।

"क्या हुआ, दिनेश?"

"शी हैज कोलॅप्सड्!"

उसने मोबाइल निकाला। एंबुलेंस को फोन किया। मारिया का शरीर ठंडा पड़ गया था, आँखें पथरा गई थीं; परंतु चेहरे पर अंतरंग खुशी छाई थी।

बर्फ रुक गई थी और बादलों की आड़ से सूरज झाँक रहा था।

□□□